赵靖伟 著

农户生计
安全与保障

Research on Livelihood Security
of Farmers Household

社会科学文献出版社
SOCIAL SCIENCES ACADEMIC PRESS (CHINA)

序言一

邹德秀

生计是民生之本。关注农民生计是发展的需要，是建设社会主义新农村的需要。当前，民生问题成为我国经济社会发展的重点和难点，党和政府从政治体制改革、经济体制改革以及社会政策等多个层面推进民生改善。作者以农户为研究对象，统筹运用社会学、经济学、管理学等学科的理论和研究方法，研究农户生计安全问题，研究的视角是全新的，选题具有重要和紧迫的现实意义。

提高农户的生计安全水平，不是学者主观的逻辑推断，而是农村经济发展的客观要求和农民自身的强烈要求。"三农"问题的核心是农民问题，农民问题的实质是发展问题，而任何发展问题尤其农民发展问题的基础是生计问题。解决农户基本生计，确保生计安全基础上的农民自我发展，符合"以人为本"和可持续发展的科学理念。因此，研究农户的生计安全是破解"三农"困境的微观基础，对于家庭及区域的可持续发展具有重要意义。

农户是农村社会网络中生产、生活的基本构成单位和相对稳定的社会控制单元。中国农业经济的主体是农户，农户的生计安全作为社会安全网的重要组成部分，直接影响到农村的整体水平以及国民经济的健康、持续和协调发展。因此，研究农户的生计安全对于农业和农村的发展与稳定，对于现代化建设以及和谐小康社会的实现，具有理论意义和现实意义。另外，生计安全的研究对减贫和贫困地区的可持续发展也具有重要意义。

作者通过文献分析界定了农户生计安全的基本概念，运用可持续生计分析框架，系统研究了农户生计安全的行为方式。通过对我国农户生计的外部环境、内在要素评价和农户分类描述三个方面的分析，勾画出当前农户生计安全面临的困境与机遇，建立了农户生计安全评价标准；梳理了考量农户生计安全的主要因素和影响指标，以此构建一套能够合理规避风险的可持续的农户生计发展模式，并据此提出农户生计安全保障的实现路径。该书是关于农村与社会发展和农户生活保障研究新视角新方法的尝试，其前瞻性的观点和有针对性的对策建议对社会主义新农村建设具有启迪作用，对农村区域可持续发展的理论研究和实践有借鉴意义。

随着风险社会的到来，农户生计安全问题必将成为新的研究热点。这本著作的出版可谓适逢其时，它的学术价值和实践指导作用值得肯定和期待。作者是我所熟悉的善于思考、勇于实践的青年学者，我乐于将这本有见解的新著介绍给读者。

2014 年 9 月 12 日
于西北农林科技大学

序 言 二

惠富平

2011年6月，师妹赵靖伟博士毕业，学位论文颇受好评。在她毕业前夕，我曾有幸拜读过她的论文，感觉内容精当完整，论述合理有效，语言准确流畅，作者显然受到过较为严格的专业训练。她的毕业论文经反复修改，即将付梓出版，作为大师兄，我感到很高兴并向她表示祝贺。只是靖伟嘱我为其书作序，让我有些惶恐，担心学识有限，评介失当。不过，想起恩师张波教授最近的教诲，深感同门师兄弟应该惜缘重情、互帮互学，也就不再推辞了。写序之前，再次通览书稿，自觉又有不少收获。兹勉为其难，仅就两大方面予以述评。

选题意义明确，时代性强。农民是农村社会的主体，农户则是农村社会的基本结构单元。近几十年来，中国农民和农户的数量在不断减少，但依然会广泛而长期地存在着。作者认为，当今中国社会正经历从传统向现代的剧烈转型，农户所处的社会环境发生了很大变化，其生计问题也变得更加复杂。在强调以人为本的当今社会，需要特别关注农户的生计状况及其安全问题。一方面，中国二元社会结构依然存在，城乡差别远未消弭，农户生存和发展步履艰难，最大的民生问题就是农民生计问题；另一方面，在遭受自然灾害、市场波动、物价上涨、生态恶化和突发事件的打击时，农户的风险抵御能力普遍降低，正常生活受到很大威胁，社会后果严重。古人曰："无危则安，无缺则全"，很好地揭示出安全的含义。这些年社会上流行的人身安全、财产安全、粮食安全、生态安全等诸多关于"安全"的说法，警示意义显著。作者立足中国"三农"问题及民生问题的现实，认真考察"生计"的意义，突破已有"农户生计"研究之局限，首次明确提出并合理界定了"农户生计安全"的概念，为课题研究的深化奠定了理论基础。

内容体系完善，逻辑严密，在理论分析、实证研究和管理应用层面均有进展及创新。书中强调农户生计安全的要素在于其获得持续谋生的资产、收入和能力，并维持福利水平接近或达到社会公认的客观保障条件。作者从生计安全的内涵入手，在发掘大量新资料的基础上，运用相关经济学和社会学方法，分别论述了农户生计的现状、行为、衡量标准和保障模式，逻辑上层层递进，环环相扣，提出不少新见解以及相关政策建议。在理论层面，作者将生计研究与安全科学相结合，梳理农户生计安全行为的逻辑关系，阐述生计风险及其影响因素，建立农户生计安全评价标准，为提高农户生计水平提供了新思路，并在一定程度上推进了相关的理论探索。在实证研究方面，该书初步建立了农户生计安全的衡量标准体系，并以陕西省为案例，在大量调研采访数据和统计资料的基础上，进行具体评估和检验农户生计安全评价指标体系的科学性，提高了该书关于农户生计研究的实践意义。在实际应用及政策层面，作者从农户生计困境的形成原因出发，综合分析其农户生计的外部约束条件和内部驱动力，探究生计安全路径，构建了生计安全保障模式并提供了三种可供选择的发展模式，可以为政府相关部门制定和实施农户生计项目，调控城乡一体化发展起到参考作用。

品读靖伟师妹的书稿，我本只想就书论书，以求客观平实，但序引至此，不由得产生一些主观印象。第一，靖伟是一个有学术责任感的人，书稿选题应与她的成长环境有关。靖伟生在杨凌，长在杨凌，现虽在西安的高校任教，但父母长辈均在杨凌，她一周要回杨凌几次。靖伟长期受到农村文化的熏陶浸染，对中国农民的贫穷苦难深有感触，并非常关注中国农民现实的生存与发展困境。当然，她的选题和写作能够成功，也离不开恩师的点拨与指导。第二，靖伟对论著所涉及的每一个问题都想做出圆满的解答，而且往往能够实现。当我浏览书稿，对其中的内容有疑问的时候，作者的论述随后就跟上了，很快让我提出的问题有了着落，似乎一只无形的手在推着我愉快并满怀期待地向前走。例如，关于农户生计安全水平的变动问题，关于生计安全的稳定性和可持续性问题等，均是如此。人们常说文如其人，靖伟在日常生活中可能也是一个追求完美，想把所有事情都做好的人吧。

谨以此序与靖伟共勉！若有评介失当之处，恳请读者批评指正。

2014 年 9 月 18 日

于南京农业大学

CONTENTS 目 录

第一章 导言 ··· 1
 1.1 选题背景 ·· 1
 1.2 研究目的和意义 ··· 4
 1.3 国内外研究动态 ··· 7
 1.4 研究内容、方法和技术路线 ··· 19
 1.5 创新之处 ··· 22

第二章 农户生计安全研究的理论界定 ··· 24
 2.1 生计安全的研究对象 ··· 24
 2.2 生计安全的概念 ··· 28
 2.3 生计安全的结构及特征 ·· 37

第三章 农户生计现状分析 ·· 42
 3.1 农户生计外部环境分析 ·· 42
 3.2 农户生计内在要素评价 ·· 51
 3.3 农户生计状况分类描述 ·· 61

第四章 农户生计安全行为分析 ·· 78
 4.1 农户生计安全行为逻辑 ·· 78
 4.2 农户生计安全行为 AGIL 功能分析 ··· 86
 4.3 农户生计风险分析 ·· 89

第五章　农户生计安全评价 · 104
5.1 农户生计安全评价的思路 · 104
5.2 农户生计安全评价体系构建 · 110
5.3 农户生计安全评价的效度验证 · 120

第六章　农户生计安全保障模式构建 · 130
6.1 农户生计安全保障模式的构成要素 · 130
6.2 农户生计安全保障的内在机理分析 · 140
6.3 农户生计安全发展模式的选择 · 148

第七章　农户生计安全预警系统设计 · 159
7.1 农户生计安全预警系统的指标体系 · 159
7.2 农户生计安全的警情分析 · 166
7.3 农户生计安全系统的排警调控 · 172
7.4 农户生计安全预警模型的实例分析 · 174

第八章　农户生计安全保障的实现路径 · 186
8.1 建立农户生计安全评估和预警机制 · 186
8.2 优化发展农户生计资本 · 189
8.3 增强社区互助功能 · 194

结　语 · 199

参考文献 · 201

后　记 · 214

第一章　导言

1.1　选题背景

近几十年来，地区经济发展不平衡及气候环境变化等因素，给人类的生存和发展带来了巨大的压力。农户是农村社会的主体，是农村社会各种社会关系的承担者。农民和农村社会的广泛存在，是中国社会结构的一个重要特征。农民和农村社会的变迁，牵动着中国社会结构的方方面面。当前，中国农业与农村社会正经历从传统向现代的转型。在经受自然灾害、金融风暴、生态恶化、市场风险和突发事件的打击时，农户特别是贫困农户的风险抵御能力普遍降低并威胁着生计安全。农户如何适应风险变化并调控行为以维护自身的安全，成为人们关注的焦点。

1.1.1　社会转型期使得农民的生计问题更加复杂

目前，中国社会正处于转型期，这是农业、农村和农民所处的时代背景。学界关于转型期大致统一认为：一是从计划经济向市场经济体制的转型；二是机制、利益、观念等社会整体结构的转型；三是从封闭向开放、传统向现代、农业社会向工业社会的转型。这一转型促进了生产力的发展，改善了人民生活水平，是顺应时代发展的、先进的和进步的。

从农业来看，正在经历传统农业向现代农业的转型。农业是社会基本物质生产部门，居于国民经济的基础地位。它经历了原始农业阶段和传统农业阶段，正在经历现代化发展阶段。现代农业是以产业化、规模化、管理现代化为特征，广泛使用高新技术，实现优质、高产、高效的生态农业（刘明国，2010）。

从农村来看，正在经历传统宗族社会向开放的新农村转型。传统农村是分散的、组织化程度低的封闭宗族社会，发展缓慢。改革开放以来，打破了封闭的社区壁垒，建设社会主义新农村，扩大农村基层民主，加强党的村级组织建设，实行村民自治。

从农民来看，正在经历传统家庭农业生计向现代工业生计的转型。中国大多数农户几千年来延续着小农生计。以家庭为单位，从事精耕细作的农业生产，劳动成果可以满足农户的基本生存需求和消费需求。随着市场经济的发展，工业的发展降低了农业的平均利润率，提高了社会生存成本。农户从事农业生计的收入降低，已不能满足家庭成员日益增长的物质文化需要。转型带给农民心理上和生理上的不适，并使之缺乏安全感。

中国经历30多年改革开放，发生全方位各层次的转型，带来传统生计和社会的深层次解构。在工业化和高新技术的催化下，社会转型变得异常剧烈。社会转型期是一个新旧交替的过程，不可避免地会发生传统与现代并存的局面，具有结构双重性。一些旧的、传统的、落后的生产生活方式和社会结构，在经历漫长的历史发展过程中，受系统的自我调节而趋于成熟和固化，具有较强的历史惯性。新的、现代的、先进的生产生活方式和技术等社会要素，在其萌发和发展过程中必然与原有的要素发生冲突，并受传统的制度结构和思想观念制约。在二元经济结构下，转型结构的双重性，使各个子系统和区域新旧并存、此消彼长，并导致转型的异步性。有关农业、农村和农民的改革滞后，城市和沿海地区被赋予优先发展的地位，城乡社会出现相对失衡的状态。

1.1.2 民生问题成为党和国家关心发展的重点

中央连续多年出台有关"三农"的一号文件，体现出对"三农"问题的高度重视，形成一系列建设小康社会的支农惠农政策体系。2010年中央提出"将改善农村民生作为调整国民收入分配格局的重要内容"。党的十七大报告中以改善民生为重点，提出"学有所教、劳有所得、病有所医、老有所养、住有所居"的民生发展重要方向，体现出党中央加强民生建设，促进农村发展的坚定决心。各地政府也根据当地的具体情况，纷纷推出民生工程，推动公共资源向低收入群体、困难群众、农村和贫困地区倾斜，逐步实现包容性增长和共享式发展。

"十二五"规划纲要提出，强农惠农加快社会主义新农村建设，包括加快发展现代农业、拓宽农民增收渠道、改善农村生产生活条件、完善农村发展体制机制四个方面；在工业化、城镇化深入发展中同步推进农业现代化，完善以工促农、以城带乡长效机制，加大强农惠农力度，提高农业现代化水平和农民生活水平，建设农民幸福生活的美好家园。

民生，指人民的基本生存和生活状态以及基本发展机会、能力和权益，核心是人的全面自由发展（董一冰和郝志新，2010）。农村的发展，要以农民民生的改善为基础。农民民生的发展，关系到国家全局的发展。随着改革的不断推进和工业化水平的提高，我国人民的收入水平和消费水平大幅提升。与此同时，改革中产生了许多问题，如城乡收入差距、贫困和农村居民的社会保障等。为解决这一系列问题，党和国家将"三农"作为改革的突破口。只有农民民生得到改善，收入稳定增长，才能充分调动农民的生产积极性，蓬勃发展农业和农村经济，促使农村社会稳定。农村的稳定和农民的生计安全，有助于保障我们国家和社会全局的稳定发展，促进小康社会的全面实现。

关注农村民生，体现了"以人为本"的科学发展观。改善农村居民的收入、就业、教育、社会保障、医疗卫生、公共基础设施等措施，将农民最关心的利益问题作为重点，使经济发展成果更多地体现在改善民生上，有利于维护农民的生存权和发展权，实现农村居民的全面发展和全国区域协调发展。

1.1.3 农村社会保障的不断健全为农民解决生计问题提供支持

社会保障，是国家通过收入再分配，为全体公民的基本生存和在生活困难或危机时提供的物质帮助。它是对公民生存权的基本保障，具有维护社会公平的功能。农村社会保障是我国社会保障体系中不可缺少的重要组成部分，而且显得尤为重要。随着农村家庭规模的日益缩小，家庭的保障功能趋于弱化；随着人均土地面积的减少和土地的细碎化，土地的生活保障功能下降，造成传统农村保障体系的削弱。目前，我国的农村社会保障还存在水平低、社会化程度低、政府扶持力度小、覆盖范围狭窄、法律制度缺失等问题。

随着现代化进程的加快，传统的二元社会在不断解构和逐步融合，但农村和城市的差距仍然没有缩小。农业生产周期长、农忙比较集中以及气候异常等自然灾害的不断发生，增加了农民生活的不确定因素。近年来农民收入增长缓慢，已经有所缩小的城乡差距迅速拉大，而且呈难以逆转之势。城乡收入之比，1978年为2.57：1，1983年一度缩小为1.82：1，此后又不断扩大。2013年，城镇居民人均可支配收入26955元，农村居民人均纯收入8896元，城乡收入之比扩大为3.03：1。如果考虑到城市居民享有的各种福利和补贴，农民收入中包括生产经营等因素，实际收入差距可能达到6：1，形成了社会贫富悬殊、两极分化严重的局面。与此同时，物价上涨使农户的生活成本急剧增加（如子女教育、医疗等），农户的生计面临诸多风险。

目前，我国在农村地区实施新型合作医疗、社会养老保险和最低生活保障制度。从现状看，农村医疗条件滞后于城市。全国的医疗资源80%以上集中在城市，农村公共卫生体系不健全，医院设备陈旧落后，无法满足农民患者的需求。医药费用过高，农民收入较低，导致农民用于医疗方面的支出少，影响农民健康。国家统计局公报显示，2010年全国新型农村社会养老保险试点地区参保人数10277万人，占农村总人口的14.4%；有5228.4万农村居民得到政府最低生活保障；贫困标准按1274元测算，仍有2688万农村贫困人口（中华人民共和国国家统计局，2010）。由此可见，受各种因素的影响，农村社会保障仍处于供不应求的局面，难以为农民遭遇风险发生的生活困难和危机提供保障。当风险来临时，农户因缺乏应对能力，导致贫困的概率增加。因此，农户的生计安全成为被关注的焦点。

1.2 研究目的和意义

1.2.1 研究目的

本书以农村地区的一般农户为研究对象，以生计安全为分析视角，从农户微观层面，使用逻辑推理和实证研究相结合的方法，探究农户生计安全的一般理论，从农户生计安全行为特征及影响因素中分析获得安全生计的机制和途径。研究目的具体定位为：（1）依据可持续生计分析框架及既有研究成果，初步形成对农户生计安全的定义、作用和特点的一般认识，丰富和完善生计安全研究的理论体系；（2）通过对农户生计外部环境、行为准则、行动逻辑和行为功能的剖析，探讨农户生计行动系统的内在逻辑；（3）根据压力—状态—响应指标框架模型，尝试建立农户生计安全评价指标体系，并根据调查数据分析得出区域农户生计安全的度量；（4）根据理论分析与实证分析研究结果，探索生计安全保障动力机制和发展模式。

1.2.2 研究意义

快速工业化和城市化使越来越多的农户逐步丧失赖以维持生计的土地，土地资源的缺失使农民也失去了重要的社会资源和物质资源等。转型期农户生计状态的转变及生活中不确定性因素的增加，使其生计安全水平下降。本书以《农户生计安全与保障》为题，基于理论和实践两方面的考虑。

（1）理论意义

我国农村的可持续发展依赖于农户生计水平的提高。经济全球化和生态环境恶化，带给人们生存和发展前所未有的压力，威胁着农户的生计安全。在社会转型期，农户转变生计模式以适应工业化社会发展的议题，越来越受到学者们的关注；改善和促进农户获得可持续生计，成为确保区域可持续发展的重大问题。农户可持续发展的核心和基础是生计安全，同时也是国家安全和农村社会保障的重要有益补充。目前，在我国农村社会保障制度尚不完善的情况下，农户的生计安全不容乐观，建立生计安全评价体系迫在眉睫。根据 E. R. 沃尔夫的观点，"农民的主要追求在于维护生计，并在一个社会关系的狭隘等级系列中维持其社会身份。因此农民不像那些专门为满足市场而生产、并在广泛的社会网络中置身于竞争之中的耕作者"。农民必须"固守传统的安排"；"相反，现代农业者则充分地进入市场，使自己的土地与劳动从属于开放的竞争，利用一切可能的选择使报酬极大化，并倾向于在更小风险的基础上进行可获更大利润的生产"（孙振玉，2005）。这样，似乎结论很明显，加强农户生计安全保障，促进其从传统农民（peasants）向现代农业者（farmers）转变，具有紧迫性和必要性。

生计安全研究是农户可持续发展的客观要求。农户生计安全问题的研究是用发展的眼光对农户的全方位认识，有利于农村投入资源的有效利用，促进农村社会的协调发展，完善农户可持续发展理论。联合国环境规划署与世界自然保护同盟共同发表的《保护地球——可持续生存战略》（2002）一文，将可持续发展定义为：在生存于不超出维持生态系统承载能力之情况下，改善人们的生活品质，保持资源的永续利用和环境保护。农村社会可持续发展的核心是发展，要保持发展的可持续性，须使农户的生计活动与生态环境的承载能力保持平衡。资源的永续利用和生态环境的可持续性的保持是社会持续发展的首要条件，要求农户根据可持续性的条件调整自己的生计，在安全允许的范围内活动。当农户的生计活动超出生态环境的承载范围时，生态环境的自恢复和代偿功能逐渐下降，生态环境系统的平衡被打破，导致生态环境的恶化和资源的匮竭，进而反作用于生计活动使农户生计趋向脆弱。因此，安全而又稳定的生计可以消除贫困，并在受外界环境变化而打破生计平衡状态时抵御外界压力和冲击，进而恢复平衡并维持生计，促使区域经济协调发展和维持"资源－环境－生计"巨系统的良性循环。保障农户的生计安全，才可能实现农村健康和稳定的发展。农户生计安全是使生态环境效益最大化和风险最小化相对应的防线，是农村社会可持续发展的微观基础。

本书结合国内外研究成果，建立生计安全评价体系，为生计安全理论研究提供有力的支持，也为农户生计安全保障提供有益探索。农户生计安全有利于提升农户发展水平，为区域农村经济发展提供新思路，更有效地促进对农村可持续发展的深入研究。

（2）实践意义

经过30多年的农村经济体制改革，以家庭联产承包责任制为基础、统分结合的双层经营体制，理顺了农村最基本的生产关系，极大地调动了农民的生产积极性，基本解决了农民的温饱问题。随着贫富差距的扩大，那些生活在贫困山区中的农民的生存和发展问题，越来越受到学者们的关注。

我国西部地区以山地高原为主，资源组合不佳，生态脆弱，环境退化，交通不便，发展成本较高，形成了较多的贫困人口和较大的贫困面。特别在广大农村地区，交通不便，信息闭塞，生产力低下，人口素质不高，地理环境方面的问题对居民生活的改善产生了强烈制约，贫困人口为维持自身生存的基本需求严重依赖于周围的自然环境。如果在没有外部经济资源注入的情况下，仅是为满足对食物的需要，人们就不得不简单地开垦更多的土地，使自然生态系统遭到破坏，造成环境退化，经济贫困和生态贫困陷入了一个恶性循环的怪圈。因此，提高农户生计安全水平，保护生态、发展经济、消除贫困、改善民生，成为新时期西部地区现代化建设必须解决的重大问题。

陕西省地处西部，是农业大省。全省有国家级贫困县50个，分别是子长县、安塞县、延长县、延川县、吴旗县、宜川县、耀县、宜君县、印台区、畲阳县、蒲城县、白水县、永寿县、彬县、长武县、旬邑县、淳化县、麟游县、太白县、陇县、洋县、西乡县、宁强县、略阳县、镇巴县、清涧县、子洲县、绥德县、米脂县、佳县、吴堡县、横山县、靖边县、定边县、府谷县、汉滨区、汉阴县、宁陕县、岚皋县、镇坪县、旬阳县、白河县、商洛市、商州区、洛南县、丹凤县、商南县、山阳县、镇安县、柞水县。陕南的水能资源藏量丰富，分布合理，为工农业生产的发展提供了极为有利的条件，也预示着山区资源的综合开发有着十分广阔的前景。因而，它是一个有巨大潜在优势的待开发区。但是，山区地理位置偏僻，地形复杂，交通困难，信息闭塞，自然灾害严重且频繁，农户面临更大的生态资源环境退化和生存的风险。陕西省农户的生计状况如何，存在哪些问题，应采用何种方式来维持和改善自身生计状况以使生计可持续？笔者带着这些问题深入调查了陕西地区农户的生存实态，探究他们的出路与发展。笔者认为，搞清楚这些问题，不仅有利于持续发展农村经济，而且对于提高农民生活水平和切实解决"三农"问题，都具有重大意义。

1.3 国内外研究动态

1.3.1 国外生计研究动态

（1）生计的提出

国外对生计的研究，始于20世纪90年代的贫困问题，在第35届联合国社会发展委员会会议上提出。之后的《哥本哈根宣言》中宣称，经济和社会政策的优先目标是充分就业，使人们获得可靠和稳定的生计（UN，1995）。在之后就粮食安全问题，人们达成了一个共识：粮食安全需要关注影响人们财产、权利和最终获得食物的能力（WCED，1987）。

"Livelihood"（生计）一词，在英语中的含义是一种生活的手段或方式。从这一概念可以看出，它不仅指生活所需的收入或是用消费来衡量的净产出，更是生存所需要的手段。生计比收入、工作、职业的内涵和外延大得多。生计能够更加完整地描绘人们生活的复杂性，更有利于理解贫困人口为了生存安全而采取的策略。随着研究的深入，基于不同的研究目的和兴趣，学者们根据自己的理解给出了不同的生计定义。

具有代表性的定义包括以下几种：Chambers 和 Conway（1992）从创造生存所需的角度提出，生计是一种谋生的方式，建立在能力、资产和行动的基础上，而资产包括储备物、资源、要求权和享有权。Scoones（1998）从可持续性的角度提出，生计由生活所需要的能力、物质资源、社会资源及行动组成。Camey（1998）从资产选择的角度提出，生计包括能力、资产以及这种生存方式所需要的活动。Ellis（2000）从生计多样性的角度提出，生计指资产、行动及获得自然、物质、人力、金融、社会资本的途径，它决定个人或家庭生存所需资源的获取。Chambers 和 Conway 的定义为大多数学者所采纳。这一定义关注了资产和实践活动选择之间的联系，在此基础上追求生存所需的收入行动。英国国际发展部提出，"生计"由一套复杂多样的经济、社会和物质策略通过对个体借以谋生的行为、财产和权利得以实行。人们进行选择，利用机会和资源，同时又不妨碍他人目前或将来的谋生机会，稳定的生计即由此获得。虽然定义的角度和表达方式不同，但是核心部分都有资产、权利和行动这三大要素。随着经济社会的发展，生计中的要素不是一成不变的，它们既会集聚也会损耗，还有可能在短时间内被完全破坏。国家的制度环境和自然界的外部环境以及社会的发展趋势，也会对生计活动和策略的选择产生影响。

Sen（1997）认为生计定义中的能力指人能够生存和做事的潜质发挥出来的能力。人包括自然属性和社会属性，在拥有充足的营养和健康的身体素质的同时，还应该具有发展技能、人生阅历和积极参与社会活动等所获得的相应的经济社会地位。能力的引入，扩大了生计的内涵，不仅关注食物或收入等物质的获得，还应该重视人的能力发展。Chambers 和 Conway 指出，能力还包括个体处理打击和冲击的能力、发现和利用机会的能力，并且将资产划分为有形资产和无形资产。有形资产包括储备物（食物、存款、黄金、珠宝、收藏等有价物品）和资源（土地、牲畜、水、动植物和生产工具等），无形资产包括要求权和可获得权。要求权指能够给人带来物质或精神支持的要求和呼吁；可获得权指实践中使用资源、储备物的机会，以及获取信息、就业、物质等的机会。从资产的定义可以看出，它是生计定义中非常复杂的一个组成要素。另外，Baumann 将政治资本列为一种重要的资本（李斌等，2004）。

Scoones 将资产划分为物质资源和社会资源。为了便于实证调查研究，他又用经济学的理论，将资产划分为自然资产、金融资产、人力资产和社会资产。英国国际发展部又将金融资产细分为金融资产和物质资产。自然资产指可以用于生产消费的土地、水、森林、动物等自然资源及储备。物质资产指用于生产过程的基础设施和生产工具。金融资产指可以用于消费的现金、存款和正式、非正式贷款。人力资产指个人所拥有的谋生知识、技能、劳动能力和健康状况。社会资产指社会关系资源，亲朋好友关系、个人参与的组织关系和领导关系。由此可见，对生计定义的界定，为进一步研究个体农户或区域的发展奠定了理论基础和新思路。

（2）可持续生计

联合国开发署的贫困与可持续生计小组高级顾问纳列什·辛格和乔纳森·吉尔曼写的《让生计可持续》一书，讲述了联合国全球大会上的"可持续生计"概念、可持续生计方法的应用及今后的研究方向。可持续生计的概念，是生计概念的演进，更加具体明确地指出其发展方向。

美国经济学家诺曼·厄普霍夫（2006）提出"爱援性自立"的概念，指出农村的发展和农户生计的改善主要依靠农户自身，强调政府通过政策手段将贫困农户的勤劳、智慧和奋发向上的潜能有效地调动起来（王三秀，2010）。"爱援性自立"的概念已经蕴含着可持续生计的观念。

20 世纪 90 年代初世界环境和发展委员会提出的"可持续生计"（Sustainable Livelihood）概念，指个人或家庭为改善长远的生活状况所拥有和获得谋生的能力、资产和收入的活动（纳列什·辛格和乔纳森·吉尔曼，2000）。可持续生计的内涵，就是要维持和提高资产的生产能力以保障财产、资源以及收入的稳定来源和获取，并且储备足够消耗和应对损失的食物和现金以满足基本生存的需求。1992年，联合国环境与发展会议①将可持续生计列入行动议程，主张获得可持续生计可以使政策协调发展、消除贫困和可持续的利用资源，并将就业作为实现可持续生计的手段。

可持续生计具有丰富的内涵，旨在消除贫困和促进个体的可持续发展，逐步被学术界认可并主要应用于农村社会发展领域的研究。具有代表性的成果有《可持续性农村生计：一个分析框架》（Scoones，1998）和《可持续性生计实践：农村的早期应用》（Farrington，1999），此后这两篇文章成为理论研究的重要依据。收入不再是衡量贫困的唯一标准，还包括可持续性。研究的目的也不仅仅是寻找农户脱贫致富的途径，而是探寻一种整体发展战略，使其提高自身的发展能力并逐步消除贫困的制约性因素，实现可持续生计能力的提升。

进入21世纪以来，对可持续生计的认识又有了新进展。哈特利·迪安（2009）从社会政策选择的角度提出，政策的制定必须考虑当代人和下代人的生计，合理分配代际之间的需求和期望。Carmen 和 Frederick（2009）从全球合作的角度分析了农民经济合作组织对可持续生计的意义。Phansalkar（2005）通过对印度的研究，在资源的利用、非农就业、工资收入和自我创业等方面对可持续生计做了更加细致的论述。

目前，可持续生计理论为观察和研究农村发展及其与资源环境的关系提供了新的视角。在实际的应用研究中，主要通过建立可持续生计分析框架来表达自己的思想，进行实证研究。它应该包括生计定义中的各基本要素，并且其结构符合生产生活的逻辑顺序，能够清晰地反映出各要素之间的互动关系，力求

---

① 联合国环境与发展会议（United Nations Conference on Environment and Development），是联合国于1992年在巴西里约热内卢召开的会议。它是在全球环境持续恶化、发展问题更趋严重的情况下召开的。会议围绕环境与发展这一主题，在维护发展中国家主权和发展权、发达国家提供资金和技术等根本问题上进行了艰苦的谈判，最后通过了《关于环境与发展的里约热内卢宣言》《21世纪议程》和《关于森林问题的原则声明》3个文件。这些会议文件和公约有利于保护全球环境和资源，要求发达国家承担更多的义务，同时也照顾到发展中国家的特殊情况和利益。这次会议的成果具有积极意义，在人类环境保护与持续发展进程中迈出了重要的一步。

研究到位。由于研究主体的发展理念和追求目标不同，因此各研究机构提出了多种不同的可持续生计分析框架。主要有：Scoones（1998）提出的可持续生计分析框架；Ellis 提出的生计多样化分析框架；Bebbington（1999）提出的以资产和能力为核心的生计和贫困分析框架；美国 CARE 的生计框架；DFID（2000）建立的 SLA 分析框架。可持续生计的研究正在逐渐受到重视。

（3）生计途径研究

生计途径的研究由世界银行[①]、英国海外发展部、发展研究所（IDS）[②] 等发展研究机构和国际救助组织所从事。它们认为，发展中国家在近几十年的发展中，对减贫和农村发展所取得的成效有限。它们在总结经验教训的基础上，针对农村地区消除贫困、女性发展和环境保护等主题，进行了生计途径的研究。生计途径或称可持续生计途径，实质是一种干预方式，追求农户获得可持续生计。

随着减贫思路和措施的不断改进，学者们通过对减贫结果的不断反思，加深了对贫困本质的认识和对贫困人口为获得生计所采取行动的理解。可持续生计途径主要包括三大重要组成部分：使用参与式农村发展[③]的途径实现多样化的目标；生计资产的拥有和使用；政策框架和治理。以人为本、参与性、互动性和可持续性（Ashley and Carney，1999），是可持续生计途径的重要应用原则，是促进和推动发展项目达到预期目的的前提。

目前，在农村发展领域应用广泛的可持续生计途径主要有以下四种。

一是 DIFD 的可持续生计分析框架（SLA）。它建立在 Sen 等对贫困研究的理论基础和 IDS 及其他机构研究的基础之上。SLA 由五个部分组成，分别是脆弱性背景、生计资产、结构和制度的转变、生计策略和生计成果，它们以复杂

---

① 世界银行（World Bank），是一个国际组织，总部设在美国首都华盛顿，包括国际复兴开发银行、国际开发协会、国际金融公司、多边投资担保机构和解决投资争端国际中心五个成员组织。它的宗旨是帮助发展中国家消除贫困，促进可持续发展。
② 英国海外发展部，简称 DFID（the UK's Department for International Development），是在原英国外交部海外发展署基础上于 1997 年成立的。英国海外发展部的工作宗旨是，通过实施 2015 年"千年发展目标"实现全球减贫，促进可持续发展。
③ 参与式农村发展，是 20 世纪 80 年代末形成的一种发展学理论和方法，在大范围的政府资助项目中应用。这种扶贫方式已经被我国西部地区广泛采用。

的方式相互作用。可持续生计分析框架，是将农户作为脆弱性背景中生存的对象，使用不同的生计资本配置方式，分析在资本与政策制度的相互作用下所产生的某种生计成果；而生计成果又反作用于生计资本，影响其性质和状况。

二是联合国可持续生计途径。它主要有两个步骤：（1）工作团队将依据"就业与可持续生计国家考察框架"进行实地考察（Singh and Lawrence, 1998）；（2）实施国家反贫困战略。联合国开发署（UNDP）针对减贫、个人发展、家庭和社区的能力，开发了生计安全的检测指标。主要包括：第一，投入的政策和行动规划资源；第二，实物和服务的总产出；第三，总产出或成果被分享的程度；第四，生活得到改善的程度；第五，投入产出的路径（Jonathan Gilman, 2000）。

三是美国CARE提出的农户生计安全框架。CARE认为，农户能够从冲击和打击中恢复或提高生计能力和持有资产，能够为下一代提供生计的资源和机会，并且同时获得长期稳定的收益，生计就是可持续的。CARE生计安全框架将家庭作为分析单元，强调关注家庭内部的男女分工和生育关系，儿童、妇女和老人在社会中起到不同的作用。其核心包括个人能力的表达、获得生计资产及其行为活动三部分（苏芳等，2009）。生计安全框架的分析原则有以下三点：第一，整体性的观点；第二，理解脆弱性内容；第三，生计内容、生计策略和生计成果是关键因素（Frankenberger et al., 2000）。

四是Oxfam GB（Neefjes, 2000）的可持续生计途径（李斌，2004）。目前，以英国海外发展部建立的可持续生计框架（SLA）应用最为广泛，已被许多组织和学者的研究采纳。

（4）脆弱性分析

"脆弱性"（Vulnerability）一词，有弱点、漏洞、抗外界干扰能力低、稳定性差、软弱等意，广泛应用于社会学、人类学、金融学、生态学、安全学和灾害学等领域。当研究灾害给不同敏感性人群带来不同的损失时，受到救援组织的关注，并将脆弱性应用于提高救援的效率和减少未来风险的研究中（Burton, 1978; Hewitt, 1971）。脆弱性研究被用来寻找最脆弱的人群，并寻找减轻危险的机制。根据脆弱性研究，Sharp（2003）在非洲开展了关于生计资本的量化研究。

Kasperson（2001a）将脆弱性定义为对给定打击受损失的不同敏感性，主要包括受灾度、敏感性和恢复力三个维度。早期研究如何应对诸如洪灾、旱灾之类的自然灾害（Blaikie et al.，1996），后来的研究更广泛地应用于全球环境风险分析（Clank et al.，2000）、气候变化分析（Downing，1991）和食物安全分析（FEWS，2002）等。目前社会研究中，使用脆弱性来分析社会风险的检验、风险的来源和区域降低风险的途径，并衍生出大量的学术词语和研究框架。如SEI和克拉克大学建立了一个脆弱性分析框架，界定了脆弱性及其维度，涵盖经济、社会、政治和环境条件的影响，强调冲击和压力给人带来的综合影响（Kasperson，2001b）。脆弱性侧重区域面临的全面潜在压力或冲击，并分析其影响（Kasperson，2001c）。还有一些发展机构使用脆弱性分析，帮助群体采取不同的策略应付和适应风险，提出短期内的异常和紧急情况的适用应对策略，而长期的适应需要应对战略（Davies，1996）。脆弱性分析的一个成功案例是美国国际发展组织开发的FEWS[①]系统（Eilerts，2000），在非洲、中美洲、美国开展监测，收集数据并开展脆弱性分析，期望提前发现粮食安全中的潜在威胁，取得了良好的效果。

1.3.2　国内生计研究动态

国内关于贫困的理论、贫困的标准、贫困的测量、贫困的成因以及关于农户的非农化、兼业、投资、人力资本、土地流转等，已有相当多的研究，在此不再一一赘述。与本书密切相关的"生计安全"研究，只能检索到一篇文献，是中国农业大学的高晓巍和左停（2007）发表在《广西社会科学》的《农村社区互助与农户生计安全》一文。这篇文章在对农户的生产、生活和福利风险分析的基础上，提出采用农村社区互助的模式降低生计风险，更好地保障农户的生计安全。关于农户生计的研究过去在国内还较少，目前有越来越多的学者参与生计研究。农户或农民的生计研究主要包括替代生计、生计资产、生计风险、生计策略、失地农民生计、农民工、贫困农户生计等方面。这里选取具

[①] 美国国际发展管理委员会，简称USAID（the United States Agency for International Development's），建立了饥饿预警系统（Famine Early Warning System，FEWS）。与国际上不同国家和不同地区的机构、政府和组织开展合作，针对粮食安全提供及时、准确的早期预警和脆弱性评价信息。

有代表性的观点进行综述。

清华大学科学技术与社会研究中心的刘宽红和鲍鸥（2008）在《从人本价值到民生安全：实现民生安全文化的系统模式探究》一文中，把民生安全建构在人本价值理念的基础上，从自律和他律的意义上，探讨了构建民生安全文化的制度和系统模式。《领导决策信息》杂志发表了"中国民生问题"的系列报告，涉及突发性公共事件的应急机制、农村医疗体制、农村社会保障、科教文化的公平、政府职能转变、经济社会协调发展六个方面。根据农户脆弱性的测量指标，李小云等（2007）和谢东梅（2009）都开展了对五大生计资本的定量研究。

（1）替代生计

替代生计指农户在外界环境条件发生变化或受干预情况下为适应变化而采取的一种新生计模式，能明显改善农户的生计水平，实现人与自然的和谐发展。于秀波、张琛、潘明麒（2006）通过对洞庭湖西畔山洲垸的调查研究，发现退田还湖的替代生计的社会经济评估表明WWF长江项目增加了农民收入，减轻了脆弱性，增强了自然资源的可持续利用。李茜、毕如田（2008）在《替代生计对农民可持续生计影响的研究——以山西西北四县为例》一文中，从农民的收入、福利、脆弱性和自然资源基础四个方面对农民的生计现状进行分析，建议运用替代生计项目改善农民的生计水平。张春丽、佟连军、刘继斌（2008）研究三江源湿地保护区建设对农户生计产生的巨大影响，一方面使农户的利益受损，另一方面农户既有生计方式将被打破。为解决这一矛盾，作者提供了生态移民、传统农业改造和多元化产业发展三种替代生计模式。此后他们又对农民对替代生计的响应进行研究，结果表明农户对替代生计与退耕还湿的选择，取决于自身的经济利益和生计水平（张春丽，2008）。孔祥志等（2008）以山西省三个旅游风景区为例，分析乡村旅游业对农户生计的影响，主要以自然资本、物质资本、金融资本、人力资本和社会资本的储量和质量为调查依据，结果表明发展乡村旅游有利于改善农户生计。

杨明、骆江铃、明亮（2010）以亚洲开发银行在三江平原实施的替代生计项目为背景，探讨替代生计的运作方式和执行效果评估。研究发现，替代生计受到当地人的抵触,并受政治、经济和文化因素的制约,农户的收入提高与保护环境相结合还需进一步努力。四川农业大学的吴辉(2009)认为,四川宝兴县综合生态管理示范区的替代生计发展途径,有种植替代、养殖替代、能源替代、开发替代、经营替代和生态农业五种替代方式,促进了地方经济的良性发展。

(2) 生计风险研究

随着风险社会的到来,关于农户风险的研究已有很多,以下列举几种主要研究。从风险种类来看,徐秋慧(2005)的硕士学位论文主要研究了农户生产经营的自然风险、价格风险和契约风险及其规避机制。余思新(2008)将当前农民的风险,分为自然风险、社会风险、经济风险、政治风险。屈小博等人(2009)在对陕西省453户果农调查后发现,产量风险和市场风险是果农的主要风险来源。孔寒凌和吴杰(2007)在对江西乐安县的实地调查的基础上,研究了农户对疾病、自然灾害、缺乏技术、缺乏信息等风险的感知情况及原因。

关于农户对于风险的处理的研究,主要有丁士军和陈传波(2001)的《农户风险处理策略分析》一文,指出农户的风险管理策略是理性的,小规模农户防范和处理风险的策略也是有效的,农户的风险处理策略对保障家庭经济稳定起到了重要作用。马小勇(2006)的研究认为,农户一般是通过社会网络内风险统筹、跨时期收入转移、保守的生产行为来规避风险;中国农村缺乏正规风险规避机制,导致了农业经营的低效率。陈传波(2005)的《农户风险与脆弱性:一个分析框架及贫困地区的经验》一文,主要介绍了一个由资源、收入、消费、福利以及相应的制度安排组成的脆弱性分析框架,表明农户对风险和经济困难的认知涉及他们生活的方方面面,多种风险交织是农户风险的一个突出特点。

(3) 失地农民可持续生计研究

近几年来,失地农民成为研究热点,研究失地农民生计问题的硕士学位论文、博士学位论文已有不少。与此密切相关的博士学位论文有袁斌(2008)的《失地农民可持续生计研究》,以大连市郊区的失地农民为研究对象,对影响生计的若干因素进行了定量分析。李斌(2005)的《生态家园富民工程

"三位一体"项目对宁夏盐池县农户生计影响的研究》一文，研究了"三位一体"项目对农户生计资产和生计策略的影响，提出了改善农户生计的建议。硕士学位论文有李志芬（2007）的《城郊农民生计的变迁与城市化——以北京西郊四季青乡为例》，研究了北京西郊城市化过程中城中村农民的生计状况，剖析了影响农民生计方式转变的因素，总结了其生计方式转变的机制。金晓霞（2008）的《农民生计多样性与农村居民点布局关系的研究——以丰都县为例》一文，对失地农民的生活现状、就业方式改变及如何让生计可持续进行了论述。吕俊彪（2004）的《性别与生计——山心村京族人家庭生计中的性别分工研究》一文，从家庭生计中的性别分工进行人类学考察，角度新颖。中国社会科学院社会政策研究中心课题组（2004）的《失地农民"生计可持续"对策》一文，认为如何让失地农民生计可持续，是一个现实的重大问题；在对浙江、四川、北京和山东等省市调研的基础上，提出了政策目标的生计可持续、实现目标的四种手段和落实政策的具体措施。王文川和马红莉（2006）的《城市化进程中失地农民的可持续生计问题》一文，认为失地农民生计问题的根本原因，是失地农民构建和运用生计策略时遇到障碍，应帮助农民增加生计资产积累，并且以人力资产为主导的有效资产组合来提高运用资产组合谋求生计的能力。

王晟（2007）的《失地农民可持续生计问题对策探析》一文，提出了实行严格的耕地保护制度、落实和保护农民地权、合理的补偿机制、做好再就业工作、健全社会安全网和提供法律保障的建议。魏顺泽（2006）的《城市建设与失地农民可持续生计路径》一文，认为应加强就业安置与技能培训，重视发展"瓦片经济"，探索股份制运作方式和以土地换保障的社会保障方式，来解决失地农民可持续生计问题。刘应湘和钟玉英的《内源性社区：失地农民可持续生计再考察》一文，将内源发展理论引入失地农民的社区建设中，提出了建设内源型社区的五个关键环节和对策。冯振东（2007）的《城市化进程中失地农民可持续生计研究》一文，认为随着城市化、工业化进程的加快，大量农地被用来满足社会经济发展，而在土地征用过程中，存在着诸如滥用土地征用权、征地补偿标准低等问题，使失地农民的生存问题凸显。赵函（2010）的《失地农民可持续生计的制度建设研究》一文，认为要结合可持续生计理念，在完善失地农民的应对制度与政策时，将农民的短期生存质量与长期发展相结合。这些研究都为失地农民寻找生计出路提供了理论依据。

（4）退耕还林政策影响下的农民可持续生计研究

退耕还林政策，是国家实施可持续发展战略做出的重大决策，使农民失去了部分资源，影响到了农户的生计策略。陈平（2008）的《湖北省退耕还林及其背景下农民生计问题的探讨》一文，通过对湖北省部分地区退耕还林工程的研究，分析了退耕还林政策对农民生计的正面及负面影响。徐勇和马定国（2006）的《黄土高原生态退耕政策实施效果及对农民生计的影响》一文，说明了退耕之后，能够获得稳定收入且报酬相对较高的行业是农民生计的首选，有资金积累或一定技能的农户则转向高附加值农业或第三产业。郝文渊和杨培涛的《生态补偿与黄河水源涵养区可持续生计》一文，用可持续生计框架分析了甘南牧业生计的脆弱性，引入生计可持续力函数（FSL）定量分析生态补偿的可行性，得出生计补偿显著有利于扩展生计资产的结论。董文福和李秀彬的《密云水库上游地区"退稻还旱"政策对当地农民生计的影响》一文，调查密云水库农户在"退稻还旱"政策实施后收入的变化，发现农户减少的收入占农民家庭收入平均为4.23%，影响很小。阎建忠和张镱锂的《生计方式演变——土地利用覆被变化综合研究的新视角》一文，基于生计方式的演变，阐述了人地系统的基本特征和人地系统的基本单元尺度，分析了农户为维持和改善生计而调整使用土地的行为驱动着土地覆被变化。在这些研究中，虽然有些涉及生计安全这个概念，但是均未建立理论体系和做出系统的论述，还有必要归纳总结和继续研究。

（5）贫困农户生计

从生计资本角度研究，主要有西安交通大学公共政策与管理学院人口与发展研究所的黎洁等（2009），在《可持续生计分析框架下西部贫困退耕山区农户生计状况分析》一文中，通过对陕西省周至县退耕山区农业户和兼业户的实地对比考察和数据分析，说明了农业户除自然资本外，人力、物质、金融和社会资本方面都劣势于兼业户，兼业能有效缓解贫困。中国农业科学院研究员张陆彪（2009）研究了农村水利改革项目对农户生计的影响，肯定了项目对受益主体的积极作用。金雁（2005）在《可持续生计：完善南京贫困群体政策支持体系的重要方向》一文中，指出贫困群体政策应以强化可持续生计为发展目标。李聪等（2010）在《劳动力迁移对西部贫困山区农户生计资本的影响》一文中，结合劳动力转移的时代背景，调查陕西省周至山区的劳动力转移对农户生计资本的影响，研究发现二者存在显著的影响关系，但是发展能力的提升和生计资本的积累是片面不均衡的，还需要外部环境的干预。李聪（2010）在另一篇论文《劳动力外流背景下西部贫困山区农户生计状况分析——基于陕西秦岭的调查》中，构建分析劳动力迁移农户生计状况的框架，将贫困山区农户分为打工户和非打工户，打工户平均收入水平、消费水平和抗风险能力均优于非打工户。西南大学硕士生渠甲源（2009）在毕业论文中，研究农户生计和土地利用之间的关系，发现不合理的土地利用结构影响农户生计的可持续发展，农户生计资产的不均衡分布影响土地的可持续利用。黄颖和吴慧芳（2008）在《贫困山区农户生计创新的社会整合分析——基于皖西南村庄的调查》一文中，发现贫困山区农户的生计创新活动，以自下而上的方式促进了社区的内外部整合，并在农村社会整合中体现出农民个体发展价值和社区发展价值的统一。蔡志海（2010）对汶川地震灾区贫困农户的生计资本进行测量和分析，发现五种生计资本极不平衡，使生计策略受到影响和制约。

从脆弱性角度研究，主要有唐丽霞等（2010）比较了社会排斥、脆弱性和可持续生计三种贫困分析框架的异同。张丽等（2008）在《生计脆弱性下贫困农户的农业技术服务需求——基于广西 A 县的实地调研》一文中，分析了贫困农户的生计脆弱性及其农业生产的特点，提出农户对农业技术服务的需求。

1.3.3 研究评述

（1）以"生计安全"为关键词，在中国期刊网上精确搜索可以检索到一篇2007年发表在《广西社会科学》上的论文《农村社区互助与农户生计安全》。模糊搜索也只能检索到两篇期刊论文。再使用中国期刊网中的"学术趋势"搜索，得到的结果则是"生计安全"数据不足，不能绘制图表。这充分说明，农户生计安全研究，目前在国内还属于有待开拓的新研究领域。

（2）目前以实证研究居多，缺乏系统的理论研究。国内学者借用国外发展机构和非政府组织的生计分析框架与生计途径研究成果，定量分析我国区域农户发展状况。国外的研究框架有一定的借鉴作用，但我们应积极探索适合我国国情的生计研究框架和途径，给出与我国农村现实相适应的理论解释。

（3）对生计安全的认识不足。已有研究以生计为主，仅提到"生计安全"一词，并未对其进行深入的研究，对生计安全的重视不够，认识不足。在现阶段我国农村社会保障供给不足的情况下，生计安全保障是一种有效的补充。它能够多渠道融资，并使用少量资金及时地提供针对性强的区域农村发展服务，既能促进区域农户发展，又能提供专业就业岗位，实现知识与价值统一共赢的局面。

1.4 研究内容、方法和技术路线

1.4.1 研究内容

本研究的主题是农户生计安全问题。全书共分八章和结语，从逻辑体系来看，紧紧围绕生计安全这条主线展开研究，从生计的基本界定入手，依照层层递进的逻辑关系分别阐述农户的生计现状、行为、衡量标准和保障。全书共分为生计安全理论、农户生计分析、生计安全保障和结语四个研究板块。

第一部分（第一～二章）生计安全理论板块。第一章介绍本书的研究背景、研究目的、理论和现实意义，梳理了国内外有关农户生计安全及分析框架方面的理论研究，提出本书的研究内容、技术路线和创新之处。第二章以此为基础，总结概括出农户生计安全的概念、内涵及特征，指出农户生计安全研究的重大意义。

第二部分（第三~五章）农户生计分析板块，重在分析农户的现状、行为和评价。第三章主要是分析农户的生计现状，分别从农户生计的外部环境、内在要素及农户分类角度进行分析和描述。第四章对农户生计安全行为的分析，剖析了农户生计安全行为的逻辑，利用 AGIL 分析范式对生计安全行为进行功能分析，并对农户面临的生计风险、处理策略进行梳理。第五章在以上研究的基础上，提出生计安全的判断标准，即生计安全评价；对陕西省农户资料进行实证应用分析，求得对评价指标的效验；探寻农户生计活动中的主要困难及原因，提出提升农民的自我积累与自我发展意识的措施。

第三部分（第六~八章）农户生计安全保障板块。在科学评价农户生计安全的基础上，提出了农户生计安全保障模式和实现路径。分析了它的构成框架、生计安全动力机制和三种可选择的发展模式。提出了生计安全保障的实现路径，建立生计安全评估和预警机制，及时发现和解决区域农户生计问题。指出开展以政府为主导、非政府组织为有益补充及多边合作的生计项目，能够灵活、有针对性地进行区域救助。提出要增强农户自身建设积累生计资本，促进其扩大再生产；要创建农村经济合作组织，增强农户抗风险能力及生计成果转化率；还要加强农村社区建设，实现农户互助。

最后一部分是结语，对全书的研究进行总结和提炼，同时指出本研究未来的拓展和展望。

1.4.2 研究方法和技术路线

（1）研究方法

本书是对农户生计安全的一般性分析，坚持用客观、发展、辩证的观点理解和研究农村贫困问题，运用经济学、社会学、人类学等学科基础知识与理论，对中国农村贫困进行比较系统的研究。通过理论分析和实证分析相结合、定量分析与定性分析相结合的方法，力求使研究结论具有社会科学所要求的科学性与合理性。主要涉及以下研究方法。

A. 规范研究与实证研究相结合

规范分析，主要说明"应该是什么"的问题。贫困山区农民的生计安全的内涵及组成等理论框架的建立，都是采用规范的分析方法。实证分析的方法主要回答"是什么""为什么"的问题，借鉴国外农户可持续生计分析框架，对陕西农户的生计状况进行调查。

B. 参与式农村评估（PRA）的方法

参与式发展研究与实践工具，指由一个包括当地人员在内的多学科工作小组通过参与式方法了解发展对象及所在地区的历史、现状、社会、经济、文化等方面存在的问题、约束、机会等手段的总称。参与式农民合作组织，应是在公开、公平、公正的前提下，协调和组织当地人参与、了解和收集有关农村生活、经济状况和生产活动、人文环境、乡土知识等信息资料；以农民为参与主体，由农民自愿投入资金、劳力形成配套，在相互沟通的基础上最后由农民自己决定实施工作的内容，使得参与的农民都具有"知情权、决策权、实施权、管理权和所有权"。通过参与式农民合作组织，使农民在参与社区发展和发展政策决策的选择、立项、实施和监测评估过程中扮演重要的角色，真正成为农村可持续发展的主体和动力。

参与式理念强调农民的参与是参与式的核心。有学者把"参与"定义为农村人口组织自己并且通过自己的组织来确定他们真正的需求、介入行动的设计、实施及评价的过程。这种行动是自我产生的，并且基于生产资源及服务的可使用基础上，而不仅仅是劳动的介入。同时，也基于在起始阶段的援助及支持以促进并维持发展活动计划。也就是说，"参与"指的是一种基层群众被赋权的过程，让农民积极、全面地介入与自身有关的决策过程中去，让农民实现自我决策和自我管理。

C. 定性与定量的资料分析方法

本研究采用定性分析与定量分析相结合的方法分析所获得的调查资料。在资料收集过程中，对每位被调查者都以预先制作的问卷为主进行入户访谈。定性分析，首先与村干部访谈，收集全村概况、经济发展状况以及当地的社会风俗等资料；其次从个案材料中抽出原始对话的内容穿插于定量分析结果的解释和定性分析中。定量分析，即对问卷调查所获得的数据及统计年鉴数据，进行一定处理后运用Excel、SPSS统计软件对定量资料进行统计分析。

(2) 研究的技术路线（见图1-1）

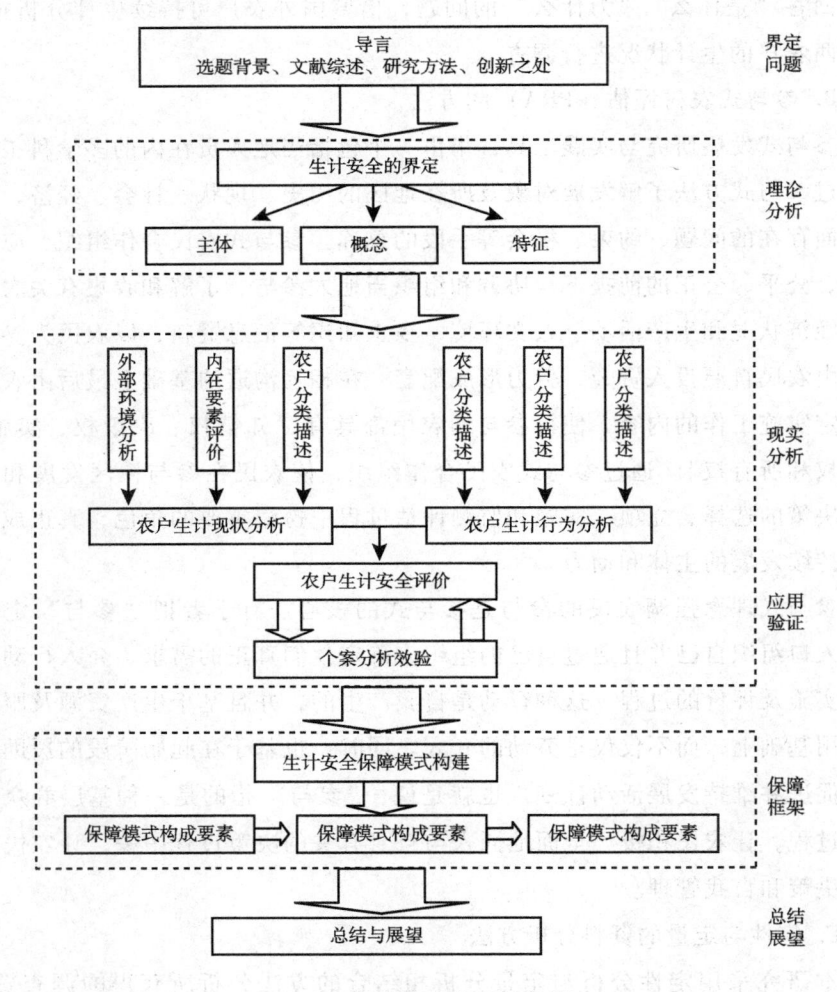

图1-1 本书技术设计路线

1.5 创新之处

本书应用经济学和社会学的有关原理与方法，对农户生计安全进行了系统的研究，在理论和实践上均取得了一定的进展。理论研究上，将生计研究与安全科学相结合，为提高农户生计水平提供了新思路，并且在一定程度上完善和充实了该领域的理论研究。实践研究上，初步建立生计安全的衡量标准，并对陕西省进行了具体评估。具体而言，本研究可能具备的创新之处体现在以下三点。

其一，提出了生计安全的内涵，分析了农户生计安全行为。以生计的概念为逻辑出发点，在可持续生计分析框架的基础上，明确界定生计安全概念，并详细分析它的内涵和特点。农户在安全第一和最优化小农思想的指导下，遵循集体行动逻辑，完成适应—目标达成—整合—维模的功能步骤，寻求稳定且安全的生计状态。生计安全研究对区域农户的可持续发展和小康社会的实现都具有十分重要的研究价值。

其二，尝试建立农户生计安全评价体系。该评价体系从环境、社会、农户生计系统三个维度出发，以可持续生计分析框架为理论基础，使用"压力—状态—响应"指标框架模型，建立了适合省域尺度的生计安全评价指标体系。它兼顾农户生计与环境社会的可持续发展，既体现了指标总体上的相互关系，又体现了人与自然和谐统一的思想，为生计安全度的测量提供了可操作性依据。

其三，从农户生计困境的形成原因出发，结合分析其外部约束条件和内部驱动力，探究生计安全路径。构建了生计安全保障模式并提供了三种可选择的发展模式，为区域农村发展规划提供参考，同时也对政府部门发展生计项目、管理和调控城乡一体化发展起到积极作用。

本书是对生计安全的初步研究，受研究条件和篇幅的限制，尚有以下不足之处。一是缺乏对农民生计行动心理活动的探究。二是受时间和各省相关统计资料不全的限制，生计安全评价的实证研究停留在陕西省省域范围，对全国和县级范围的研究还存在不足。三是生计安全评价指标体系需要进一步完善，这将是作者今后的研究目标。

第二章 农户生计安全研究的理论界定

"生计"一词，最早出现在《鬼谷子·谋篇》"事生谋，谋生计"，指谋生的办法。在传统农业社会中，农户延续着小农经济的生计模式。进入当代社会转型期，农户从精耕农业向工业化谋食方式过渡。探讨转型期处于竞争劣势的农户如何获得安全的生计和对生计安全进行理论界定，是本书研究的起点。

2.1 生计安全的研究对象

研究农村和农民问题，通常有农民、农户、农村经济组织和村落四种研究对象。农民作为农村社会的基本组成个体，适合微观个性研究。从组织的角度研究农村经济组织，它是部分农民参与的一种生产组织形式，连接了市场和农户。村落则是农民生产、生活、休息和进行政治文化活动的场所，具有宏观群体行为特征。农户介于农民与村落之间，是微观经济主体、家庭组织单元和社会控制单元的"三位一体"，既具有微观个性又具有宏观群体行为特征。因此，本书将户口在农村的常住户即农户作为生计安全的研究对象。

2.1.1 微观经济主体

农户主要生活在农村地区，作为相对独立的经济单元，在农村经济社会中发挥着越来越重要的作用。土地及与其密切相关的农村"草根工业"（朱启臻，2009）成为农户的主要生计策略，也是其生活活动的主要组成部分。

一般而言，农户拥有土地、劳动力、基本的生产资料和房屋等生计资产。

在现有人口规模下，全家人共同参与劳动，男女老少各尽其责，至少能够创造出满足生计所需的财富。然后，将所得在户内按需求和安全等级进行合理分配。优先满足最基本的生存需要；其次是再生产需要；再次为基本消费需求，如教育、养老、医疗等；最后为奢侈消费需求。

农户是集合家庭成员共同利益的统一体，每个人的付出与得失都关乎农户的兴旺与衰落。集体利益增长有益于个体福利增加，但集体利益只是家庭成员共同利益的表现形式，并不等同于个体成员利益都能与集体利益完全相等。成员个体的主观需求和客观供给能力不同，个体间的利益不尽相同。以三代主干家庭为例：未成年的孩子几乎没有供给能力，以教育为主要需求；祖辈年龄较大，逐渐丧失劳动能力，以养老和医疗需求为主；父辈承担主要劳动责任，是家庭的核心，既要赡养老人又要抚养孩子，各种需求较为复杂。而农户中每个成员的消费意愿、消费水平、消费方式和消费结构都受到农户收入水平的制约和影响。

作为独立的商品生产和经营的农业经济实体，农户还具备生产、消费和决策三大经济功能。一方面，农户向社会输出了产品和劳务，如农产品、手工业产品、农民工等；另一方面，社会向农户输入了各类消费品和服务，如教育、工业品、保险等。通过输入和输出，农户顺利完成再生产的循环过程，同时满足了家庭成员的各类需求。另外，输入和输出的过程包括了生产、投资、积累、储蓄和消费等经营决策行为。这一系列经营决策行为是对生产要素价格、产品价格和不确定性风险等因素变动做出的投入和管理反应。它影响着农户生计资产的合理配置和生计成果最大化的获得。由于农户是集生产和消费于一体的经济主体，既是生产单位又是消费单位，相应地成为风险承担和决策应对的主体。生产和消费二者之间存在直接相互制约和促进的关系，同时影响着决策系统，农户成为矛盾统一体。在自然、市场和制度等风险因素的冲击下，不确定性因素增多，如果农户缺乏有效的风险处理策略，福利水平就会下降，甚至可能产生贫困。因此，农户经营系统的优化，对于提高农户生计安全和区域可持续发展以及增强竞争力有重要的实际意义。

2.1.2 家庭组织单元

现阶段中国的农民仍是以小规模的家庭经营和生活为主，本质上仍是小农经济，但已与封建传统状态的小农大相径庭。农户被卷入到开放的市场化经济当中，市场化和社会化程度是前所未有的。然而，农村家庭组织单元依然有其生命力和优越性，仍将长期存在。

家庭是农村居民以婚姻关系为基础、血缘关系为纽带而组成的社会生活共同体（李守经，2000）。微观主体——家庭充当了生产模式并发挥了组织功能。农户的生产、生活和交往都以家庭作为最优组织单元，伴随家庭生命周期，既能降低成本，又有规模经济效益（邓大才，2008）。与企业的组织和内部关系不同，农户不是按照社会化生产的要求以法律合同或协议进行分工、划分职权范围的独立经济关系，而是以血缘姻缘为纽带形成自然分工相互协助的紧密经济体。家庭是一个利益共同体，每个人的利益都跟家庭的得失密切相关。家庭成员间的紧密联系是由婚姻和血缘关系决定的天然联系，依靠紧密联系的关系组织生产，使内部成员互帮互助利益共享，并派生出代际间的抚养和赡养关系。

从实践来看，农户是政策实施的对象。从井田制到初税亩，再到均田制直到以家庭联产承包责任制为基础统分结合的双层经营体制，都是以家庭为基本单位。家庭不仅在传统农业生产和经营中是最基本的组织形式，而且同样适应现代农业生产环境。第一，家庭经营与农业生产的自身规律和特点相适应。农户根据气候、环境以及农作物生长规律及时调整生计策略，松紧适度地保障生产和再生产的顺利进行。第二，随着市场化和农业生产效率的提高，劳动时间和劳动力等生产要素出现剩余。依据家庭成员情况和需求，农户按角色协调劳动分工，自主安排劳动和时间，增加了劳动力的边际生产率。第三，成员为家庭所付出的劳动不计成本，形成理想的自我激励和约束机制。家庭利益与每个成员密切相关，且代际传递成为一种内化的约束机制，促使家长不计成本地为家庭投入自己的劳动。家庭利益的获得直接取决于个体的工作，更加激励家庭成员的生产积极性，劳动成为自觉的需要而不是负担。第四，家庭组织生产与家庭生命周期相结合。在家庭的形成期、成长期、成熟期和衰老期的生命历程中，家庭组织能按照个体所扮演的角色、劳动能力、年龄、健康和偏好等的不同，合理配置劳动，促进成员的合作从而抵御风险和年龄增长带来的劳动能力下降。通过家庭的组织安排获得安全的生计，并使集体行动获得收益。正是由于家庭组织的多重适应性，使其仍在农村社会居主导地位。

2.1.3 社会控制单位

改革开放30多年来,农业与农村社会发生了重大而深刻的变化。2008年,全国农村人口72135万人,占全国总人口比重为54.3%(国家统计局农村社会经济调查司,2010),农村的稳定和发展,农民的增收,仍是全面建设小康社会的重大任务。随着改革的进一步深化和公民社会的不断发育,传统农村社会控制的力度和能力逐步减弱,再加上社会阶层的分化和利益的失衡,以及文化产业的爆炸式增长和多元文化的发展,推动了农村社会控制体系的转变。

农村社会控制主要表现在国家对农村社会团体、组织和农民在政治、经济、文化等多维空间的作用和约束行为。家庭这种社会控制单位,已存在上千年,表现为对现实生活中个人的社会行为具有客观的规范和制约作用,具体内化为各自的权利、义务和责任。家庭已经成为农村社会控制的一个末端节点,发挥着基础稳固的作用。农户是一个稳定的控制单元,主要体现在三个方面。首先,在一定时期内家庭的人口相对稳定。一户正常生育一至两个子女,子女成年婚后从主干家庭中分离出去另立门户,组成另一个独立家庭。其次,家庭结构稳定。家庭的结构是家庭成员的构成及各个成员之间的相互关系以维持家庭的完整性并实现家庭功能的组织方式和运作机制。目前农村家庭结构由主干家庭为主转变为核心家庭为主,并呈现周期性演替和简单化的趋势。一个家庭内部的权力结构、角色、沟通类型和价值观念,经过长期的共同生活已经形成定式。也就是说,家庭的外部和内部结构都相对稳定。最后,家庭功能稳定。家庭的第一个功能就是生育功能。生儿育女延续下一代,完成生、老、病、死的人生必经阶段。第二个功能是经济功能。家庭成员通过付出劳动获得收益满足家庭成员的物质和情感需要,并且提供和储存各种必需的资源和安全保障。第三个功能是教育功能。家庭中的成员尤其是子女,在家庭内部满足其身体和心智生长发育的需求,学习适应社会生活的技能和自主性,完成社会成员所需的社会化。第四个功能是保护和照顾功能。一个人从出生到死亡,儿童和老人是需要保护和照顾的主要对象,家庭具备了抚育子女和养老的功能。另外,生活中遇到种种的挫折和困难是不可避免的,家庭还为其成员提供一个关怀、鼓励和照顾的场所。因此，家庭作为社会控制单元的末端节点，以点—线—面的组织结构实现农村社会的有效控制。自上而下的农村社会控制也越来越注重个体的充分发展，实现全体社会成员的广泛参与，体现出成员自我控制与社会内化控制相结合的复合控制模式。

2.2 生计安全的概念

农户是农村社会网络中生产和生活的基本构成，是相对稳定的社会控制单元。中国农业经济的主体是农户，而农户的生计安全作为社会安全网的重要组成部分，直接影响到农村的整体水平和国民经济的健康、持续、协调发展。农户的生计安全关系农业和农村的发展和稳定，影响现代化建设以及小康社会的实现。另外，生计安全的研究对减贫和贫困地区可持续发展都具有重要意义。

生计是民生之本。关注农民生计是发展的需要，是建设社会主义新农村的需要，旨在改善农民生活，提高农民生活质量，发展农村经济。"三农"问题的核心是农民问题，农民问题的实质是发展问题，而任何发展问题尤其农民的发展问题，前提是生计问题。解决农户基本生计，确保生计安全基础上的农民自我发展，符合"以人为本"和可持续发展的科学理念。因此，农户的生计安全是破解"三农"困境的微观基础，关系到家庭及区域能否可持续发展。

联合国环境规划署与世界自然保护同盟共同发表的《保护地球——可持续生存战略》一文，将可持续发展定义为：在生存不超出维持生态系统承载能力之情况下，改善人们的生活品质，保持资源的永续利用和环境保护。农村社会可持续发展的核心是发展，要保持发展的可持续性，须使农户的生计活动与生态环境的承载能力保持平衡。资源的永续利用和生态环境的可持续性的保持是社会持续发展的首要条件，要求农户根据可持续性的条件调整自己的生计，在安全允许的范围内活动。当农户的生计活动超出生态环境的承载范围时，生态环境的自恢复和代偿功能逐渐下降，生态环境系统的平衡被打破导致生态环境的恶化和资源的匮竭，进而反作用于生计活动使农户生计趋向脆弱。

因此，安全而又稳定的生计，可以消除贫困，并在生计平衡被外界环境变化打破时抵御外界压力和冲击，进而恢复平衡并维持生计，促使区域经济协调发展以及维持"资源－环境－生计"巨系统的良性循环。保障农户的生计安全，才可能实现农村健康和稳定的发展。农户生计安全是使生态环境效益最大化与风险最小化相对应的防线，是农村社会可持续发展的微观基础。

2.2.1 生计的概念及构成要素

生计安全研究的起点是生计的概念。在对生计研究的过程中，随着学者们认识的深入，不断赋予"生计"新的内涵。

（1）生计定义

目前，大多数学者认为"生计"是一种谋生的方式，该谋生方式建立在能力、资产（人力资本、自然资本、物质资本、金融资本和社会资本）和活动的基础之上。这个定义说出了生计的基本构成要素即资产、权力和行动。

（2）生计构成要素

随着科技的快速发展，工业化和城市化加大了城市与农村的差别。农业与农村社会发展已成为发展中国家的瓶颈和重要议题，各国学者研究的不断深入和创新，从理论和实践两方面探索出"三农"问题的解决途径。特别是对于贫困问题的研究，不再局限于绝对贫困和物质的满足，更加注重人的发展和可持续性及其与资源环境的关系，"生计"一词被广泛应用于解决贫困问题和农村多元化发展等问题的研究。非政府组织 CARE、英国海外发展部（DFID）和联合国开发计划署（UNDP），分别提出了生计分析框架，并在发展中国家进行了大量的项目实践活动。

可持续生计分析框架，是对农户生计的复杂因素进行梳理和分析的一种方法。它纳入了环境背景、资产、能力、政策和策略等要素，全方位解析农户的发展状况。在具体应用中，需要对其修正和做适应性调整，使之适合当地的环境条件并符合当地的优先发展需求。最具代表性的是英国海外发展部的可持续生计框架（Sustainable Livelihoods Approach，SLA）（见图2－1），对于发展及援助项目具有可操作性。SLA提供了一个分析农户整个生计过程的框架，指导农户利用资产、能力和权力，采取有效的策略谋求最优化生计。如图2－1所示，该框架中农户可运用五种生计资产，在一个脆弱性的背景中生存或谋生。诸如自然灾害、社会动荡、家庭成员疾病、农作物病虫害等天灾人祸的打击，生产资料价格、就业机会、农业生产的季节性差异，以及人口、资源环境、技术、国内外市场和贸易的趋势变化等因素，都对农户的生计产生影响。这些农户无法控制的因素，取决于占优势的社会、机构和组织环境及其过程。农户在综合考虑脆弱性背景、可用生计资产和政策组织环境后，形成配置和使用资本的方式即生计策略，以追求最大化的成果或状况，满足农户的生计目标。

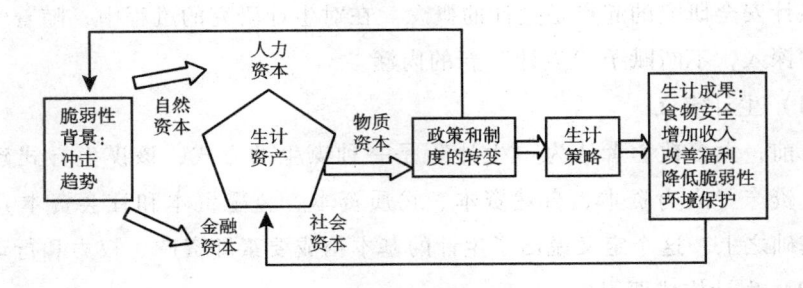

图 2-1 DFID 可持续生计分析框架图

可持续生计分析框架中的五种生计资产，包括自然资本（Natural Capital）、物质资本（Physical Capital）、社会资本（Social Capital）、人力资本（Human Capital）、金融资本（Financial Capital）。

A. 自然资本。自然资本主要指可利用的自然资源，如土地、水和水产品、树木和林产品、野生动植物、环境服务等，可直接用于生产或消费。对自然资源的有序、可持续利用，既可以保持资源可承载能力，又能对其适当保护，实现人与自然的和谐统一。

B. 物质资本。物质资本指长期存在的生产性物资，包括基础设施和生产资料两类。一是基础设施，国家提供的准公共产品部分无偿使用，如交通运输道路、基础教育设施、饮水与水利设施、能源、通信等。二是工具和技术，可以提高生产效率，通过有偿交易获得，包括生产工具、设备、种子、肥料、农药、种植技术等。农村与城市相比，物质资本缺少，贫困地区甚至匮乏，是农村发展的一大障碍。

C. 社会资本。社会资本指社会互动中基于信任的参与、互惠和人际网络的社会资源。如亲戚、朋友、家族、邻居等社会关系网和社会组织，信任与互助、正式和非正式团体组织成员、公共准则和约束力等社会关系，以及参与决策、领导能力等垂直社会关系。社会资本能够降低不确定性和交易成本，规避风险减少损失。农村人情社会中，社区内互相帮助农户有效防御风险，对农户生计安全起保障作用（高晓巍和左停，2007）。

D. 人力资本。人力资本指个体拥有的用于谋生的知识、技能以及劳动能力和健康状况（Camey, D., 1998），包括营养、健康、教育、知识和技能、劳动能力和适应变化能力的存量总和。人力资本体现在劳动者身上，核心是提高人口质量。这种能力通过对生产者的教育、培训、经验和学习获得并储备，以期形成更高的生产能力。人力资本比其他资本有更大的增值空间，更具生产力。农户拥有的人力资本包括家庭中劳动力的数量和质量，是生计策略选择的重要影响因素，同时也影响着农户生计安全。

E. 金融资本。金融资本指用于购买物品的现金以及可以获得的贷款和个人借款等流动资产，包括流量和存量两部分，如储蓄、工资、养老金、汇款、正式或非正式借贷等。农村资本稀缺，金融市场不发达，农户对小额、短期资金的需求大多通过社会网络关系非正式借贷来满足。金融资本的用途广泛，能给农户带来收益。金融资本的所有量是衡量农户生计安全的重要判断标准。

每个农户都拥有不同水平的五种资产，不同家庭获得生计资产的状况也不相同。资产的多样性构成、资产的数量和不同类型资产之间的平衡程度都影响着生计资产的水平，缩小或扩大"生计五边形"。生计资产与占优势的社会、机构和组织环境及其过程关系密切，是一对双向关联关系。配合多样性的生计活动和策略，有利于实现生计成果（李斌等，2004）。农户生计安全可以在可持续生计分析框架内研究。

2.2.2 安全理论

所谓"安全"，《现代汉语词典》解释为不受威胁，没有危险、危害、损失。国家标准的"安全"，定义为免除了不可接受的损害风险的状态。通过对安全概念的定义，人们可以明确安全研究的主体、范围、关注的对象和探讨的内容等。美国心理学家亚伯拉罕·马斯洛，将人的需求分为生理需求、安全需求、社交需求、尊重需求和自我实现需求五个层次，依次由低到高排列。安全需求包括对人身安全、生活稳定以及免遭痛苦、威胁或疾病等的需求，生计安全即包含其中。安全需求与生理需求均属于人的基本需求。随着人类社会科学技术的发展，人类改造自然的活动频率加快、范围扩大，能力不断增强，自然界对人类活动的反作用也越来越凸显。近几十年，地震、火山爆发、泥石流、洪水、台风、干旱、水土流失、污染、金融危机等灾害性事件频繁发生，由人类活动所导致的全球性风险居首位，各种风险对人类的生存和发展造成严重的威胁。由此产生了安全科学。安全学是20世纪70年代发展起来的一门新兴的综合交叉学科，涉及管理学、经济学、心理学、工程学等学科领域。

（1）安全与风险

广义安全即大安全，以某个领域或系统为主的安全。狭义安全是人的身心免受外界（不利）因素影响（包括健康状况）及其保障条件（李树刚，2008）。狭义安全是一个一般性的概念，与具体行业或行为相联系才能具体化。如何界定安全的程度，产生了安全度的概念。安全度指人的身心安全程度及其事物保障的可靠程度。安全度的评估可以正确认识事物所处状态，进而达到预警和防患于未然的目的。

安全与风险在事物发展过程中同时存在，在事物的运动中相互依存、相互对立。正是因为风险的存在，有必要进行安全管理，以防止发生危险。安全与风险也并非是等量并存、和平相处，而是随着事物的运动变化，时刻相应变化着，进行着此消彼长的斗争。事物没有绝对的安全或绝对的风险状态，事物的发展状态会向着安全与危险斗争的胜利一方倾斜。风险虽然是客观存在的，但却是可以被感知、被预见的。保持安全的状态，可以预防为主，采取多种措施将风险的破坏力降到最低，因此风险是可以控制的。

安全是人类生存、生产和生活的必要前提，风险则是人们从事生产或社会活动时不可避免的因素。因此，风险管理有助于消除风险事故带来的损失，并通过损失控制和补偿以消除风险的负面效应。风险 R 可以用一定时期风险事故发生的概率 P 和风险事故发生损失程度 L 的乘积表示。

$$R = P \cdot L$$
$$R = f(P, L)$$

对风险的评估既要看其发生的概率，更要看其损失的程度。研究风险有两种方法。第一，成本效益分析法。减少风险需要付出的最少成本与所取得最大效益之间的关系，以求得在减少风险与付出代价间相互协调和平衡。第二，风险效益分析法。多大的风险对应多大的效益，以求得效益增加的情况下去承担高风险（林柏泉，2002）。

（2）安全系统

安全问题是一个复杂的系统问题。区域是一个开放的复杂巨系统（钱学森，1990），由经济、社会、环境、行动、技术等子系统构成。20 世纪 60 年代以来，面对日益严重的全球性灾害和生态环境问题，系统及区域发展安全问题凸显。目前，区域 PRED（population resources environment development）为主要研究对象，研究集中在系统评估与定量化研究两方面。安全的系统具有以下特点。第一，客观性。安全系统作为一个抽象的概念，其客观性表现为系统目的的物质性和可实现性。第二，开放性与动态性。安全是系统通过客体的能量流、信息流和物流的流入及流出在动态中保持稳定的一种状态，具有动态性。开放性是系统在安、危之间转换发生的重要机制，使系统获得安全成为可能。第三，确定性与非确定性。系统演化的规则是确定的，可预测的，而其演化的方向和结果是不确定的，具有随机性和模糊性。系统可能因为影响因素的随机作用而产生随机性行为，或因子系统构成客观性及其耦合关系难以量化，不能建立准确的数学关系而具有模糊性。第四，有序与无序的统一体。不稳定性和随机性通常会产生无序，周期性和对称性产生有序。在复杂系统的演化中，通过空间结构、功能结构、信息结构和时间结构的改变，有序和无序可以相互转化。第五，突变性或畸变性。量变积累到一定程度会产生质变，同样安全的系统也可能出现畸变甚至突变，从而打破平衡释放能量或致灾物质。第六，耗散结构特性。一个耗散结构系统，各个子系统联系紧密具有不同的性质，耦合状态下相互影响。安全系统的整体安全功能，表现为各层级子系统和安全因素的有机结合，从而使系统作用大于子系统的简单之和。安全因素的无组织、无结构状态是安全系统的初始状态。在安全的自然属性和社会属性的扰动下，开放的动态系统驶离初始状态，呈非线性运动，转变为耗散结构系统。

　　安全系统工程是利用系统的原理和方法，识别、分析、评价和控制系统中的风险，确保系统实现最佳安全状态。它的研究内容包括系统安全分析、评价和预测三个方面，也可以看作系统安全研究的三个步骤。

　　首先，系统安全分析。要确保系统的安全，首先要全面了解系统的基本特点，对系统进行深入、细致的分析，充分查明系统存在的安全隐患，明确安全隐患的位置和对系统的影响程度。安全分析是系统安全研究的起点和核心，分析方向和结果正确才能起到保障系统安全的作用。系统是运动变化的，因此系统安全诊断与监测有密切的关系。对一定区域内研究系统的状态连续地进行测量、记录，可以提高安全分析的准确性和科学性。系统安全分析包括主成分分析法、系统动力学分析法、模糊神经网络分析法等多种方法，可以根据实际情况取长补短结合使用。

　　其次，系统安全评价。评价指"按照明确目标测定对象的属性，并把它变成主观效用的行为，即明确价值的过程"（赵耀江，2008）。安全评价是对系统的状态进行定性和定量分析的工具，评估存在的危险、有害因素及危险程度，提出有针对性的合理可行的安全对策措施。评价的目的和对象不同，安全评价的内容和指标也不同。如果超出指标正常范围，说明此种因素已对系统构成威胁，则应对系统的主要风险因素采取控制措施，使其降至安全范围内。安全综合评价方法有层次分析综合评价法、灰色系统综合评价法、模糊数学综合评价法和神经网络综合评价法。每种评价方法的适用范围和应用条件不同，应选择适用的评价方法。

　　最后，系统安全预测。安全预测以时序数据和现有认识为依据，对系统基准时间之后的安全状况进行科学预测。安全预测结果使人们能够掌握事物发展的变化趋势，预警可能出现的危险及其程度，便于认识事物发展的客观规律和指导管理者制定政策和规划发展。安全预测已广泛应用于经济、社会和技术各个领域。预测的技术、水平、控制手段和精确度越来越高，是现代安全系统发展的方向。系统安全预测的方法包括灰色系统预测、回归分析法、德尔菲预测等。

以上介绍了安全研究的对象、方法和理论。农户生计适用于安全研究领域。下面遵循安全研究的步骤和方法，研究农村区域 PRED 发展状况。

2.2.3 生计安全的定义

20 世纪 50 年代 Belcher 和 Sewell 开始测量家庭生计水平，此后许多机构对可持续生计框架进行了研究，并应用于发展项目。生计的定义来自于 Chambers 和 Conway。他们定义生计包括能力、资产（储备、资源、要求权、获取权）和生产活动所需的谋生方式。生计是可持续的，当人们应付压力、冲击并得以恢复，维护或增强了他们的资产、能力，就能为下一代提供可持续发展的机会。接着 Frankenberger 将家庭生计安全定义为一个家庭或社区具有维持和提高收入、资产和社会福利的能力，并保障家庭从风险中恢复可持续发展。

（1）生计安全的定义

"生计安全"是一个新概念。由于它提出的时间不长，虽然国内外很多学者从不同角度对生计的内涵和外延做了探讨，但是目前关于生计安全尚无统一的定义。就其本质而言，生计安全是围绕农户可持续发展的目的，促进经济、社会和环境三者之间的和谐统一，由能力安全、资产安全和行为安全这几个方面组成的安全体系。能力安全和行为安全是生计安全的基石，资产安全构成生计安全的核心。能力安全是质量安全维度，资产安全是数量安全维度，行为安全则是关系安全维度（见图 2-2）。

本书将生计安全理解为单一或联合生活共同体通过不断改善生活状况，以

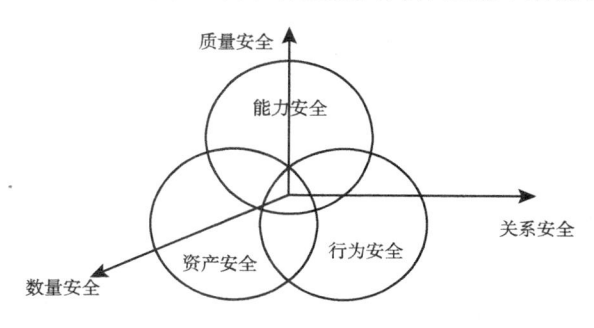

图 2-2　生计安全的基本内涵

获得持续谋生的资产、收入和能力，并维持福利水平接近或达到社会公认的客观保障条件。也就是说，当生活共同体能够维持最低的生存需要，保持生计的可持续性，具有抵御风险的能力并传递给下一代时，安全的生计由此获得。农户生计安全的实质表现为，多样化的生计策略获得、家庭收入的有效提高和生计资产的安全，生计系统与生态系统的良性耦合。

现阶段狭义的农户生计安全包括以下具体内容。第一，背景环境安全。背景环境包括人们生存的外部环境、变化趋势、外部冲击和周期性因素以及制度环境，影响着农户生计和资产的合理利用。背景环境安全能够帮助农户增强抵御风险的能力，促进生态环境与农户生计系统的和谐统一，更好地在环境变化中获益。第二，生计资产安全。根据DFID模型，生计资产包括自然资本、金融资本、物质资本、人力资本和社会资本。生计资产是农户开展生计活动的重要基础，也是抵御各种风险的重要屏障，处于农户生计活动过程的核心位置。第三，生计策略安全。生计策略指农户利用现有资源选择经营活动并获取最大利益，包括生产安排、投资安排和生育安排等。随着环境条件的变化，生计策略应相应调整，改变资源的配置和生产、投资的类型及构成比例。生计策略安全是农户实现生计安全的重要手段。第四，结构和制度安全。社会结构和制度安排决定生计的选择和活动范围。结构是一种硬件，是相对稳定的社会组织形态；制度是一种软件，受社会准则和规则的约束。它们都具有持久和广泛的效用。结构与制度的相对稳定和向着利于公民社会的温和转变，是生计的良好外部环境。第五，生计成果安全。生计成果是生计策略或目标的实现或结果。正效应的生计成果能增加收入、提升福利、降低脆弱性、提高食物安全和可持续利用资源；负效应的生计成果则会减少生计资产，导致农户生计风险增加。

（2）生计安全与最低生活保障的区别

生计安全容易被理解为最低生活保障，这里将两者加以区别。生计安全与最低生活保障既有区别又有联系。

最低生活保障，指国家对家庭人均收入低于政府公布的最低生活标准的人口给予现金资助，以保证该家庭成员基本生活需求的社会保障制度。最低生活保障线即贫困线，对达到贫困线的人口给予相应补助以保证其基本生活。它与生计安全都旨在帮助生活困难的农户，保证他们的基本生活；但生计安全的内涵更广泛更复杂，包含了最低生活保障。二者区别如下。

A. 对象不同。最低生活保障救助对象为无生活来源、无劳动能力、无法定赡养人或无抚养人的贫困居民个体。生计安全帮助对象包括个体和区域，不仅包含"三无"的贫困农户，还包含丧失可持续发展能力、抗风险差的潜在脆弱贫困农户，往往将区域内所有农户都纳入计划。

B. 形式不同。最低生活保障的形式是单一的现金发放。生计安全具有多样的形式，如采用参与式发展方式帮助农户找到生活困难的症结，提供基础设施建设和发展基金等人力、物力与资金的帮助。

C. 目的不同。最低生活保障目的在于帮助贫困线以下的居民增加收入，以确保其能够维持基本生活。生计安全的目的在于改善农户生活状况，帮助他们获得资产、收入和可持续生计的能力，达到社会公认的福利水平。

D. 时效性不同。最低生活保障具有临时性，需要农户提出申请，按周期在一个时间点发放。如果农户收入增加，超过了规定的救济标准，就不再享受。生计安全具有连续性和长期性。比如，政府对基础设施建设逐年增加投入，每个发展项目有规划和发展阶段，有工作人员确保农户收入提高，在农户获得长期发展的能力时该项目才结束。此外，还有长期的跟踪评价等后续计划。

E. 实施主体。最低生活保障资金由地方政府和中央政府共同负担。生计安全由于形式的多样化，实施主体同样多元化，由地方政府、中央政府、非政府组织、乡镇企业、金融机构等组成。

2.3 生计安全的结构及特征

生计系统安全的获取，依赖于各要素和关联系统的有机联系。生计系统包含环境背景、生计资产、生计策略、生计成果和结构制度五大要素。生计系统包含于社会系统之中，与资源环境系统组成的自然系统有密不可分的联系。生计在社会和自然系统中运行，主要包括四个环节：从资源系统获取自然资源；将资源转化成劳动产品；进入消费流通领域；向环境系统排放废弃物。

通过图2-3，可以清楚地看出行为体的生计活动与社会系统、资源系统和环境系统之间的运行关系。价值观念、制度规则和管理结构受国家的宏观调控；同时，国家调控的分配制度决定了个体生计资本的拥有量和生计成果的获取。在使用生计策略进行生产和消费的过程中，与资源系统发生支持和消耗的双向交换功能，资源系统支持生产的原料，生产过程消耗自然资源，将其转化或加工成社会产品。同时，与环境系统产生限制和排放的能量交换，社会产品的消费过程向环境系统排放了废弃物，造成环境的污染，环境系统反过来限制了产品的消费。可见，生计资产和生计成果以及国家调控水平直接影响着资源环境系统的协调运行。消费水平由生计成果和生计资产水平决定，同时它又决定了人类从自然界获取的自然资源的总量、劳动产品的总量和人类向自然界排放的废弃物总量。根据环境系统的反馈，国家通过调控来管理对资源系统的获取。

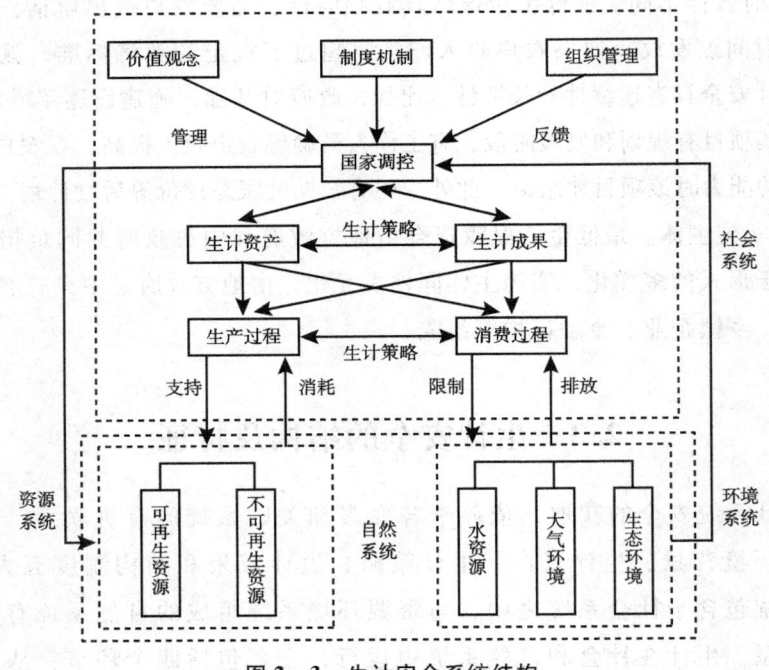

图 2-3 生计安全系统结构

生计安全与粮食安全、社会安全、政治安全等息息相关，都是国家安全的重要组成部分。粮食安全、社会安全和政治安全是生计安全的基本条件和重要保障，生计安全是粮食安全、社会安全和政治安全的基础和载体。生计安全是一种非传统安全，它自身的特征可从以下几个方面理解。

2.3.1 生计安全状态的短期均衡性

生计安全是相对于不安全而言的，是主体存在的一种不受威胁、没有危险的状态。生计系统的状态可分为"安全"和"不安全"两种状态。生计安全是人类的一种基本需求。绝对生计安全是不存在的。生计安全具有动态性、隐蔽性和整体性，局部的蝴蝶效应可能引发全局性的问题。生计安全由众多影响因素构成，它对人类生存和发展的满足程度不同，生计安全的程度也不相同。不安全因素的客观存在，对生计系统造成危害和损失极为常见。也就是说，生计安全的状态是有条件的、相对的，并随着社会的物质水平和精神文明的提高而提高。

当收入大约等于支出并且资产无可减少的状况下，家庭生计往往会维持一个高度不稳定的短期均衡状态。由于风险的客观性、损害性和不确定性，家庭生计水平围绕脆弱的均衡点上下波动。在均衡点之上，生计系统处于安全状态；在均衡点之下，则生计系统处于不安全状态。为了获得安全的生计，个体行为者通过行动不断调整生计策略和生计资产的组合方式，生计系统向均衡状态的调整过程无时无刻不在发生，从长期来看，生计总是围绕着均衡状态波动发展。随着振幅和频率的增加，风险扩大，生计安全水平降低。一般情况下，频繁振幅发生在环境剧变、疾病、经济动荡的冲击和打击之中。

2.3.2 生计过程的动态往复性

动态性是生计系统的一个重要特征，生计过程中的各环节、各组成要素都在随时间动态变化。它们相互作用，共同推进整体系统的演变和变化。同时，随机因素的作用又使得系统的动态变化具有随机性。

生计系统的发展和演化是从安全到不安全、再到安全的周而复始的过程。从旧的安全到新的安全构成了一个完整的演变周期。生计系统的动态往复过程，具有非线性特征，不是光滑的直线运动，而是粗糙的曲线运动。家庭生计在经历安全—不安全—安全的螺旋式循环发展中，通过不断改善生计、降低脆弱性并提高抗风险的能力，获得可持续发展。在不安全情况下，生计系统的组成部分发生相应的变化，行动系统完成适应—目标达成—整合—维模的功能步骤，形成系统模式与结构的转变，从而寻求新的稳定安全状态。如果这种转变是成功的，则农户生计系统得到进化，生计安全水平进一步提升。当然，系统的演化不仅有发展，还有停滞、循环和灭亡的多种前景。当生计系统达到临界点，形成几乎停滞的状态，主要是因为外界的限制因素和内部动力因素的相互作用达到了平衡。生计系统要实现可持续发展，就需要突破限制性因素，增加发展的动力因素，寻找替代生计。

生计安全的协调、控制和实现，由人们的价值观念、行为习惯、非政府组织的非正式规则、社会系统的正式制度安排和社会的组织管理方式所决定。农户受价值观念和行为习惯的影响，虽然种植农业的效益偏低，但仍偏好种植粮食作物和储存粮食。种粮和存粮保障了农户的基础生计安全，但生计策略单一生计水平偏低。非政府组织可以为农户提供发展项目，帮助其获得可持续生计能力。引导劳动力的有序转移、农民工权益保障、区域发展政策等，仍然要依靠政府的正式制度安排和国家行政组织来管理。

2.3.3 生计效用的辐射传导性

单个家庭生计福利的提升或遭受损失，都会对其社会网络成员产生辐射和传导效应。生计安全与否，与生计水平的增长或资产的损失直接相关。一方面，农户面对风险或损失，有规避、转嫁和接受三种行为选择，都可能在一定范围内传递给其他家庭，产生连带影响。在差序格局社会中，当单个家庭遭受损失超过资产存量或可承受范围时，向其家庭社会网络提出救助以维持生计。另一方面，单个家庭生计安全的提高对社区及其家庭社会网络有重要的辐射影响。单个家庭生计安全水平的提高，扩大了其影响力，使其个体中心网络在社区内的层级上升；同时产生一定的聚集和辐射效应，使网络成员通过网络结构从中心家庭获得更丰富有效的资源。随着辐射面扩大，逐渐提升整个网络成员乃至社区的生计安全。相反，在单个家庭生计脆弱的情况下，它的交换和传导功能低下。个体之间缺乏有效互动，面临风险时个体压力增加，致使网络局部承压能力和抵御风险能力降低，导致其社会网络可能发生坍塌或遭到破坏。

生计安全与可持续发展密切相关。生计安全的目的是，让农户在保障基本生活水平的基础上获得稳定持久的发展，让生计可持续。农户获得了可持续发展的能力，又将促使其提高生计安全水平，二者相互促进，相辅相成。农户生计安全是可持续发展的物质保障。生计安全保障农户的生存和发展权利，生存和发展是可持续发展的物质基础。农户生计水平的下降和波动，将引起生计成果的减少甚至生计资产的损失，进而影响可持续发展。

第三章 农户生计现状分析

在原始农业时期，氏族成为社会的基本组织和经济单位，土地是农业生产的场所和基本生产资料，由于工具的简陋，人们不得不以"公有共耕"的经营方式来维持农业生产的生计。当原始农业进入锄耕阶段，土地经营渐趋稳定。由于个体家庭在体能、生产经验方面的区别使生计成果存在差异，集体经济发生动摇，形成了以个体家庭为单位的经营形式。家庭生计模式在某种程度上调动了生产积极性，以血缘为纽带的家庭成员有一致的共同利益，内部矛盾减少，协作加强，保证了家庭经营生计的实现。在生计安全基本理论的基础上，本章将从外部环境、内在要素和农户的分类方面对农户生计现状进行描述。

3.1 农户生计外部环境分析

农户是农村社会网络中生产和生活的基本构成，是相对稳定的社会控制单元。中国农村社会的主体是农户，他们在社会转型期面临怎样的环境，奉行怎样的行动逻辑，遇到困难如何决策，都对农户生计安全产生影响。

任何社会系统都不是封闭的，而是存在于一个更大的环境系统中，与其他系统相联系。毋庸置疑，政治、经济和文化等社会系统的变化，对个体生计系统产生影响，对于生存于中国这个大环境下的农户来说更是如此。外部环境是农户生存和发展的土壤，既为生计活动提供发展的条件，又起制约的作用。绝大部分外部环境的变化及影响是任何农户都无法选择和控制的因素，农户除了接受环境外别无选择。要认识农户行动系统，就必须认识外部环境因素。

一般而言，农户生计的外部环境包括国家、社会和资源环境三个系统。中国正处于从农业社会向工业社会的转型时期,这一时代背景要求对旧的制度、结构、体制等进行变革或调整。这些对任何一个农户都会产生影响,而且这种影响因农户自身状况不同而异。农户生计系统的外部环境从宏观、中观和微观的角度可分为宏观环境、中观环境、经营环境三个层次(见表3-1)。结合PESTE分析框架,宏观环境包括政治(Political)、经济(Economic)、社会(Social)、技术(Technological)和生态(Ecological)五个方面(杨鑫和黄仕伩,2010)。中观环境包括市场、信息、交通、金融、服务、社会网络。经营环境依据可持续生计分析框架,包括背景、生计资产、生计策略、生计成果、替代生计和竞争者。其中宏观环境是最大的外部环境,具有权威性,在一定历史时期内客观存在,任何个体或群体农户无法选择也无力改变。行动者只有更好地认识和努力适应宏观环境,积极应对其变化才能达到生计安全的目标。

表3-1 农户生计系统外部环境构成

宏观环境	政治	中观环境	市场	经营环境	背景
	经济		信息		生计资产
	社会		交通		生计策略
	技术		金融		生计成果
	生态		服务		替代生计
			社会网络		竞争者

3.1.1 政治体制改革成为农户生计发展的主导因素

政治环境指一个国家或区域的体制、制度、方针政策、法律法规等方面。不同的国家有不同的上层建筑,不同的社会制度对行为者有不同的限制和要求。随着时间的推移,同一社会制度也会发生变化。中国计划经济时代形成的城乡二元结构,使城乡分割两极对立,是农村最大的政治环境。在物资匮乏、百废待兴的新中国成立初期,计划经济发挥了配置资源集中力量办大事的积极作用。但是,随着经济的发展,城市与农村的差距产生,二元结构的弊端渐渐显露出来。制度的稳定性具有促进作用,也成为变迁的阻碍。随着社会环境的变化，制度的制定者相应调整方针政策，但由于政策制定和实施的滞后性，城乡差距越拉越大。城市是发达、先进、富裕的代表，农村是守旧、落后、贫穷的代表，形成了一系列的社会矛盾。

改革开放以来，在允许一部分人先富起来和城乡差别的社会政策引导下，城市居民很快积极适应并融入社会主义市场经济的浪潮之中。在优势社会资源的带动下，城市居民获得高额利润回报。以利润为动力源，激励城市居民占有越来越多的优质资源，获得更高的收入，城乡差别就此扩大。在两型社会中，农户被动接受社会的激变。他们所奉行的道义和亲情，全被市场经济冲淡，他们只能在农业和工业社会的夹缝中生存。由于农业人口众多，占中国社会人口的60%以上，使"三农"问题更加突出。如此庞大的一个群体，占有社会资源稀少，总体生存水平偏低，社会阶层和地位低下，难以在短时期内完成转型。

面对市场价格信号，农户心理反应开始"个性化"，过去同质社会的"大同"特征开始淡化。一般来说，在小片局域中市场信号是一元的，信息变化同步，而在农户中产生多元的心理反应。农户相应调整自身生计策略，提供多样化劳务，表现为三种状况。第一种，农户对市场反应很敏感，只有少数具有一定生产规模的专业农户能够做到。他们具有捕捉市场信号和机会的能力，供给弹性大，能及时调整生计策略以适应供求变化。第二种，农户对市场变化反应迟钝，信息匮乏，大多数农户如此。受人力资本、交通通信的影响，农户获得信息较少较慢，不能及时获得最新的信息和科学技术。农户即使获得了新技术和信息，但由于对新鲜事物有畏惧和抵触心理，供给弹性不足，也会错失市场机会。等到大多数人采取相同生计策略时，就会失去竞争优势减少利润。第三种，农户对市场变化反应严重滞后，信息闭塞，以贫困山区农户为主。山区的贫困农户，生活在几乎封闭的环境中，在小范围内过着自给自足的温饱生活。他们世代居住在此，缺乏供给弹性，有安于现状以不变应万变的心理。根据波耶克（J. B. Boeke）对荷属爪哇农村30年的研究，这种心理被定义为"反常"心理，农户缺乏追求利益的欲望与积累动机（J. H. Boeke，1953）。他们的贫困可以被称为"拒绝成为富人的心理代价"（K. E. Boulding，1961）。

近些年来国家对"三农"问题高度重视，中央连续多年出台涉农的"一号文件",加大对农业与农村的政策支持力度。2011 年召开的中央农村工作会议,提出继续深入推进农村改革,大幅增加"三农"投入,巩固和完善惠农政策。党和政府毫不放松抓好农业生产,切实保障主要农产品有效供给,着力保障和改善农村民生,建设农民幸福生活的美好家园。

3.1.2 市场经济以及社会保障制度的不断完善为解决农户生计创造新境遇

经济环境指一个国家或地区的经济制度、经济发展水平、产业结构、劳动力结构、物资资源状况、消费水平及国际经济发展动态等。改革开放以来,中国走上了从传统的计划经济转变为社会主义市场经济的道路。随着经济全球化的发展,已呈现出一体化的趋势,任何一个国家都不再封闭孤立,而是彼此密切联系的。2011 年中国社会科学院发布的《亚太蓝皮书》指出,经过 30 多年经济的高速发展,中国经济总量已位居世界第二,成为全球第二大经济体,是世界经济力量的重要一极。2010 年,国内生产总值 397983 亿元,比上年增长 10.3%,国民经济运行态势总体良好。全国城乡居民人均收入分别比 2009 年实际增长 7.8%、10.9%。居民消费价格平均比上年上涨 3.3%,原材料、燃料、动力购进价格上涨 9.6%,农产品生产价格上涨 10.9%。城乡居民收入快速增长,农村居民人均纯收入达 5919 元,比上年实际增长 10.9%。农村家庭食品消费支出占消费总支出的比重为 41.1%,城镇家庭为 35.7%。全年农民工总量为 24223 万人,比上年增长 5.4%;其中,外出农民工 15335 万人,增长 5.5%,本地农民工 8888 万人,增长 5.2%。2010 年国家贫困标准为 1274 元,年末农村贫困人口为 2688 万人,比上年年末减少 909 万人(中华人民共和国国家统计局,2011)。2010 年,在复杂多变的国内外经济环境下,国民经济保持平稳较快的发展,各项社会事业都取得新的进步。

2010 年在干旱、洪涝等自然灾害的影响下,全国粮食总产量达 54641 万吨,比上年增长 2.9%,实现粮食连续 7 年增产。粮食丰收,使农业基础得到加强,居民消费价格稳定。"十一五"期间,农业与农村经济发生了许多显著的变化,农业综合生产能力明显增强,农民收入大幅提高,农业科技和物质装备水平迈上新台阶,农村改革和农业对外开放迈出新步伐。农业基础地位明显加强，强农惠农政策体系加快建立和完善，农业投入大幅增加，农业综合生产能力显著提高。农村改革不断深化，市场体系日趋完善，农业发展活力显著增强（见图3-1）。

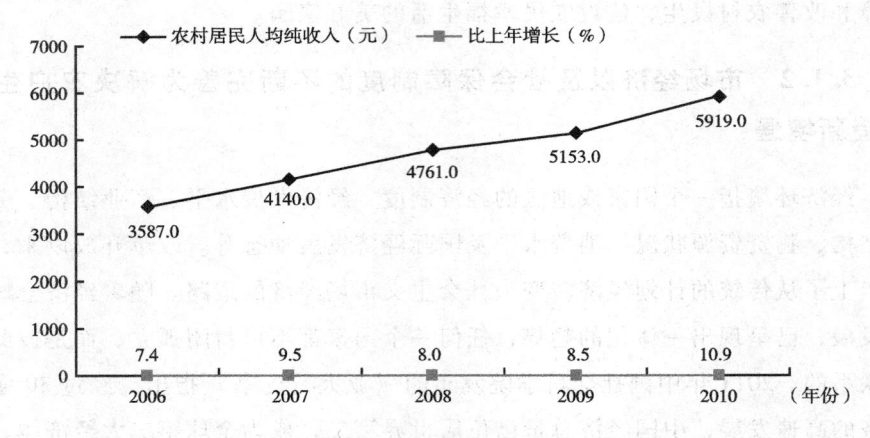

图3-1　2006~2010年农村居民人均纯收入及其增长速度

2010年社会保障水平进一步提高，社会保障覆盖面扩大。全国新型农村社会养老保险试点地区参保人数10277万人。2678个县（市、区）开展了新型农村合作医疗工作，新型农村合作医疗参合率96.3%。新型农村合作医疗基金支出总额为832亿元，累计受益7亿人次。政府十分重视民生的改善，提高了最低生活保障、最低工资、失业保险、基本养老金、优抚对象补助、家庭经济困难学生资助等多项社会救助和保障标准。综合各种因素，尽管国际金融危机过后的世界经济形势有所恢复，但基础并不牢固，我国经济发展中还有很多不确定因素，产业结构问题仍未解决。

3.1.3　城乡社会协调发展使农户生计方式多元化

社会环境指人们生存及活动范围内的社会物质、精神条件的总和。在经济快速发展的同时，社会结构也在发生深刻的变化，社会矛盾和问题包括老龄化、城乡二元结构、社会不公平、贫富差距扩大等问题接踵而至。这些矛盾和问题难以在短时期内有效解决，根本原因在于社会和经济发展的不平衡。学者陆学艺（2010）认为中国社会结构滞后于经济结构大约15年，这是中国社会目前最大的结构性矛盾。农村社会的发展明显滞后于城市社会的变迁，也无法在短时期内追赶上。社会发展的滞后，对社会可持续发展构成威胁。我国城乡发展的不平衡，归根结底是由城乡社会形态变迁的差异和工业化发展水平的差距所致（黄晋太，2007）。由此可见，经济发展只追求效率而忽视公平，给社会发展带来了昂贵的成本。

第一，社会不公平问题普遍，特别是城乡、区域、性别方面收入分配不公平问题突出。农林牧副渔业收入极低。据国家统计局数据和人社部称，2008年职工平均工资最高的证券业与最低的畜牧业之比为15倍（腾讯新闻网，2011）。如此大的收入差距打击了农民的种粮积极性，引发了"去粮化"的发展趋势，将对国家粮食安全产生不利影响（罗静，2010）。

第二，公民社会发育尚不成熟。建设一元社会结构下的公民社会，是建设小康社会，统筹城乡社会和谐发展的必然要求。首要任务是加快城市化进程，吸纳更多的农村劳动力进城务工。然而，大量农村剩余劳动力滞留在农村，或在城市打工因收入低而无法融入城市生活中，游离于城市和农村之间。如何使他们市民化，是亟待解决的问题。同样，对于城市而言，基础设施建设和服务跟不上城市化的快速发展，城市容纳力有限，大量农村人口进入城市，引发了"城市社会病"。农村劳动力的无序流动，不仅使农村缺乏人力资本，农村经济发展萧条和衰退，而且引发农村留守儿童和老人的一系列问题。

第三，人口老龄化。按国际标准，65岁以上的人口占总人口7%以上，被称为老龄化社会。中国从2000年就已达到6.96%，已经迈入老龄化社会。生育率低和人口结构老化，使中国出现了"未富先老"的特征。老龄化的加速对经济和社会都产生巨大的压力，社会保障制度滞后已成为未来发展的重大问题。随着老龄化社会的到来，从事农业生产的农民"老龄化"现象十分突出，四十、五十岁以上的农民占种植农民的90%以上。尽管国家出台了一系列支农惠农政策措施，但从事农业生产只能满足农户温饱，不能达到致富和养老的要求。

目前，夫妻及未婚子女组成的核心家庭、夫妻和已婚子女及孙辈组成的直系家庭以及单人户成为现代社会三种主要家庭类型，其中核心家庭居于主导地位。家庭结构呈现小型化趋势，表现为家庭成员减少，可利用的亲缘关系资源也在缩小，已婚亲戚之间的关系削弱并交往较少。农村人口向城市大量流动，城市人口向大城市和国外流动，使家庭成员之间出现地域分割，代际的生活关系受到制约或弱化，家庭的抚幼养老功能被削弱，由此对社会服务提出了更多的需求（王跃生，2010）。

3.1.4　科技教育发展为农户生计资本积累提供推手

技术环境指国家或地区的变革性技术创新和常规性的新技术、新工艺、新材料、新设备的发明和应用。科学技术的日新月异，向社会各个领域全面渗透，推动了社会和经济的发展，成为当今社会的主要时代特征之一。进入21世纪以来，全球化趋势使国际合作加强，新的科学发现和技术发明正在以更高效的速度转化为生产力，改变着人们的生产生活方式。《国家中长期科学和技术发展规划纲要（2006~2020年）》指出，以政府为主导，企业科研院所及高校技术创新服务为支持，以加强科技创新、促进科技成果转化和产业化为目标的国家科技创新体系基本形成。它将充分发挥市场对资源配置的基础性作用，促进各类科技创新主体紧密联系有效互动。

农业科技创新是实现农业产业化的关键，是农业发展的不竭动力。从传统农业向现代化农业的根本转变，正是由农业科技推动现代农业建设，调整优化农业生产结构，提高农业综合生产能力，实现农业增长方式由粗放型向集约型和效益型的转变。近几年，我国自主研发的农业高新科技，达到国际先进水平，农业科学技术的整体水平与国外先进水平的差距不断缩小。农业先进实用技术的转化和推广力度不断加大，通过品种改良、新品种选育、实用技术推广普及和高新技术应用，切实加速了农业科技成果的转化。认真组织实施了重大农业技术推广活动，加强了优质高产、节本增效组装配套技术的研发应用。广大科技人员下基层，入户开展农业科技推广和技术服务，做到科技成果到田、技术要领到人。农业高新技术的使用，提高了农产品产量，增加了农户的收入。农业产业化发展，公司+农户的运作模式，解决了农户小规模生产不经济、信息不对称、销售困难的问题；并为农民提供了就地转移的多种就业渠道，农户获得地租和工资双重收入，降低了农户的生计风险。

随着劳动力的转移，农村出现老龄化、空心化（刘彦随和刘玉，2010）。

留守村庄以妇女、儿童和老人居多，由于他们的文化程度低，加上通货膨胀压力导致的生产资料价格快速上涨，使得农业比较收益进一步下降，农业生产应用新技术的积极性不高。农村的青壮年劳动力多在沿海城市打工，农村精英都流向城市，人才流失导致农业发展面临人力资本匮乏的困境。

教育特别是职业教育的发展，为农民文化素质、科学素质以及技术能力的提升，创造了良好的条件。新中国成立初期，农村居民的文盲率高达90%以上，现在文盲人数已大幅下降，农村居民平均受教育年限提高到7.3年（郑一淳，2009）。据统计，2007年，陕西省农村平均每百个劳动力中，不识字或识字很少的占6.3%，小学文化程度占21.4%，初中文化程度占56.58%，高中文化程度占12.66%，大专及以上占3.06%（杨效红，2010）。九年的义务教育全面提高了农民的文化程度，使农村人口的自然科学和人文科学文化水平得到提高。职业教育的发展，转变了农民的传统观念。在市场经济体制下，农户单纯依靠家庭式农业生产已不能满足可持续发展的需求，兼业化是必然趋势。特别是让农民掌握与现代农业生产相关的实用技术，主要包括科学种植技术、畜牧水产养殖技术、林果栽培及保鲜技术、病虫害防治技术等。政府部门主导开展了一系列培训活动，农业部开展的"阳光工程"专门培训劳务输出的农民，扶贫部门开展的"雨露计划"为贫困地区劳动力转移提供技能培训；还有农民的自发教育、远程培训等多种形式的职业教育。这些培训和教育，大大提高了农民的科学技术素质，成为农户生计资产积累的推手。

3.1.5 生态环境处在自然恶化与人类治理的较量期

生态环境指影响人类生存与发展的水资源、土地资源、生物资源以及气候资源的数量与质量的总称，是关系到社会和经济持续发展的复合生态系统。农业是人类社会生产的基础和基本生活资料的重要来源，是国民经济最基本的物质生产部门。农业环境同样是人类生存环境的重要组成部分，世界各国普遍重视农业的发展，特别是农业生态环境的保护和建设，引起了政府的高度重视和积极行动。

在生态环境保护的前提下，实现农业可持续发展是未来农业生产的主要模式。在全球气候变化的背景下，应将农业的发展、资源的合理开发利用与缓解生态环境压力、恢复其承载力有机结合起来。据统计，近100年来我国平均地表气温上升了1.1℃，高于全球平均升温0.74℃的水平。全国有40%的耕地处于不断退化的状态，30%左右的耕地不同程度受水土流失的危害，10亿亩草原退化并仍以每年2000多万亩的速度进行性退化。耕地面积减少、森林过度砍伐、水资源短缺、酸雨危害、温室效应、旱涝灾害、地质灾害、病虫害等自然灾害显著增加，给农业生产带来巨大的损失。农业的面源污染已成为农村一个普遍的环境问题，包括化肥污染、农药污染、秸秆焚烧、农膜不合理使用、集约化养殖污染等。黄季焜、刘莹（2010）的全国百村抽样调查发现，1998~2008年间农村环境恶化的村占43.6%，污染源来自工业、农业和居民污染三方面。农村乡镇企业的迅速发展和农村居民在空间分布上的聚集，对农村环境有显著负影响。农村地区在环保投资力度、基础设施建设以及规划方面明显滞后于城市，点源污染和面源污染共同存在，生活污染和工业污染相互叠加，农村环境污染的形势十分严峻。为了给农户的生存和农业生产提供良好的自然环境，我国采取了多种措施治理农村的生产和生活环境。退耕还林、退牧还草政策是国家从可持续发展战略出发作出的重大决策。荒山荒地造林使西部地区、生态脆弱区和25°以上水土流失严重坡地得到保护，确保了基本粮田建设。2001~2010年，国家启动防护林建设工程，使用人工造林、封山育林和飞播造林等方式，奠定了林业跨越式发展的坚实基础，有效减少了土地荒漠化和沙化面积。新疆荒漠化土地面积减少了14226平方公里，每年平均减少2845平方公里，有效遏制了对生态环境的破坏。

目前，推广使用有机肥和生物肥，减少化肥使用量，推广高效、低毒、低残留农药和生物农药，减少了对地表水和地下水的污染，保护了农村饮用水的卫生安全。要大力提倡节约和合理利用资源，发展循环经济，提高资源的利用效益。要采用农业生态技术，大力发展适度规模化的现代生态农业，提倡使用太阳能等清洁能源，开展环境综合治理，优化农村生态环境。要保护好现有耕地，合理推广新技术的使用，绝不能只顾短期效益忽视可持续发展，这关系到国家的粮食安全和农村整体生态的保护。此外，还迫切需要提高农民对生态环境保护的认识，增强农业抗风险能力，促进人口-资源-环境系统的良性互动,有效缓解农业发展对农业资源的过度使用和对生态环境的损伤,确保我国农业及整个社会的可持续发展。

3.2 农户生计内在要素评价

我国农户正处于政治体制改革、市场经济发展、城乡社会协调、科技教育突飞猛进和生态环境治理较量期的大环境中。在这一背景下,农户生计的内在要素还存在生计资本存量不足、生计策略单一和生计成果转化率低等问题。

3.2.1 生计资本分析

生计资本是生计分析框架中一个非常复杂的核心要素,也是评价农户生计内部状况的重要组成部分。生计资本包括人力资本、物质资本、金融资本、自然资本和社会资本。生计资本的积累和消耗,影响农户生计策略的选择和生计活动的实施。生计资本在生产环节,是重要的生产资料,在消费环节仅次于满足基本生活所需。农户对生计资本的投资是获得安全生计的有效途径,也是降低脆弱性、增强抵御风险能力的基础。随着国内外对生计问题研究的深入,研究者需要准确衡量五大生计资本的存量,以便更加充分、清晰地把握农户的生计状况。

(1)人力资本

在农户的五大生计资本中,人力资本居于首位。人力资本是凝结在劳动者身上的一种特殊的资本,它的价值在于可以更好地使用其他四种资本。人力资本的水平取决于家庭劳动力的数量、劳动能力和知识文化程度。农业部科技教育司副司长杨雄年指出,目前我国农民受教育的程度整体偏低,科技素质不高,从整体上来看农民素质不很乐观。第一,与城镇居民相比较,农民受教育程度整体偏低。调查显示,我国城镇居民平均受教育程度为11年,而农民的平均受教育年限为7.8年,只相当于初中水平。初中、小学文化程度占农村人口70%以上;高中文化程度占农村人口的16.8%,比例很低。第二,从农业技术水平来看,农民的科技素质不高。据农业部的调查显示,一年之内接受过一次科技培训的农民不到30%，接受过三次以上技术培训的农民不足3%。科技培训的覆盖面窄，导致农民科学技术掌握程度不高。外出打工农民受教育程度相对较高，平均受教育年限大约为8.3年，但在就业方面仍不能满足工作需求。2007年对外出就业农村劳动力的调查结果显示，受过培训的人员占外出就业劳动力的19.2%，大多数农民在未受培训的情况下外出打工，与城镇第二、三产业从业人员存在现实性差距。第三，随着农村剩余劳动力向城镇转移的加快，总体来看，从事农业生产的农村劳动力素质状况呈结构性下降。从年龄结构看，呈老龄化趋势。根据农村固定观察点的调查，2004~2006年间，留守村庄的劳动力平均年龄在49岁以上；其中平均年龄在45岁以上的劳动力主要从事农业生产。从性别结构看，留守女性居多。据统计，外出打工的农村劳动力中有65.8%为男性，34.2%为女性。说明大部分女性劳动力选择留守村庄，成为从事农业生产的劳动力。从文化结构看，知识水平偏低。留守村庄的劳动力，8%左右具有高中及以上文化程度，其中只有5%从事农业为主的生产活动。村庄留守劳动力的文化素质偏低，接受和学习新鲜事物的能力低，不利于新技术和新知识的推广使用。第四，由于文化程度偏低，农民种植（养殖）的科技素质不高。根据农业部抽样调查表明，仅有30%左右的农民知晓两种以上化肥、农药的基本知识和主要使用技术，11.7%的农民还不懂得正确使用养殖过程中的快捷方法（中国网，2008）。

（2）自然资本

自然资本指可以利用的自然资源，包括土地、水、动植物等。其中，土地是农户的重要生产资料，也是长期以来形成的农户生存和养老的基本保障，成为衡量农户自然资本的重要指标。从土地的数量来看，2008年，我国有14.6亿人口，其中农村居民9亿多，从事农业生产的人口为7.4亿；全国的耕地面积为18亿亩，人均耕地面积仅为1.35亩，不到世界平均水平的40%。耕地主要集中在农村地区，经营者大多为农民，受转型期工业化、城市化进程和政策制度的影响，耕地出现减少、占用、撂荒以及农民失地等现象。耕地压力增加，人地供需矛盾十分突出。2005年，耕地面积供应缺口为1216.72万公顷，2010年我国耕地面积供应缺口为2968.46万公顷（朱洪波，2008）。国家统计局公布的数据显示,1997年全国耕地面积为1.30亿公顷,2008年比2007年耕地面积减少29万亩;全国耕地面积连续12年持续下降,净减少1.25亿亩,人均耕地面积从1.41亩减少为1.35亩。全国有666个县人均拥有耕地面积低于国际警戒线0.795亩,还有463个县低于0.5亩的国际危险线。从土地的质量来看,受我国地形地貌、气候、污染等方面因素的影响,耕地质量安全也受到很大威胁。全国有66%的耕地主要分布在山区丘陵和高原地区,仅有34%的耕地分布在平原盆地;质量一级的耕地资源占耕地总面积的41.3%,并且主要集中在东部地区,全国分布不均匀。王春枝(2008)的研究,选取耕地标准系数作为有效反映耕地质量的指标。研究发现,耕地标准系数最高的是上海,是最低系数甘肃省的五倍;区域性差别也较大,东北、西北、西南区域的耕地标准系数处于0.5~1.0之间,东部沿海和中部地区则大于1。我国耕地质量呈现出由东到西依次递减的趋势,东部优于中部,中部优于西部。从生态效应来看,我国耕地后备资源总量为1.13亿亩,主要分布在北部和西部干旱半干旱区域。西部和北部地区的气候和环境多为干旱缺水、低温霜冻、盐碱风沙,限制性因素多,生态环境脆弱;东部地区耕地后备区滩涂湿地比例较大,同样属于生态敏感区。新开垦的耕地大多分布在年降水量400~800mm的半湿润地区,主要包括:黑龙江、吉林、辽宁、内蒙古东部等地,占全国耕地面积的42.7%;新疆、内蒙古西部、陕西等半干旱区域,新开垦耕地面积占全国的25.8%。新开垦耕地中,15°度以上的坡耕地占3.36%,引起的水土流失、土壤侵蚀、化肥农药污染可能对生态脆弱地区构成新的威胁。由此可见,耕地无论是数量、质量还是生态效应都不容乐观,农户的自然资本占有量有降低趋势。

(3)金融资本

金融资本是农户在生产和消费过程中所获取的积累和流动资本,包括现金、储蓄、正式或非正式的借贷、汇款、养老金、工资报酬和政府补贴等。金融资本的特点在于它的流动性很强。从表3-2来看农村居民收入支出的情况。农村居民的总收入包括工资性收入、家庭经营性收入、财产性收入和转移性收入;消费总支出包括家庭经营费用支出、购置生产性固定资产支出、税费支出、生活消费支出、财产性支出和转移性支出。1990~2009年间,农村居民人均收入增长了6.18倍，人均消费支出增长了6.01倍，人均现金净收入增长了14.3倍。家庭常住人口呈下降趋势，从1990年的4.8人降至2009年的3.98人。虽然农村居民收入增长很快，但是现金净收入还很低且分布不均衡。农村居民的储蓄结构主要包括住房、耐用品、现金和存款，现金和储蓄的拥有量都落后于城镇居民。

表3-2 农村居民平均收入支出基本情况

项目＼年份	1990	1995	2000	2008	2009
每户常住人口（人）	4.80	4.48	4.20	4.01	3.98
每人年总收入（元）	990.38	2337.87	3146.21	6700.69	7115.57
工资性收入（元）	138.80	353.70	702.30	1853.73	2061.25
家庭经营性收入（元）	815.79	1877.42	2251.28	4302.08	4404.01
财产性收入（元）	35.79	40.98	45.04	148.08	167.20
转移性收入（元）	—	65.77	148.59	396.79	483.12
每人年现金收入（元）	676.67	1595.56	2381.60	5736.99	6270.20
每人年总支出（元）	903.47	2138.33	2652.42	5915.67	6333.89
每人年现金支出（元）	639.06	1545.81	2140.37	5257.89	5694.63
每人年净收入（元）	86.91	199.54	493.79	785.02	781.68
每人年现金净收入（元）	37.61	49.75	241.23	479.1	575.57

数据来源：2010年中华人民共和国国家统计局《中国统计年鉴》，其中净收入＝总收入－总支出。

由于文化、市场、转型、人口和风险等因素的存在，农村居民不愿增加消费，而储蓄倾向不断增加。从表3-2可以看出，农村居民的工资性收入和转移性收入也快速增长。除了现金收入、储蓄、政府补贴和社会保障之外，借贷也是金融资本很重要的组成部分。农村居民的借贷行为，很大程度上左右着其收入的增长速度和增长潜力。据张海洋和平新乔（2010）分析，发达的农村地区民间借贷活动活跃，欠发达地区农户的借贷活动较少，借贷关系以近亲、邻居、朋友居多。史清华和卓建伟（2007）研究发现，2002～2004年河南省、湖北省、吉林省、江苏省、山西省农户有借贷行为的比例达63.32%，其余36.68%的农户没有借贷。农村家庭的借贷水平呈"U"形趋势，样本分析中借贷额度从100元到10万元不等，平均借贷5118.84元。借款期限最短为半个月，最长可达5年，平均借款期为10.68个月。从资金来源来看，民间的非正式借贷比重高于银行、信用社等金融机构的正式借贷。此外，2009年国务院开展了新型农村社会养老保险，以个人缴纳为主，国家给予财政与政策方面的支持。随着农村养老保险的推广，覆盖面逐渐增加，将使全体农民都能享受到社会经济发展的成果，与城市居民同样领取养老金使其老有所养。

（4）物质资本

物质资本是农户用以维持生计的基本生产资料和基础设施，包括交通、通信、道路、房屋、生产工具、种子、农药、化肥等。长期以来，道路、交通是制约农村地区发展的重要因素，物流和信息网络的通畅已成为经济社会发展的先决条件。政府在全国各地农村开展了"村村通"民生工程建设，实现了农村道路硬化，加强了农村地区与外界的沟通和交流，有效提高了农户的经济效益，为农村的发展奠定了良好的基础。2010年，据交通运输部副部长冯正霖介绍，我国东中部地区已有94%的行政村通水泥路，西部98%的行政村通公路，我国农村公路网总里程达345万公里。截至2009年年底，全国农村客运车辆达34万辆，客运站14万多个，客运站线路将近8万条，日均发客车100万班次。农村客运已通全国3.5万乡镇、55.3万行政村，覆盖率分别达到98%和87.8%。农村居民用于交通和通信的支出迅速增长。国家统计局山西省调查总队的调查显示，农村人均交通和通信消费支出357.74元，比上年增长10.1%。特别是移动电话增长迅速，2010年年末每百户农村家庭就拥有移动电话107.7部，比上年增长14.2%，缩小了农村居民与城市居民的信息鸿沟，使农民享受到现代通信的方便与快捷。

从住房方面来看，农村人均住房面积从1978年的8.1平方米，增长到2009年的33.58平方米。钢筋混凝土结构发展迅速，2009年比1990年增长了10.9倍，住房价值虽比不上城市，也攀升了近7.1倍。但是，以钢筋混凝土结构为主且住房面积大的地区集中在东部沿海发达省份，西部地区人均住房面积仍很小且以土木结构为主，居住条件尚待提高。从农业生产工具来看，农业机械化代表先进的生产力，是农业发展的方向。新农村建设，对农户购买农机产品实行补贴政策，大大降低了农机产品的价格，也激发了农户使用农机的积极性。2010年上半年全国农机总动力达到8.91亿千瓦，比2009年年底增长1.8%，同比增长4.8%，机械化水平保持了快速发展的态势。政府财政购机补贴资金规模达到155亿元，比上年增加35亿元，受益农户236万户（国研网，2010）。在政府的引导和扶持下，农机的推广降低了农业生产成本，提高了生产效益，促进了农民增收。从农业生产资料价格来看，国研网数据显示，2010年上半年温和上涨，下半年价格涨幅呈现扩大趋势。截至2010年11月，全国农业生产资料价格较上年同期上涨2.6%，其中受能源产品市场影响农用机油涨幅最高，化肥涨幅最低。种子价格上涨3%~10%，农药价格上涨14%~21%，使农户每亩地投入增长20元左右。农资和农产品价格总体仍将呈上涨趋势。

表3-3 农村居民家庭住房情况

项目	1990年	1995年	2000年	2005年	2008年	2009年
住房面积（平方米/人）	17.83	21.01	24.82	29.68	32.42	33.58
住房价值（元/平方米）	44.60	101.64	187.41	267.76	332.83	359.35
钢筋混凝土结构	1.22	3.10	6.15	11.17	13.40	14.51
砖木结构	9.84	11.91	13.61	14.12	14.89	15.11

数据来源：根据2010年中华人民共和国国家统计局《中国统计年鉴》整理。

(5) 社会资本

社会资本指农户的社会关系资源，包括亲属之间的亲缘关系、同事之间的业缘关系、商品交换产生的物缘关系、同乡之间的地缘关系和上下级领导的垂直关系，以及有共同利益的水平关系。中国农村社会存在于差序格局之中，社会资本是重要的生计资本。帕特南（2001）认为社会关系网络能够增强个体之间的信任，提高集体行动的能力，从而可以提高人们之间的互惠水平。例如增强社区的团结和安全感，特别是通过社会关系网络能够增强农户的抗风险能力，提高生活质量。农户的社会关系网络规模越大、水平越高，拥有社会资本则越多。权英等（2009）对当前我国农民的社会资本进行了定量分析，发现农民的社会资本存量普遍较低，以血缘、亲缘为主的社会关系正在不断解构，传统社会资本淡化。城市化进程增强农民的流动性，对传统的人际关系网络形成强有力的冲击，可以利用的社会资源更丰富。例如，农民工进城务工只有

5%左右通过职业介绍所或人才交流中心，其余95%都是通过朋友、同事、亲戚等介绍。说明农户社会资本不再以有差别的互惠性为主，而是走向以平等交换和契约信任为主的关系。个体所能获取社会资源的多少，与所拥有的资本量呈正相关关系，并且在农村已形成两极分化。对于返乡创业农户，社会关系网络中个体私营老板数量和企业员工数量对其行为有显著的影响。当社会资源中每增加一个个体私营老板，农民选择创业的概率提高2%，当社会资源中每增加一个企业员工，选择创业的概率提高0.4%。农民参加专业合作社或协会、行会也对创业行为有积极的影响，但影响程度有限（汪三贵，2010）。农户通过社会网络能够获得受培训、受教育、获取知识的机会以及丰富的实用技术和信息，进而不断充实和强化自身素质，对于提升人力资本具有良性的促进作用。同质性社会关系网络对农户的个体行为产生影响，有利于创业活动和整体经济的良性发展。对于村庄而言，农民人均年收入的增长与本村出任县级以上干部的人数显著正相关，外出打工人数多少也是影响因素之一，成为提高农户收入的重要途径。村庄里培育出的大学生数量对农民增收具有极其显著的正相关关系（李志阳，2011）。总之，农户通过各种水平或垂直的社会关系，促进了就业、创业和收入的增长，同时互助也提高了农户抵御风险的能力。目前，以亲缘、血缘关系为主的互惠式传统社会关系资源的影响逐渐减弱，而市场经济中形成的业缘、物缘等为主的平等信任关系逐渐提升，社会资本成为重要的生产要素之一。

3.2.2 生计策略分析

农户为达到一定的目标，对所拥有的五种生计资本采取多样化的组合方式，表现为农户的生产和生活行为。生计资本可以随积累增长，也可以瞬息即逝，它的耗散性使其被时间侵蚀，因此生计策略要使资本具有一定数量和质量的保证以及多样性的构成比例，才能保障生计安全。在生计活动中，资本五边形可能缩小或扩大，资本的存量越多，生计策略可选择的范围越大，反之则农户可选择余地较小。

生计策略有多种分类，从风险角度分为保守型生计策略和冒险型生计策略。总体来看，目前农户采取的生计策略大体分为纯农型、农为主型、非农为主型和非农型。前三种生计策略的基本组合以"粮菜果畜"为主，辅以采集、打工等扩展活动。纯农型农户主要从事种植粮食作物或经济作物，养殖牲畜或家禽，基本组合以"种植粮食作物－养殖－种植经济作物"为主。此种农户生计策略单一，容易受到外界和自身条件的约束，风险相对较大。农为主型农户以农业生产为主，同时辅以少量的非农活动，常见的组合以"种植粮食作物－养殖－种植经济作物－本地打短工"为主。如使用农闲时间在本地打零工、短工、农业服务等，属于保守型生计策略。农业收入占总收入的65%以上，27.6%的非农活动获得了35%的收入，说明单位非农劳动收入高于单位农业劳动收入（卓仁贵，2010）。非农为主型农户的生计活动以非农业生产为主，常见以"种植粮食作物－养殖－种植经济作物－外地打工"组合为主。它包括的种类多样，如外出打工、从事建筑行业、经商等。家庭的主要精壮劳动力从事非农产业，老人及妇女选择农业生产作为辅助性的生计活动。此种生计模式的家庭收入高，生活有保障且抵御风险能力较强。非农型农户已基本放弃农业生产，完全采取非农生计模式，以"外地工作"为主，如开办工厂、开办动物饲养基地、从事商品销售等资本投入较高的商业活动。它属于冒险型策略，收入低于非农为主型策略。农户的农业活动生计多样化水平呈现出农为主型—非农为主型—纯农型—非农型依次递减，非农活动生计多样化水平呈非农为主型—农为主型—非农型—纯农型依次递减的特征。农业活动的经营种类一般在三种以上，非农活动的经营种类一般在两种以下。

依据农户拥有生计资本的不同，生计策略还包括资源导向型、资本导向型和劳动力导向型。资源导向型策略，主要是指农户依赖于某种大量拥有的自然资源维持生计。例如从事畜牧业生产的农户，拥有大量的草地资源，采取放养的粗放型模式，对草地资源形成较大的生计压力，可能引起草场的退化。资源导向型生计策略，对资源的无序攫取使其不具有可持续性，多为资源丰富的贫困地区农户所采用。资本导向型策略是建立在农户积累了大量金融、物质资本的基础上采取的生计模式，属于较高水平的生计策略。它是农户利用资本实现价值增值或效益增长的一种经营方式，资本的运作具有风险性、市场性和相对性的特点，大多为富裕农户所使用。劳动力导向型策略是通过劳动力的大量投入来从事某种特定生产活动。它主要是一种劳动密集型生计，农户在缺乏其他生计资本积累的情况下，只能依靠增加劳动力和劳动时间投入获得收入。

总体来看，近几年我国自东向西农户生计策略的非农化和兼业趋势明显，这是生计多样化的重要表现。多样化的生计策略有助于显著改善生计水平，提高抗风险能力。生计策略的选择建立在农户所拥有的生计资本的数量和质量的基础之上，生计资本的优劣特别是人力资本的存量决定了策略的选择。那么，非农化生计策略可能产生两种截然相反的效果：一种是积极的影响，使农户生计状况改善，获得安全的发展型生计；一种是消极的影响，使农户生计状况恶化，进而退化为缺失型生计，导致生计不安全状况。

3.2.3 生计成果分析

生计成果是农户生计策略所实现的目标或结果，它关系到食物的安全、福利的增加、幸福感的提升、脆弱性减低和可持续利用资源。农户的生计成果与其所采取的生计策略密切相关，并且直接影响着再生产和扩大再生产过程。一般来看，非农大于农业策略的生计成果，兼业大于非兼业策略生计成果，资本导向型大于资源导向型和劳动力导向型生计成果。伴随着市场经济的不断完善，农产品的商品化率逐步提升，家庭农业生产收入有所增加。从食物安全来看，国家发改委在全国粮食安全工作的汇报中称，2004 年以来，我国的粮食自给率保持在 95% 以上，全国主要农产品的产量保持六年连年增产。2004~2009 年间，粮食作物上涨 13.1%，水果涨幅最高，达到 32.94%，保证了全国食物消费和经济社会发展对粮食的基本需求（见图 3-2）。

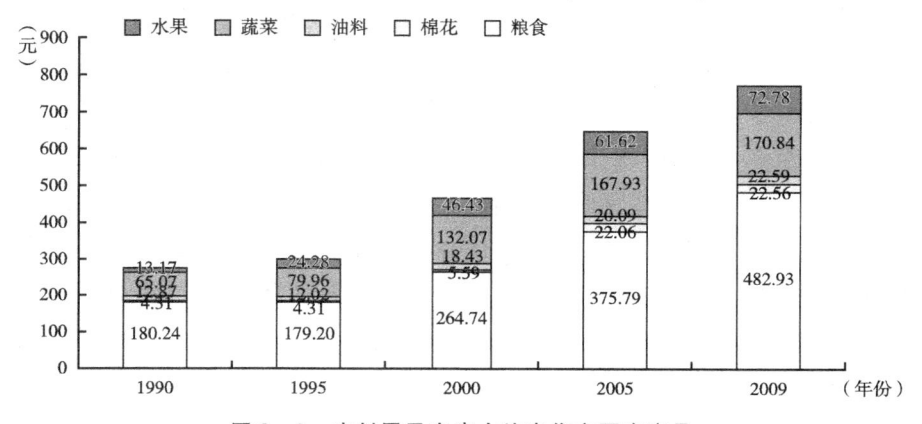

图 3-2 农村居民家庭人均出售主要农产品

同时从图3-2可以看出,农户人均出售农产品同比增长,2009年粮食出售量比1990年增长1.68倍,说明从事农业的生计成果在增长。如果将农户的纯收入分组,100~1000元组农户收入增幅最快,20年间从81.98%降至2.57%;其次是5000元以上组,从1995年的2.26%增加到2009年的43.8%;2000~3000元组农户比例变化不大。也就是说,高收入组和低收入组农户比例变化最大,中等收入农户稳中有升(见表3-4)。

表3-4 农村居民户纯收入分组调查比重

单位:%

项目 年份	1990	1995	2000	2005	2008	2009
100元以下	0.3	0.21	0.31	0.65	0.61	0.72
100~1000元	81.98	29.45	13.86	6.32	2.81	2.57
1000~2000元	—	44.26	35.85	22.46	11.11	10.01
2000~3000元	—	16.18	24.83	23.91	16.58	14.88
3000~5000元	—	13.53	28.00	39.11	38.21	35.76
5000元以上	—	2.26	7.45	18.96	39.29	43.80

数据来源:根据2010年中华人民共和国国家统计局《中国统计年鉴》整理。—为未统计。

从农户对生活的满意度来看,根据卓仁贵(2010)的实证研究结果,农户对生活的期望值增高。在对典型村的调查中,对目前生活水平满意的农户占样本总数的45.92%,不满意的占54.08%。其中,纯农型农户的收入水平最低,生计资本缺乏、环境条件相对差,对生活的满意度最低;非农为主型农户对生活现状的满意度最高,比例达85.1%;非农型农户虽然收入较高,但由于缺乏农业生产的保障功能,生计风险较高,满意度仅高于纯农型农户;农为主型农户满意度位居第二,仅仅低于非农为主型农户。从对未来经济收入的预期来看,选择"会增加很多"的占样本总数的6.2%,选择"有所增加"的占41.9%,选择"基本不变"的占39.8%,还有12.1%的农户选择收入会减少(关云龙,2010)。随着农户生计水平的改善和对生计风险感知能力的提升,农户逐渐感受到自身生计的困境,并不断改进以提高家庭生计安全。

从脆弱性角度来看,它通常与贫困联系在一起。我国农村贫困落后地区和贫困人口普遍脆弱性较高，且中低收入农户的返贫率很高。根据于长永（2011）的分析，农户目前虽然生活在土地、家庭、集体、社会保障以及社会互助等层层保障网中，似乎显得非常安全，但实际上这种安全是非常脆弱的。农户的脆弱性源于社会保障安全网的残缺和低水平，再加上传统的非正式生活安全保障体系已逐渐衰败，农户承受多元化风险扰动的能力有限。

3.3 农户生计状况分类描述

从古至今，人类社会的演化都离不开为适应不同环境所采取的整套谋生手段，即生计方式。从人类学的角度看，人类社会的发展共经历了五种生计方式，分别是狩猎和采集、初级农业、畜牧业、精耕农业和工业化谋食方式。狩猎和采集是从自然界直接获取食物，无生产性活动，因而归属于攫取性经济。初级农业、畜牧业、精耕农业和工业化谋食方式，都属于人类有意识地利用环境、工具及技术生产所需食物和物质产品，因而归属于生产性经济。除狩猎和采集社会，多数社会阶段采用一种以上的生计方式，常常几种混合使用。但在一个社会中，只有一种高级的、先进的和高效率的生计方式占主要地位，它决定了这一社会的发展水平。

工业化是从传统农业社会向现代工业社会转变的过程，先进的生产技术和高度发达的社会生产力是其重要特征。中国农村尤其是中西部地区，仍以精耕农业生计方式为主，部分使用良种、农药、化肥、地膜、节水灌溉和机械化耕作等新技术，或多或少引入了工业化生计方式。因此，中国农村正处于精耕农业向工业化谋食方式的过渡阶段（孙秋云，2004）。农户生计方式表现为多样化的发展趋势。按经营结构将农户划分为四大类：纯农户（专业农户）、第一类兼业农户、第二类兼业农户和非农户。纯农户（专业农户）指专门从事农业生产经营、农业收入作为唯一收入来源的农户。兼业指农户在从事农业生产的同时，又经营非农业的一种生计方式。兼业农户分为两类：第一类兼业农户指以农业经营收入为主的农户；第二类兼业农户指以非农业经营收入为主的农户（余维祥，1999）。非农户指完全从事非农经营的具有农村户籍的农户。这四类农户生计水平依次从低级到高级排列，相应的生计安全度从低到高。

3.3.1 纯农户

纯农户又称专业农户，是纯粹经营种植或养殖业的农户，以土地为主要生产资料，以个体劳动为主要生产方式，以农业或畜牧业为主要经济收入来源。其种植粮食作物、蔬菜、经济作物，养殖猪、牛、羊、鸡、鸭、鹅、兔等家畜，这些是家庭经济的主要来源。在农村地区，受社会大环境的影响，纯农户的数量呈不断下降趋势。纯农户分为两类完全不同的情形。一种是经营农林副牧渔业的专业农户，在规模化经营和农业产业化发展的基础上，逐渐形成大型现代农场或新型农业企业，从事农民职业经营。另一种是以农业收入作为唯一收入来源的贫困农户。他们生计策略单一，生计资本匮乏，成为农村低收入群体。他们是传统意义上的小农，受自然条件、气候环境、农产品价格、市场供求等因素影响较大，其收入具有不稳定性。我国的纯农户收入水平总体上呈现出东、中、西部由高到低的发展趋势。

农户通过土地流转集中大片的土地，经营种植或养殖农业，雇用劳动力，采用公司化经营，形成了专门从事农业生产的专业农户。他们使用现代化生产技术、农机设备和管理方式，提高劳动生产率和专业化程度，无须从事非农劳动就可获得接近或高于社会平均利润率的劳动报酬。党的十七届三中全会通过的《中共中央关于推进农村改革发展若干重大问题的决定》提出，"允许农民以转包、出租、互换、转让、股份合作等形式流转土地承包经营权，发展多种形式的适度规模经营"（新华网，2008），鼓励专业农户的发展。要改变土地零碎化基础上的分散经营，使每家每户按自己的预期选择经营行为，必须走农业适度规模经营的道路。他们首先要获得大面积土地的承包经营权，然后将各种生产要素在不同的量和组合方式下，达到投入与产出的最佳组合，从而获得规模经济效益。目前，普遍采用以农户为主导的"农户+公司"或"农户+专业合作社"的经营模式，降低单位农产品的平均成本和个体农户经营风险，提高纯农户利润。公司为农户与市场之间搭建了桥梁，减少了市场信息不对称性，有效规避了农户的市场风险。公司的金融信贷和应变能力强，能够根据市场状况理性地决策生产行为，减少决策失误导致的损失。由公司统筹生产，解决了纯农户就业不充分的问题，吸纳更多的农村剩余劳动力，产品适应市场的需求，有益于获得规模经济效益。专业合作社将分散的农业生产经营者组织起来，提供生产资料的购买和农产品的销售、加工、运输、储藏以及与农业生产经营相关的技术和信息等一条龙服务。它是农民组织化的重要载体，降低组织成本和交易费用，从而提高农户市场竞争力。

传统小农型纯农户，收入低属于弱势群体。2008年江苏省专门下发了《江宁区促进低收入纯农户增收工作实施意见》，列支专项资金促进低收入纯农户增收（徐波和徐寿发，2008）。他们收入低、生活不富裕的原因，一是受自身或外界环境的限制，缺少非农劳动的就业机会。远离城镇交通困难，环境相对封闭，城镇的经济辐射效应没能惠及农户；或是乡镇企业少、发展慢，没有带动当地经济发展，不能提供充足的就业岗位，造成农户缺少非农就业机遇。农户自身条件，如身体状况、劳动者文化程度、劳动技能、个人素养都影响了农户的就业机会。二是农户就业不充分。人地矛盾造成土地细碎化和人均土地面积减少，家庭经营的小农经济使纯农户农业就业不充分。农户就业不充分的根本原因在于农村经济发展滞后。笔者在对陕西省南部的柞水县农村进行抽样调查后发现，4口之家，平均经营3.2亩耕地，但被分割成大小不等的五六块土地，其中包括大于30°的坡耕地，水土流失严重，土壤贫瘠。沟道和山坡限制了农械的使用，只能靠人力和畜力耕种，土地的利用率明显较低，生产成本难以降低。再加上与工商业相比，农业生产的比较利润低，纯农户的农业经营收入很低。这类农户一般缺少由知识和技能构成的人力资本、金融资本和社会资本，依赖自然资本和物质资本的生计资本组合维持农业生产，仅仅满足家庭成员的基本生活需要。以上原因，造成纯农户农产品商品率低，农业生产边际收益递减，农业收入水平低。

以农业为唯一收入的纯农户，生计活动增加了种植农业和畜牧养殖业的产量和供给，巩固和加强了农业的基础地位，有利于国家粮食安全和农业新技术、新品种的推广使用。但是，纯农户的生计策略单一，生活状况受到各种外界和自身条件限制，抗风险能力减弱。一旦生产资料价格上涨或市场供求关系变化，纯农户的生计风险就会大大增加；遇到同一种自然灾害或病虫害，区域内纯农户都将遭受损失，而且社区互助能力差。

3.3.2 第一类兼业农户

农户的生产经营结构从过去单一的全职农业生产，逐步转向农业和非农产业兼业的经营方式，是市场经济发展的需要，也是农村经济社会发展的必经阶段。随着市场经济的发展，中国的城市化和工业化进程日益加快。据中国社会科学院发布的《宏观经济蓝皮书》，中国2008年的城市化率为45.68%，预计在2011~2016年之间城市化率达到47.93%~53.37%。特别是小城镇建设速度加快。2009年，陕西省县域城镇化率达到34.6%，比2004年增长了12.4%；县域城镇人口达到886.58万人，占陕西省城镇总人口的47.9%（陕西省统计局，2010）。2006~2009年，全国工业增加值年均增长13.5%，2010年1~8月，全国规模以上工业企业实现利润2.6万亿元，是2005年全年工业企业实现利润的1.8倍，工业产值利润率达6.07%，比2009年同期提高0.9%（"十一五"工业化发展成就综述）。城市化和工业化带来了大量的基层服务和工作岗位，也给农户带来了就业机会。另外，农业的生产周期性和边际劳动生产率递减，以及农业科技水平的提高，使农户的闲暇和对农业的投入时间出现富余，促使农户有剩余的时间和精力从事兼业。

农户的兼业行为，一直受到学术界的广泛关注，分别从动因、评价、影响因素、发展趋势等多角度展开深入的研究。第一类兼业农户表现为两种情况：第一，农村家庭中同一个劳动力，季节性地在本地或外地打工；第二，农村家庭中的不同成员，在一定时期内分工于本地从事农业或外地从事非农产业。农户兼业行为促进农村剩余劳动力的转移，是农村经济社会转型期的必经阶段，也是现代化进程的必然结果，兼业化程度将不断提高。许多国家的农村发展都经历了农户兼业的经营模式，如美国、英国、东欧国家和日本等国。有些国家农户兼业化水平很高，由于国情的差异，其变动轨迹和兼业化程度不尽相同。其中日本与中国的情况最为相似。根据速水佑次郎和神门善久（2003）的测算，兼业农户人均收入与非农户人均收入差距，1945年为23%，1960年扩大到30%，1970年迅速缩小到6.3%，1980年兼业农户人均收入超出非农户人均收入15.9%。由此可见，农户兼业化对增加收入具有显著作用（余维祥，

1999)。从国家统计局农村社会经济调查队的抽样调查中，估算出我国第一类兼业农户占全国农户的66.0%，东、中、西部地区比重分别为65.7%、64.4%、72.7%。学者陈晓红在苏州地区农户研究的基础上认为，兼业行为是农户在既有条件下合理配置生产要素的理性选择，受耕地面积、家庭劳动力结构和当地非农产业发展的影响。向国成和韩绍凤（2005）研究认为，在土地细碎化、人多地少和农村的社会保障制度尚不健全的情况下，中国农户在家庭内部实现农业和非农业分工的兼业劳动模式，是一种长期的组织均衡状态。它实现了家庭整体层面的专业多样化与个体层面的专业化的统一，有利于农业科技的诱致性推广，提高劳动生产率，促进经济发展，并且催化了农民组织化的演进。句芳、高华明、张正河（2008）对河南18个地区的实证研究表明，劳动力数量、劳动力平均受教育年限和农作物每亩农机畜费用总和与农户兼业劳动时间呈显著正相关；耕地面积、劳动力人均负担6岁以下孩子人数与农户兼业时间呈显著负相关；农户劳动力平均年龄与农户兼业时间呈现显著的倒"U"形关系。

从农村经济总体来看，农户兼业化是利大于弊的。第一类兼业农户行为的合理性有三。第一，充分利用闲置资本（如人力资本、金融资本、物质资本）和时间获取更多收入。农户可在农忙之余，合理有效利用既有资本获取生计成果。第二，弥补家庭现金收入不足。随着农村社会的发展，农户家庭成员的需求（包括教育、健康、营养、人情世故、养老保障等的消费需求）不断增加，农业收入增长缓慢，已不能满足消费的需要。农户开始在农业生产外，谋求更多的收入以弥补消费的缺口成为必然。第三，分散农业经营风险。农业受旱涝自然灾害、土壤、环境和病虫害等外界因素的影响较大。近几十年，我国灾害发生的频率加大，发生的范围扩大，次生灾害的影响也更深。为了防范和分散农业经营的风险，农户在农业外努力寻求谋生方式。农户兼业双重身份的转变，最终还将取决于主营收入的增加和农村社会保障制度的建设。以农业收入为主的第一类兼业行为属于一种比较安全、保守的生计策略，遵循"安全第一"的生存逻辑法则，以保障家庭成员的生存需求为行动目标。农户有追求安全高于利润的偏好，主动规避风险。对新事物、新技术、新产品，农户有抵触情绪和从众心理，即使可能带来高额利润，也不愿冒险使用。这类农户的抗风险能力差，处于生计安全均衡点附近，生计较为脆弱。在农户无法控制的打击、季节性和趋势变化的背景环境中，有陷入困境的危险。

第一类兼业农户多为欠发达地区和小城镇。根据康艺之、韩建民（2006）对贫困地区甘肃省会宁县的调查显示，调查总户的58.9%属于纯农业户，第一类兼业农户占36.4%，第二类兼业农户只占2.4%。农户兼业劳动力以青壮年男性为主，职业为建筑业、服务业、采矿业等低技术含量的传统部门的基层雇工。可见，落后地区农户第一类兼业的水平很低，农户的人力资本禀赋较差，难以胜任高技术含量的工作和有效配置生计资本以获得更高的收入。李小建和乔家君（2003）基于河南省1986~2002年1000户调查，分析欠发达地区农户兼业化的演化趋势，即以第一类兼业为主，第二类兼业为辅，且农户兼业化进程阶段明显。大致可分为三个阶段：农户兼业化初期的波动发展阶段；非农产业迅速发展的快速增长阶段；竞争加剧、市场趋于饱和的稳定阶段。

第一类兼业农户以农业收入为主，确保种植农业、劳动力和农药、化肥等生产资料的投入。他们更加愿意种植粮食作物，经济作物的比例不大，巩固并稳定农业的基础地位。同时，农户愿意使用推广的农业新科技、良种等先进的生产技术。随着第一类兼业农户收入的增长，非农产业可能带来较高的收入，对农户经济的影响趋于减弱，出现第二类兼业农户。

3.3.3 第二类兼业农户

长期以来，农户经营种植农业或畜牧农业的利润低于社会平均利润，即使国家采取了免征农业税、保护价收购粮食、直补补贴等一系列护农惠农政策，农户单纯从事家庭农业经营仍然无法获得较高利润。农户家庭式农业经营出现了"小型化"趋势（徐勇，2008）。第一，农村居民劳动力数量少。20世纪70年代以后，国家推行计划生育政策和农村传统生育观念的转变，农村人口逐渐低速增长，家庭人口规模随之下降，核心家庭日益增多。2008年，陕西省农村户籍总人口2709万人，占总人口的72%；平均每户常住人口4.3人，平均每户劳动力2.8人。第二，每户耕种土地面积小。土地是最基本的农业生产资料，据统计，中国人均耕地面积仅为1.38亩。2008年，陕西省耕地面积2848.37千公顷，乡村户数705.43万户，平均每户耕地面积6.06亩，平均每人耕地面积1.41亩（2009年陕西统计年鉴）。因此，受家庭劳动力和耕地面积减少的影响，家庭经营农业的生产率和效益已达极限，依然无法满足农户的物质需求。社会成本的增加，使低于社会平均利润的农业经营收入不增反降。再加上农业生产资料和消费品价格上涨等因素，造成农户对农业生产经营缺乏投入的积极性，以致农业科学技术推广困难，现代化水平低。农业基础脆弱没有得到根本扭转，甚至出现了"去农化""边缘化"的趋势（王定祥等，2010）。农户逐渐从纯农业转向以非农业经营为主的生计方式，即出现第二类兼业农户。

第二类兼业是指农户在保留自家耕种或畜牧农业的同时，在本地或异地经营商品流通等非农行业，是一种半自给自足农业和半工业化生计结合的生活方式。随着农村劳动力向城镇转移，农村呈现空心化的发展趋势，留守劳动力形成以妇女、儿童和老人为主的结构，俗称为"三八六一九九部队"（程延，2007）。农业由家庭的妇女、儿童、老年人或具有亲缘关系的家族成员经营，以满足家庭日常生活的基本需求。农作物种植以小麦、玉米、水稻、大豆为主以及多种类的蔬菜瓜果和少部分经济作物，养殖以猪、牛、羊、鸡、鱼、兔、鸭、鹅为主，保持家中有存粮并满足日常对粮食、蔬菜和蛋奶肉的需求。如果由具有亲缘关系的家族成员代为经营，有助于土地流转和适度规模化经营，地租包括现金、粮食、礼品等多种收入形式。半农业的经营方式是一种最低保障农业（贺书霞等，2010），解决了农户的基本生存需求。它为农户提供了最低生活安全保障，也为农户采用其他风险型生计策略提供了物质基础和风险保障。

改革开放以来，在城市经济快速发展的带动下，大批农民工进城务工寻找商机。同时，乡镇经济也获得了长足的发展，中小个体商户已成为商贸市场经营主体。经商，指从事以货币为媒介进行交换从而实现商品流通的经济活动，是一种风险较高的生计策略。农户经商主要包括服务业、手工业、运输业、建筑业等。农户经商以中青年劳动力为主，他们运用人力资本、金融资本、物质资本、自然资本和社会资本的组合，在当地或外地从事经营活动。根据张胜康（2001）在四川成都地区的调查显示，大批进城经商的农户以38岁以下青年居多，占个体商户的74.8%，约22.44万人。他们成为拥有农村居民和城市商人双重身份的城乡"两栖人"。

以陕西省为例，从农户家庭人均收入结构可以看出（见表3-5），2000~2009年间农户家庭人均各种收入均呈递增趋势。家庭经营收入和工资性收入是农户总收入的主要来源。工资性收入占总收入的比重逐年升高，家庭经营收入占总收入的比重呈下降趋势。其中转移性收入和工资性收入增长最多，转移性收入2009年是2000年的7.8倍，工资性收入2009年是2000年的3.2倍。农户第二类兼业行为显著。

表3-5 陕西省农户家庭人均收入结构

单位：元

项目＼年份	2000	2005	2006	2007	2008	2009
工资性收入	445.97	756.50	848.26	1036.18	1243.60	1428.50
家庭经营收入	1490.00	2071.10	2265.90	2478.30	2785.90	2921.60
财产性收入	47.03	56.90	52.56	73.30	86.00	92.60
转移性收入	49.71	152.20	140.04	228.30	368.20	388.20
其中现金收入	1558.95	2576.00	2833.00	3300.00	3866.47	4270.40
总收入	2032.71	3036.70	3306.76	3816.08	4483.70	4830.70

资料来源：根据陕西省统计年鉴2003~2010年资料整理。

第二类兼业生计方式，以家庭经营农业为保障，靠商业谋生。它在保证农户基本生存需要的基础上，靠经商获得工资性收入。商业经营的利润高、收益多，但同时存在高风险和行业进入壁垒。它对从业者的文化程度、知识和技能等素质有较高的要求，人力资本成为农户增加收入和经营成败的关键性因素。从事兼业行为的农户文化程度，普遍高于农村居民平均文化水平。能够运用此种经营策略，说明农户已具有较高的生计安全水平，行动轨迹进入可持续发展区域，且富于冒险精神。农户具有一定的抗风险能力，在使用生计资本获得生计成果的过程中，能够做到合理配置资源、灵活运用资本，使收益最大化。以非农收入为主的第二类兼业农户，劳动力从农村向城市转移的速度快，能够适应城市生活并逐渐转变为市民。

但是，以非农产业收入为主的第二类兼业生计方式，伴随商业经营收入的扩大可能导致农业家庭经营的萎缩。商业经营的运转周期短、见效快、利润高，可以实现收入和资本积累的快速增加。而农业的生产周期长、见效慢、利润低，且家庭经营者以妇女、儿童和老人居多。当商业经营的收入和积累增多，使农业家庭经营收入显得微不足道时，农户可能采取减少或停止农业经营投入的行为。他们不愿对农业增加劳动和投资，放弃采用良种、新肥料、农药、农机和新技术，回到靠天吃饭的粗耕农业阶段。根据梅建明（2003）的研究，绝大多数的第二类兼业农户明确表示，如果条件允许他们将完全放弃农业。由此，必然导致粮食产量下降，甚至出现撂荒的现象，虽然单个农户的生计水平得到提高，但影响到国家粮食安全。

3.3.4 非农户

非农户是指完全从事非农经营的具有农村户籍的农户，他们在城乡就业于个体工商业、私营企业、集体单位、手工业、服务业、建筑业以及其他行业等。根据农业部固定观察点数据显示，2001年农民外出就业为0.9亿人，2006年增加至1.2亿人，2007年非农劳动力占农村劳动力的比重为21.3%，非农就业人数迅速增加。非农就业环境良好，就业机会多种多样。非农户已放弃农业经营，非农业收入成为其主要收入来源。非农户具有相对独立性。有的人在经过前期的积累后，条件时机成熟时，建立起自己的私营企业，雇用工人，成为农民企业家，能够获得较高的利润，是非农户收入最高的一类。非农户的生计安全度高，属于冒险型生计策略。他们的高收益可能来自风险溢价、资本运作和企业家能力的回报（Zhang et al.，2006）。还有的人凭借较高的文化程度，有一技之长，成为干部、教师、医生、农业技术人员等，是农村中的知识分子，获得工资性收入，收入水平中等。由于人们对知识文化越来越重视，他们成为受尊重的体面农户。长期举家进城打工的农民工,也是非农户的一种。他们的收入低,在城市租房生活,夫妻双方一般从事最基层的建筑业和服务业,子女在城市上学。男性中青年和受教育年限长的劳动力就业机会更多,工资水平较高。虽然从形式上看,农民工已完全转移到城市生活,但从实质来看,他们生活在城市的最底层,很难融入城市的生活。

行业的生产经营活动,与行业壁垒、收益和风险呈正相关(见图3-3)。当行业进入的壁垒较低时,经营者可以获得稳定的低收益;随着行业进入壁垒的提升,经营风险增加,收益也会增加。非农活动有较高的门槛,如资金、信用、技术等,这些门槛将大多数农户排除在外。高增长、高回报的商业活动,其生产多样性需要大量的资金和可靠的信用,就将资金匮乏和无信用度的农户排除在市场之外,不能获得与其他经营者同样的发展机会。受教育和培训的门槛同样限制了人力资本较低的农户,技术门槛使农户非农活动的风险增加,不敢尝试新兴的非农活动,从而限制了农户从中获取较高回报的机会。相反,这些门槛不但不能阻碍拥有大量资本的经营者,而且帮助他们排除了无法进入行业的竞争者。

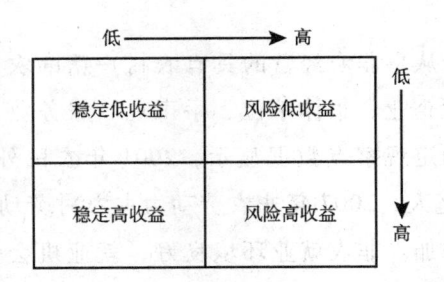

	低 → 高	
稳定低收益	风险低收益	低
稳定高收益	风险高收益	高

图3-3 行业壁垒与收益关系

非农产业与拥有分散、零碎土地的农业生产相比,有明显的比较优势,可以获得更多的预期收益,使农户选择非农产业成为可能。受自身观念、生计资本和外界制度、壁垒影响,农户从具有安全稳定收入的农业生产,转向具有风险和高收入的非农产业,还存在一定的现实困难和心理障碍,需要第一个"吃螃蟹"的人的示范和成功人士的鼓励带动,才能付诸实践。关于农户从事非农生计活动的动机,恰亚诺夫提出了两种可能的解释,其一是非农收入高于农业收入；其二是弥补农业收入的不足。大多数学者认为土地资源的稀缺也是农户从事非农活动的重要动机。王丽娟、刘彦随等人（2007）基于对乡镇企业发展典型的苏中地区的研究，认为市场经济的发育为农村剩余劳动力转移提供了基础平台，工业化是农户非农就业结构转换的动力源，非农产业比较利益和预期收入是促使农户选择经营活动的直接推动力。蔡昉、都阳、王美艳（2005）的研究表明，耕地面积、受教育年限、绝对收入、婚姻状况、劳动力非农工作经验和家庭劳动力数量与农户非农生计活动呈显著相关关系。成华威（2002）认为，有限的土地和寻求生存的理性是促使农户非农活动的两个"推力"，被城市生活所吸引，对城市生活的认同，寻求生活方式的改变是农户非农活动的"拉力"。

非农户已适应和融入城镇，能够在城镇安身立命，完成了劳动力从农村到城市的转移，仅仅保留着农村人口的户籍，其他与市民无异。他们积极主动进入城市，是劳动力转移成功的典范。农户创业的能力和水平还不高，面临的行业壁垒比城市居民高，目前仍处于初级阶段。韦吉飞（2009）的分析结果表明，农户的非农活动和创业行为与农村内部经济结构变迁，以及全国经济结构演化之间存在一定的联系。农村经济的发展，必然会拉动非农产业的发展，促进农村剩余劳动力的时空转移，非农化的收入越来越多。

3.3.5 贫困农户的生计困境

生计安全是一种更先进、更系统和更有效地研究农村减贫和生态环境保护等农村发展问题的途径。农户生计安全是农村区域经济健康增长和持续发展的稳固基础，使区域经济具有自主性、竞争力和抗风险能力。区域经济社会在遭受打击或损失的状况下，能够避免或化解个体或整体的危机。

弱质性农业的固有缺陷决定了只有不间断地投入才有可能带来一定的资本收益。因为传统的小农经济立足于自给自足，其增长率低，资本积累较为困难。而我国贫困地区与生态脆弱区基本重合具有高度相关性，敏感且脆弱的农户生计系统与不断增长的人口对生态环境造成了重大而持久的压力，加上过去在相当长的时间里以牺牲环境谋求发展的传统发展模式对生态环境也造成冲击和破坏。目前，资源稀缺和生态恶化给脆弱的农户生计安全带来威胁。

农民从过去的战争、灾荒、生活无着走上了有土地可依靠、基本可维持生计的一种状态，但与现代化的生活相较还有极大的差距。农民的市场化、社会化、市民化进程直接影响着中国现代化的速度。现阶段农户按生活水平可分为：富裕地区农户、一般地区农户和贫困地区农户。这三种农民生存和可持续发展状况不尽相同，总的来说他们的生计安全度呈依次递减状态。富裕地区农户总是可以获得持续的可维持生计的收入，抗风险能力强生计安全程度较高。一般地区农户由于固有生计相对稳定，有一定资产积累，但生计较为单一抵御风险能力一般，生计安全程度中等。贫困地区的农户在没有大的自然灾害或家庭风险中勉强维持生计，生计安全程度很低。从某种程度上说，贫困地区农户已经被社会边缘化并遭受社会排斥。目前，贫困地区农户的生计存在以下困境。

(1) 固有生计遭到破坏，替代生计尚未成熟

贫困地区农户延续着以家庭为单位的传统种植农业生计，以土地为基本生产资料，以粮食生产为主进行小规模的、重复性劳作和自给性的消费，是维持基本生计的主要手段。对于大多数农民来说，传统生计不但能满足生活所需，还有结余使其可持续发展。随着社会经济水平的提高，传统生计受经营土地的成本增加、农产品附加值低、销售渠道不畅通等市场因素的冲击，农产品产量和产值长期在低水平上徘徊。随着农民人数不断增加，农村人地关系日益紧张。据2005年国土资源部调查，全国耕地面积为1.22亿公顷，人均耕地面积为0.09公顷，仅为世界平均水平的40%。土地细碎化进一步导致了土地的保障功能严重供给不足，土地对单位农村人口的保障能力不断弱化。目前，此种生计仅能满足最基本生存的需要，无法接近或达到社会公认的基本福利水平，固有的生计遭到破坏。

随着社会的发展，农户日益增长的生活需求与增长缓慢且无持续发展潜力的生计之间的矛盾，促使贫困地区农户被迫寻找其他替代生计。杨明认为替代生计能够应对和满足农民的生计并在压力和打击下得到恢复；能够在当前和未

来保持、加强其能力和资产，同时又不破坏自然资源基础。目前，贫困地区农户替代生计主要有畜牧养殖、开采自然资源、从事流通和服务业、外出务工等。畜牧养殖业具有一定技术门槛，投资大风险高，受市场影响大；开采自然资源，如攫取矿藏和采集野生动植物资源对当地生态环境破坏严重，甚至产生污染，违背可持续性战略原则；流通和服务业，竞争激烈并受当地经济水平制约严重；外出务工，工资收入普遍较低，是城市中的弱势群体，缺乏基本社会保障，并破坏流出地人口结构致使劳动力不足土地撂荒。由以上替代生计的现状可以看出，贫困地区农户在遭受自然灾害、市场经济、环境保护政策等外力的影响下，被动放弃原有的生计，却没有成熟的替代生计，使其返贫率高难以可持续发展。

（2）生态环境保护与农民短期经济利益冲突

贫困地区农户主要分布在生态资源环境脆弱地区。生计不安全农户，往往为了生计对有限的资源和脆弱的生态环境进行掠夺式开发，使生态环境恶化、资源耗竭。据统计，2000年，西部地区人口总数35531万人，占全国总人口的27.43%，人口密度为53人/km^2；森林面积为5938万公顷，占国土面积的8.68%，低于全国平均13.92%的水平。西部地区人均森林面积0.178公顷，人均森林储蓄量19.08立方米，只有世界人均森林面积和储蓄量的20%和28%左右，可见西部地区人口对资源压力显著。众所周知，水资源、土地资源、森林资源、矿藏资源、动物资源、气候资源等自然资源是贫困农户赖以维持生计的生存条件。生态环境保护政策使农户对资源的利用受到限制和禁止，农民的生存空间被挤压，生产生活和经济活动的来源及收入减少，生活水平下降，生态保护利益机制不顺畅和生态补偿不完善与农户的短期经济利益产生了矛盾。

生态环境保护是我国社会经济持续健康发展的战略步骤，是实现可持续发展的条件，符合农民长远利益的要求。实现水、土地、森林等资源的可持续利用，不仅能保持农户的生计活动与生态环境的承载能力的平衡，而且从长远看能够保护农户的生计安全。因此，生态环境保护与保护农民利益有共同的目标，即实现可持续发展。目前，受国家基础设施建设、退耕还林、水源地保护和自然保护区建设等政策的影响，造成农户可用资源变得更加稀缺,有效耕种土地面积减少,收入减少投资不足,经济增长乏力,人口与土地、经济增长和资源环境的矛盾加深。加之生态补偿政策滞后或补助标准不合理、林业产权关系模糊等政策性因素的影响,对生态环境系统的保护和补偿不对称,成为可持续利用生态资源的障碍。农户的利益受损、权益无法保障,对保护生态环境失去积极性和利益导向机制,最终导致可持续发展无法实现。

(3) 低水平均衡陷阱

1956 年,美国经济学家纳尔逊（R. R. Nelson）在《不发达国家的一种低水平均衡陷阱理论》一文中提出了"低水平均衡陷阱"理论。它描述了在人均国民收入增长缓慢的情况下人口增长与国民收入持久均衡状态,揭示了经济在没有外力推动的情况下是一种高度稳定的均衡现象。经济落后、人均收入水平低是贫困地区的重要特征。贫困地区经济处于小农经济长期循环之中,生产力水平低下,商品经济不发达,市场规模狭小,资金积累能力低,自我发展能力较差,经济增长速度缓慢。农业和农村经济发展落后且层次低,逐渐陷入一种自给自足的低水平均衡状态中难以自拔。

贫困地区由于自然环境相对封闭,劳动生产率提高有限,理性小农为了获得更多的收入,不断寻找替代生计。由于他们长期采用单一生计,缺乏必要的素质训练,可能导致对替代生计的准备不充分和风险认识不足。在这种情况下,替代生计成果达不到合理预期或负增长,使农户依旧维持原有生活水平甚至资产减少或负债,仍然处于一种低水平的生存状态中。随着人口压力的增加和社会经济水平的提高,人均土地面积进一步减少,农户生计压力增加。农户资金积累低、投资水平有限、市场风险认识不足以及相关技能缺乏等一系列收入的不确定性因素,造成了以劳动力投入为主的投资方式。家庭收入的增加以劳动力参与生计为前提,这样又造成了劳动人口加速增长的机制,人均可支配收入又下降到社会公认最低福利水平以下。贫困农村人力资本存量不足,文化水平普遍偏低。据第五次全国人口普查统计数据显示,农村人口中初中及以上文化程度占 39.1%,小学文化程度占 42.8%,15 岁以上文盲率为 8.3%。贫困地区受资金的边际生产率低、吸纳不到足够有效的投资、技术革新缓慢和贫困的长期累积等因素的影响，在内在力量无法克服低水平均衡而又缺乏外界推动力量的情况下，贫困只能延续。

(4) 贫困地区农户生计可持续发展的制约机制

贫困地区农户生计可持续发展的制约机制是贫困农户生计与脆弱生态环境的恶性循环。在贫困地区，普遍是传统生计与替代生计共存的现象，传统生计是农户的生存保障，替代生计是农户的发展需要。目前，贫困地区农户的传统生计仍是主流经济模式，替代生计依赖于传统生计。畜牧、流通、服务等替代生计是当地主体经济的衍生物，对主体经济有较强依赖性，与主体经济呈正相关。贫困山区的自然资源利用因当下缺乏合理性和有序性而造成对环境的高损害换来不成比例的低收入。外出务工虽然游离于主体经济之外，但不具备可持续发展性。因此，传统生计目前仍是贫困地区农民生计的根本。

贫困地区多集中在中部和西部呈块状分布，片状分布在山区、丘陵、高原等地带，普遍存在着贫困和脆弱的生态环境。脆弱生态环境指对环境因素的改变反应敏感，而维持自身稳定的可塑性较小的生态环境系统。据研究资料表明，我国典型生态脆弱区内约92%的县是贫困县，全国74%的贫困县分布在生态环境破坏比较严重的地区，约86%的耕地属于贫困地区耕地，约81%的人口属于贫困人口。国家扶贫重点县遭受自然灾害的比例是全国平均水平的5倍，且大都分布在西部地区，贫困发生率高达30%~40%。2008年，5个民族自治区和云南、贵州、青海3省的贫困人口，占全国农村贫困人口的比重为39.6%，且呈上升趋势。我国的生态脆弱区与贫困的地理分布基本重合，说明二者存在高度相关性。

贫困农户直接依赖自然资源获得他们的基本生计需要，如能源、水和生产资料，通常他们生活在生态恢复能力低、环境破坏严重的地区。对压力和冲击的低恢复能力使生态环境趋向脆弱，进而降低农户抗风险能力，在面对自然灾害、气候变化等风险时不能采取及时有效的行动，只能选取使环境进一步退化的行动。这种行动取决于他们对外界压力和刺激的反应方式及选择余地。在不受外力影响下，贫困农户的生计和脆弱的生态环境形成恶性循环：贫困的农户生计导致资源的浪费和生态环境趋向脆弱；资源的稀缺导致贫困加剧，致使生态环境更加脆弱；脆弱的生态环境又使贫困变本加厉。

贫困地区的农户主要从事种植业和养殖业，区域经济通常以劳动密集型、资源密集型和高污染型产业为主，对自然资源和环境的依存度较高。贫困地区的农户由于资金缺乏、科技投入有限，在现有土地规模下要获得生计就会以资源和环境的无序开发和利用为代价。这种低水平的掠夺式生计开发与经营导致资源的浪费，使得该区域生态平衡遭到破坏。能量与物质的输出增多、输入减少，生物多样性下降，生态恢复力稳定性降低，生态环境趋向脆弱。由于资源的稀缺性，恶化的生态环境减少了对农户基本生计必需品的供应，资源的边际利用率也随之降低。另外，脆弱的生态环境自我调节功能减弱或丧失，造成自然灾害面积加大和受灾程度加重，导致贫困加剧。在生态系统良性循环阈值被突破和缺乏现代生产要素投入的双重约束下，随着人口继续增长，只能靠资源的继续开发满足需求。过度开垦、乱砍滥伐引起边际资源利用率降低，自然灾害加重进一步加剧生态系统破坏，生态环境更加脆弱。脆弱的生态环境使农户赖以生存的土地质量下降，产出和收入减少，生存条件趋于恶化，变得更加贫困。这种生计与生态环境脆弱陷入互为因果的恶性循环之中。

脆弱的生态环境制约农户生计水平的提高，反过来脆弱的生计致使生态环境进一步退化，进一步制约农户的可持续发展，从而使区域更加贫困。脆弱的生计既是生态环境恶化的原因，也是其恶化的结果。不打破这样的恶性循环，既无法实现农户的生计安全，也无法保护和改善贫困地区的生态环境。

弱质性农业的固有缺陷决定了只有不间断投入才有可能带来一定的资本收益。因为传统的小农经济立足于自给自足，其增长率低，资本积累较为困难。我国贫困地区与生态脆弱区基本重合具有高度相关性。敏感且脆弱的农户生计系统与不断增长的人口对生态环境造成了重大而持久的压力，而过去以牺牲环境谋求发展的传统发展模式又对生态环境造成了很大的冲击和破坏。目前，资源稀缺和生态恶化给脆弱的农户生计安全带来威胁。在"靠山吃山"的掠夺式生计遭到冲击和变革时，单一的生计策略使农户难以找到合适的替代生计。再加上生态环境保护利益机制不健全，生态补偿如果不能完全抵消生态保护政策带来的损失，那么，贫困地区农民将很难维持正常生活，只能在"低水平均衡陷阱"中难以自拔。要实现个体农户和区域经济的可持续发展，需要建立生计安全评价体系并实现农户生计系统与生态系统的良性耦合。

第四章 农户生计安全行为分析

随着人均 GDP 达到 1000～3000 美元,社会进入不协调因素的活跃期和社会矛盾的多发期以及社会结构深刻变动、社会矛盾最易激化的高风险期。中国正在进入这样一个高风险期。改革开放 30 多年来高速现代化、市场化和城市化已经深刻地改变了中国农村社会的发展模式、消费模式、生活模式以及认知模式。农户的生计面临各种各样的风险,引起生计安全问题(杨雪冬,2010)。本章通过引入生计安全行为分析方法,梳理农户生计安全的逻辑关系,并就生计风险的因素进行阐述,为农户生计安全建立评价标准。

4.1 农户生计安全行为逻辑

随着"三农"问题研究的深入,农户的生计行为被学者们所关注。他们从不同的视角和理论出发,对农民经济行为进行实证和理论研究,取得了诸多成果。中国农村社会,农民个体往往很难构成独立的行动体,大量的调查结果显示,家庭以及小群体才是农村社会的行动单位。以家庭为单位的农户,在安全准则的行为准则指引下,其生计行为背后的行动逻辑成为研究的焦点。中国农村社会区域和时空差异较大,本节试图探讨农户一般的、普遍抽象意义的生计行为逻辑。

4.1.1 安全准则下的农户行为方式

安全准则是指农户为实现生计保障在应对生计困境时所遵循的风险最小化尺度。国内外学者关于农户经济行为的探讨由来已久,最具代表性的有四个流派。其一，苏联经济学家 A. 恰雅诺夫（1996）为代表的"生存小农"。他在《农民经济组织》一书中指出，俄国小农的家庭农场不同于资本主义企业，农户依靠家庭劳动力而非雇佣工人，不是以土地、劳动和资本三要素的投入产出比为利润最大化的动力，而是以劳动的供给满足消费的需要为运行机制。生产目的主要是为了满足其家庭成员的消费需要，不计生产成本。农户生产遵循"劳动—消费"均衡模式，也就是寻求劳动的辛苦与满足家庭消费之间的均衡。劳动力的数量不能随便调整，而农户家庭生命周期改变了"劳动—消费"模式的比例，带来了农户的分化，而非商品化带来的分化。因此，俄国农户经济的发展不能走自由市场的道路也不能走斯大林集体化的道路，而应走小型合作社之路。其二，美国经济学家西奥多·W. 舒尔茨（1987）为代表的"理性小农"。舒尔茨在《改造传统农业》一书中认为，小农与资本家一样，都是追求利润最大化的经济人，行为是完全理性的。在传统农业时期，劳动的偏好和动机是相同的，农户对价格的变动作出迅速反应，并在现有生产技术水平下，将各种生产要素达到最优配置，使劳动生产率最大化。由此产生的边际投入递减，是传统农业增长缓慢的重要原因。同时，他说明了贫困不是因为资源禀赋条件或贫困恶性循环，而是不恰当的政策失误所致。因此，改造传统农业可以寄希望于农民为追求利润而创新的行为。其三，美国著名人类学家詹姆斯·斯科特（1976）为代表的"道义小农"。他在《农民的道义经济学》中，研究了东南亚农村的生存困境，指出农户的经济行为出发点是道德和最低限度保障的需要，奉行"生存第一""安全第一"的原则，有追求安全高于利益的偏好。农户选择稳定的生产方式，即使发生灾害也不选择能够增加平均利润的行动去主动规避风险。农户对具有较高收益的新技术和新生产方式持谨慎态度，总是选择风险小的，不管这种决策的收益高低。农户对风险的承受能力随着满足基本生存所需的生产资料的减少而降低，贫困农户抵御风险能力差。为了规避风险，农户依靠资产以及村庄社会关系网络和机构的支持与调节，互帮互助形成共同的价值标准并构建起制度化的生存伦理模式。其四，以美国华裔学者黄宗智（1986）为代表的"商品小农"。黄宗智综合分析了"生存小农"和"理性小农"的研究结果，认为小农既追求利润最大化，又维持基本生存安全，更是受剥削的耕种者。农户在边际收益递减或受耕地规模制约，而劳动力剩余且劳动的机会成本接近于零的情况下，仍然会选择精耕细作向有限的土地投入更多的劳动，维持家庭生计。结合中国农业的发展历程，他提出了"过密化"的概念，即没有发展的增长，认为20世纪80年代以前中国乡村经济停滞就缘于此。他提出中国农村应走工业化和"反过密化"的道路，才能促进经济增长。

以上各学派的理论主张，笔者认为各有其合理性。农户经济行为研究要与特定的政治、经济、文化、社会背景相结合，不同环境下其行为表现不同，每种都有存在的合理性。英国经济学家弗兰克·艾利思（2006）在《农民经济学》一书中，提出了最优化农民理论。农户以一个或多个家庭目标的最大化为行动准则，而非简单的一种。最优化农民理论包括以下三种对农户生计行为产生影响的理论，各自具有突出特点。

(1) 追求利润型农户

农户经济行为的目的是追求利润最大化，即新古典主义视野下的有效率生产者。美国学者Schultz（1964）提出了发展中国家农户有效率但贫穷的假说，认为在传统农业生产中，农户对生产要素的配置几乎不会出现显著无效率的情况。对单个生产者来说，利润最大化行为离不开经济效率。理论上严格的经济效率需要完全竞争市场环境，生产者面对通过竞争形成的统一价格进行决策，否则单个生产者或某一生产部门无法做到有效率。所以，假设排除严格的经济效率，并且完全商品化生产的农户，特别是接近生存经济的农户，追求的利润包括货币和实物两种形式。现实中发展中国家农户通常参与不完全竞争市场，农户既可以有效率也可以实现利润最大化。或者说，农户可获得有条件的利润最大化，需要考虑资源约束、市场运行和其他目标的权衡。

在不完全竞争市场中，农户为了追求利润最大化，努力实现经济效率、技术效率和配置效率的最佳组合。在生产可能性曲线的边界上农户可以获得经济效率，当技术水平提高可以得到更高的生产可能性曲线的技术效率和配置效率。当生产函数的斜率等于投入价格与产出价格之比时，农户获得最大化利润。即：

$$MPPL = \omega/P \qquad (\omega:工资率;P:价格) \qquad ①$$
$$MVPL/\omega = 1 \qquad (MVP:边际价值产品) \qquad ②$$

①式也可变形为②式，边际价值产品与投入价格之比为1，此时可以实现配置效率。通常农户普遍缺乏技术效率，那么，在技术不变的情况下，农户努力向生产可能性曲线的最佳配置效率点靠近，从而同时获得经济效率。

（2）风险规避型农户

大多数学者认为，发展中国家的农户生计存在风险和高度不确定性，主要是气候多变、市场不完全性、信息不对称等因素所造成，且对农业的影响更大。贫困农户的社会和经济地位更低，甚至因政府决策反复无常造成农户缺乏保障。众多的不确定性因素同时影响着市场中的各个经济行为体，造成农户为了降低风险采取风险规避行为。

不确定性按来源可分为四大类。①自然风险。自然风险指因自然力的不规则变化产生的危害，包括地震、干旱、泥石流、瘟疫等，给农户整个生产过程的各个阶段带来灾害。②市场风险。在市场发育不成熟，农户缺乏信息的情况下，生产周期长，生产资料价格和预售产品价格的不确定性，都对农户的决策行为产生影响。③社会不确定性。社会不确定性主要表现在有差别的资源控制权，宗族和社会网络关系的不确定性。例如，土地分配制度和占有多寡，能否从政府机构、社会网络关系获得救助。④国家行为。国家宏观方针政策的持续性和稳定性，以及地方政府政策的执行策略，都会对农户的生计产生影响。一旦发生战争，农户的生产生活更加无保障。发展中国家，农民在国家阶层中的地位普遍低下，享受不到完全的社会和法律权益。正是以上不确定性因素的存在，影响农户的预期和决策。

面对风险，农户的决策要在生计保障和经济效率之间作出权衡。这被Lipton（1968）称为"生存算数"。农户作为决策的主体，是以预期效用最大化为标准，以个人对不确定性事件的感觉强度和对其潜在的后果的个人评估作为判断依据（Anderson, J. R., 1977）。共有三种决策行为可供选择，即敢于冒风险、风险中立、风险规避。按照安全第一原则，农户会选择最低收入水平或最大可接受风险的决策。对于贫困农户来说，必然选择回避风险，甚至是生存的需要。新古典经济学认为，风险规避型农户选择的生产点具备以下条件：E

（MVP） = MFC，即预期边际产品价值等于边际要素成本。

即使农业创新技术、新方法能够提高农户的产量和收入，农户风险规避行为的结果，阻碍了它的使用和普及。这又与农户知识水平和信息不对称相关，对新技术持惧怕、怀疑态度。随着不利因素的不断累积，农户的决策环境越来越不确定，贫困农户生计深陷于落后、保守的境地，富裕农户更加容易获得优势，收入差距进一步扩大。因此，政府应采取干预措施，以弥补农户风险规避行为带来的效率损失和不利影响。

（3）劳苦规避型农户

农户集生产和消费于一体，导致消费和生产交互影响决策行为。对于农户来说，一方面要满足家庭的消费需求，另一方面劳动是辛苦乏味的，由此产生两个相互对立的目标，即既需要劳动又想逃避劳动。

如果用闲暇来表示逃避劳动，可以用"收入—闲暇"无差异曲线来表示农户的生产行为。在既定技术生产水平下，农户生产均衡点是生产函数与最高无差异曲线的切点，表示劳动边际产量等于劳动的主观价值，且恰好与减少闲暇所要补偿的收入相等。当收入的边际效用越高、闲暇的边际效用越低时，农户选择劳动；当闲暇高于劳动的边际效用时，农户选择闲暇。随着家庭规模的扩大，消费者和劳动者增加，土地相应增加，劳动边际产品和消费者与劳动者之比呈反向变化。因此，农户对闲暇的偏好，也对追求效用最大化行为产生影响。安全是相对于风险而言的，因为存在风险才有安全需求。随着转型期经济的快速发展，中国城市化水平每年平均以1.4个百分点以上的速度增长（王家庭，2006）。城乡、地区发展严重不平衡，不可避免地产生了失业、能源供应紧张、交通拥堵、犯罪增加、环境恶化和各种危机风险增加等现象，研究农户生计风险对构建和谐社会和全面小康社会建设有重要的意义。

4.1.2 农户个体行为逻辑

个体与集体是两种行为主体，相应也包括两种行为逻辑。西方社会以个人为本位，整个社会是个体的组合体。受"文艺复兴"思想的启蒙，个体意识开始觉醒，追求独立人格的价值观和自由、平等等理念。以个人利益为中心的个体行为逻辑，成为西方社会学研究的起点。中国农村的宗族社会，个体总是融入集体之中，家庭是一个利益团体。

家庭是以情感和血缘为基础建立的一个初级群体，既是两性的结合，又是亲情的结合。家庭成员既有角色的分工又有合作的利益，在此基础上实现了利己心和利他心的结合，通过家庭形成稳定的集体。家庭成员间的多重角色关系，淡化了严格的分工和界限，将个体的全部人格表现出来。靠血缘维持的家庭成员关系，使成员对家庭有强烈的认同感和责任感，使其自觉维持并保持亲密性，成员形成不可替代性。家庭成员具有一致的利益和目标，尽量满足每个成员的需求，采取的手段是多方面的。家庭作为一个小群体具备了以下特征。第一，家庭成员行为的社会性。现实生活中的个体，必然生活在一定的社会关系之中，形成人的社会属性。家庭成员同样生活在社会关系之中，并进行各种群体活动即社会行为。社会对家庭成员的关系和角色，赋予一定权利和义务的行为标准。第二，家庭成员行为的规范性。任何群体或组织为了维持其成员间的关系，确保其按既定的轨迹和方向运动，需要有一套行为规则和标准。群体规范确立了成员必须遵守的思想、评价和行为标准，不遵守规范就要受到谴责和惩罚。规范使每个成员的活动协调进行，最终促成家庭的共同目标与利益得以实现。第三，家庭成员对家庭有较强的归属感和认同感。弗洛伊德认为归属感指心理上的安全感和落实感。有了归属感在与成员互动活动的现实情境中，形成共同的认识与价值判断，从而有了认同感。强烈的归属感和认同感，使家庭成员集体意识增强，能够更好地实现自我。第四，家庭成员行为的经常性和持续性。家庭成员之间的关系不是临时性的，而是经常性和持续性的。共同生活的家庭成员，经过长时间的互动，相互了解并以共同的目标、利益和感情关系为基础。

农户以家庭为单位的生计活动源于三个方面的原因。第一，家庭是生计活动的天然场所，能够实现多种功能。一般而言，个体的人是在家庭中出生并成长，家庭能够将生产、消费、生育、教育等多种功能统一。家长对生计成果享有分配权，他决策生产和消费的投入比例。家庭成为农民生产和生活的主要场所，还有兼顾抚养子女和赡养老人的责任。未成年的孩子没有劳动能力，老人已丧失劳动能力或劳动能力很弱，如果没有家庭的庇护，他们没有收入来源将流离失所。第二，受传统宗族、家庭观念和伦理影响，家庭结构十分稳定。中国传统社会的核心是"家本位"(何治江,2010),包括家庭以及与己有血缘亲缘关系的小亲族、宗族等群体。家庭作为一个小集体,需要维持其结构和权威性,道德、伦理提供了一个调解成员关系的非正式规则,通过教育和社会化,内化于个体思想中,指导其社会行为。在家文化的影响下,农民生计活动的目的和动力都源于家庭的需求。由家庭及宗族形成的社会关系网络,是农户的重要生计资产,互助的传统也是农户分散风险的一个重要手段。第三,集体较个体抵御风险的能力强。生计风险按发生的原因分为自然风险、经济风险和社会风险。自然风险因不可抗拒的自然因素导致,具有客观性是无法避免性。社会风险和经济风险,在社会转型期和市场经济进程中,同样不可避免。集体行动有利于风险的分摊与转移,集体成员间的互助能够有效抵御风险带来的损失。由此看来,中国农村社会家庭行为体优于个体行为体。20 世纪 70 年代末推行的家庭联产承包责任制,充分发挥了集体的优越性,调动了个人的积极性,解决了农民的温饱问题,取得了很大的成就。

4.1.3 农户集体行为逻辑

孔德创立社会学的研究对象是社会现象,社会现象由人的行为而构成。行为主体有意识地作用于外界,有各种动机、目标和兴趣,并根据其赋予事物的意义来行动。要了解行动所包含的主观意义,就必须了解行为者的内部逻辑。农户生计行为逻辑,指农民为获得生存和福利所需的条件以及应遵循的原则和规律。差序格局的中国农村社会,与西方社会不同的是个体生计行为很难构成独立行为体,而是以家庭或小群体为基本结构的行动单位。一般来说,个体对家庭有强烈的归属感和认同感,遵循集体行为逻辑,实现最优化行动目标。

美国经济学家曼库尔·奥尔森,在他的著作《集体行动逻辑》中分析了集体行动的利弊。他认为个体利益是集体行动的逻辑,与集体能有效维护其成员的共同利益的传统观念相反,理性人不会积极主动参与集体行动并遵守规则,公共领域无法避免"搭便车"的行为。为了解决这一集体困境问题,需要一套制度规则,用以规范约束个人利益行为,以达到风险均摊,个人自觉自愿履行权利和义务,取得集体的最优化结果。社会行为者是在一定的社会结构中实现其行动的，社会结构包括形式化和非形式化两种形态。人们理性设计的非形式化规范系统，成为与行为者意愿相独立的外部力量。行为者为了适应环境，按照形式化社会结构功能的要求，设计出符合自身行为逻辑特征的路径。

农户是以血缘为纽带的生活共同体，个体对家庭的认同和家庭成员的分工，是农民集体行为逻辑的重要依据。个体对家庭的认同感越强，参与分工程度越高，对家庭的归属感就越强，日常行为就更加规范；反之，个人主义、自私自利就支配农户个体的行为。人的社会性决定了必须适应群体生活，个体从生活共同体中获得生存必需的各种物质和精神支持。个体在参与家庭的活动和事务中，与其他家庭成员沟通、交往、互动并建立了良好的情感基础和密切的关系。这种生活情境体验，使身处其中的个体接受了共同的价值观，产生了强烈的安全感、归属感和认同感。个体所感受的安全感、归属感和认同感，无法从其他途径获得，只能由家庭提供，无可替代。为了能继续享受家庭所带来的愉悦，个体自愿承担维持家庭所需的"费用"，即承担责任、履行义务，遵循家庭共同的价值观念并接受家庭成员的监督等。从家庭中获得的情感、乐趣，以及安全感和归属感构成了个体对家庭的认同。

根据农户安全第一和最优化的行动取向，将农户的生计行为逻辑用图4-1表示。横坐标表示农户所拥有的五类生计资产；纵坐标表示农户的生计行为取向，正向为冒险策略取向，负向为安全策略取向。A点是农户的生计均衡点，

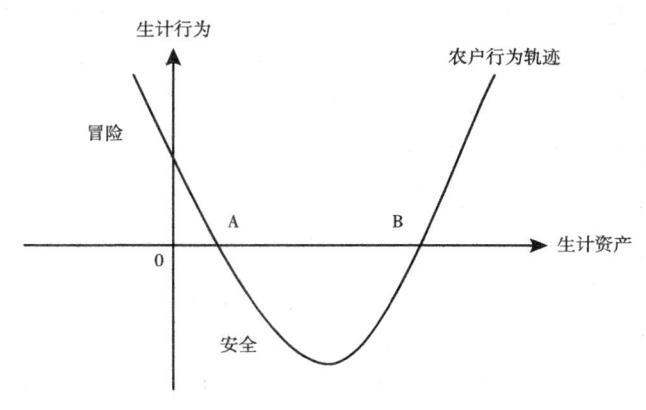

图 4-1 农户生计行为逻辑

即基本生活保障点。B 点是农户发展点。

在 0 点之前，农户生计资产为负，表示已丧失所有资产并有借贷或受到救助，农户铤而走险，采取风险性最高的生计策略来获取生计成果。如果农户顺利完成整个生计活动，获得收入则生活状况改善，相反则无法生存。A 点是农户的生计均衡点，收入等于消费，稍有不慎就可能不稳定。农户处于 A 点之前，表示极其脆弱，生计状况高度不稳定；0 到 A 之间，生计趋于稳定抗风险能力逐步提高。坐标轴以下 AB 区域内，由于已有一定的生计资产积累，农户遵循安全第一的法则，以保障家庭及个体的生存需求为目标，采取保守的生计策略。B 点之后，随着生计资产的增加农户生计安全度增加，具备一定抗风险能力，有提高生活水平的需求和动力，其行为开始富于冒险精神（陈辉，2007）。

4.2 农户生计安全行为 AGIL 功能分析

20 世纪 40 年代美国社会学家帕森斯在《社会行动的结构》中，提出了结构功能主义理论。功能主义曾经被认为是具备很强的解释力和说服力的理论（严骁骁，2009）。该理论将社会行为作为研究的出发点，阐述了社会是具有一定结构或组织化手段的系统，其各个组成部分有序地相互联系，发挥着必要的功能（Talcott Parsons, 1968）。它的理论起点是"单位行动"。我们将农户作为一个单位行为体纳入结构功能主义分析框架，包含了以下几方面认识。（1）行为者，是一个家庭。（2）行为者以获得生计成果为行动目的。（3）行为者为了获得生计成果，拥有多样化的生计策略作为工具和手段。（4）行为者的行动过程会遭遇数种不同的情境状态。（5）行为者受到政治和非政治制度以及社会价值思想的规范和制约。（6）行为者在行动前做出的主观决定，受其能力和精力的限制。行动系统偏向于外在性客观因素的制约。如：规范就是对行为者的道德内心约束；条件是行为者无法触及利用的因素；而手段却是行为者可以借以利用的因素；相关的目的就是行为者在前三种方式作用下所指向的可以凭努力达到的目标。行动唯一带有主观性的范畴——目的，也是将行为者的目的与整个外在的客观世界结构与功能相联系。行为者的目的必须在一种整合性的功能协调中借自身的努力去企及。

AGIL 是帕森斯提出的一个功能分析理论模型，建立了抽象的社会系统结构框架。任何社会系统或社会组织的发展演化都必须具备：适应（A）、达鹄（G）、整合（I）、维模（L）四种功能模式（刘少杰，2006）。其中一种功能可同时存在于整个或多个子系统中，而整个系统或其子系统也可包括不止一种功能。社会是一个十分严密的组织系统，各个子系统之间相互联系、不可分割。要了解其中一个部分就必须从整体出发，分析其在整个系统中的作用与联系。系统整体功能的发挥离不开适应、达鹄、整合、维模四个部分功能的相互协调和有效运作。帕森斯认为社会系统中的人格系统、文化系统、有机体系统和社会系统，也满足 A、G、I、L 的功能模式。农户作为行为有机体，内化于社会系统中，成为其中一个子系统。生计系统内部，根据可持续生计分析框架，包括了生计成果、生计资产和生计策略系统。生计系统 AGIL 模型如图 4-2 所示。

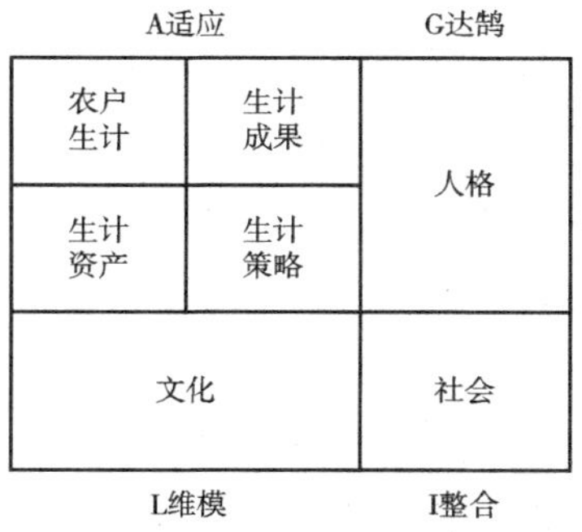

A适应		G达鹄
农户生计	生计成果	人格
生计资产	生计策略	
文化		社会
L维模		I整合

图 4-2　生计系统 AGIL 模型

4.2.1　适应环境

适应，指行为有机体在外部环境中获取可支配生存资源来促进自身的发展，并配给各个子系统，货币是与其他系统交换的媒介。适应的核心是获得可支配资源，资源越多适应能力越强；反之则适应能力差。众所周知，占有资源的多少与经济发展呈正相关关系。资源具有稀缺性，由于资源的自然属性即有限性，进而导致经济上的竞争状态。中国城市占有相对优势资源，拥有医疗、教育、权力、物质条件等各类社会、经济和技术资源。农村只相对较多占有未开发的自然资源，基础设施、政策、资金投入严重不足。农户很难获得与市民相等的生存资源，适应能力比市民差，再加上自然灾害、城乡收入差距、社会福利制度的失衡，农户生计系统可支配资源数量少质量差，很容易陷入困境。另外，整个生计系统又是一个有机体系统，是更大的社会系统中的子系统，它同样服从适应功能，获得社会系统分配的资源，用货币交换信息或控制实际运作。

4.2.2 达成目标

系统中有多个不同级别的目标或某种期望状态，利用可支配资源以获得这些目标或状态。权力是达鹄的首要交换媒介。生计成果是农户生计系统的预期目标，包括满足家庭成员需要、增加收入、提升福利、降低脆弱性、提高食物安全和可持续利用资源。农户可以在完成再生产的基础上，逐步扩大再生产，使收入和福利逐步提升，同时要防范风险以降低脆弱性。农户利用有限资源的一系列生计活动都是为了达到这个目标，并使其最大化。农户首先要达到的目标是满足家庭成员的基本生理需要，其次是安全需要、社交需要、尊重需要和自我实现。社会系统中的人格子系统，是通过生计目标的逐级满足实现的，最高层次的目标是达到自我实现。自我实现是实现个人理想、抱负并最大限度发挥个人潜能，最终形成健康成熟的人格。健康成熟的人格在物质需求和精神需求的不断满足下，实现匮乏—满足的动态平衡（戴正清等，2005）。

4.2.3 整合资产

整合，是使组成系统的各个子系统单位能够保持联系和合作，协调一致地有效发挥整体功能，不致出现游离、脱节和断裂。整合具有全局性，影响是整合的交换媒介。农户运用生计策略将各个子系统协调规范成一个功能总体。随着适应条件的变化，生计策略应该做出相应的调整，以整合资源的配置和生产的类型以及投资比例。生计策略单一，资源利用不充分，收益来源不稳定，承受风险能力减弱，则生计安全性低。生计策略多样化，能充分整合系统各部分，损益互补性强，抵御风险能力增强，则生计安全性高。生计策略又从属于社会系统，遵循社会的规范和原则。中国农村在选举权、户籍制度、教育制度等诸多方面受到比城市更多的制约和限制，特别是目前农村社会保障体系尚不健全、人口老龄化和政治体制正在改革以及经济结构调整，对农户生计策略产生了巨大影响。

4.2.4 维持生计模式

维模，指系统必须使各子系统具有动机和动力，并按一定的规范和秩序参与系统内部的互动过程，确保系统的连续性，不因中止或中断改变运行轨迹，并缓和其内部的紧张关系。维模运用义务作为交换媒介。生计资产是维模的主要力量，包括人力资本、自然资本、社会资本、物质资本和金融资本。生计资产具有替补性，能够在系统中止或中断时填补缺失，保障系统按照原轨迹或目标运行。人力资本能够提供维持并更新个人的动机，保持生计系统向前发展。农户生计资产通过与文化系统的互动，构建与社会主义市场经济相适应的道德文化体系，解放思想、自主创新，正确引领行为者的行动方向。运用文化控制理念，解决思想的冲突，避免失范行为，从而使系统高效运行，整合资源达到预期目标。

行为有机体的决策，自我实现的人格目标，文化价值取向的轮廓，制度化的规范，反映了社会大系统的整体功能。系统不是一成不变，而是在不断演进变化之中。系统通过符号媒介进行输入—输出交换，系统单位日益分化，形成更加完备的模式。在分化的过程中，通过新的原则和机制整合，形成适应环境的能力更高的系统。农户生计系统也同样如此，在分化中演进，向更安全的方向发展。

4.3 农户生计风险分析

近几十年来，由于地区经济发展不平衡及气候环境变化等因素，给人类的生存和发展带来了巨大的压力。中国农业与农村社会正经历从传统向现代的转型，广大农户在经受自然灾害、金融风暴、生态恶化、市场风险和突发事件的打击时，风险抵御能力普遍降低并威胁着自身的生计安全。农户如何适应风险变化并调控行为以维护自身的安全,成为学者们关注的焦点。

进入转型期的农村社会,风险已经成为人们生产生活的重要组成部分,中国农户的生产生活面临许多不确定性因素。一些以个体家庭农业生产为主的农户,尤其是广大西部地区和贫困地区的农户,在有差别的城乡二元体制下已沦为弱势群体。由于缺乏有效的公共和自我保障机制,经常会遇到不同的生计风险,如医疗、教育、婚嫁、盖房等,并给农户带来打击甚至让生计不可持续(叶敬忠等,2004)。

安全是相对于风险而言的,因为存在风险才有安全需求。随着转型期经济的快速发展,中国城市化水平每年平均以1.4个百分点以上的速度增长(王家庭,2006)。城乡、地区之间发展严重不平衡,不可避免地产生了失业、能源供应紧张、交通拥堵、犯罪增加、环境恶化和各种危机风险增加等现象。农户生计风险研究,对构建和谐社会和全面小康社会建设有着重要的意义。

4.3.1 生计风险

"风险"一词来源于意大利语,意为客观的危险。随着人类活动的复杂性和深刻性,"风险"一词成为人们生活中出现频率很高的词汇。作为一个研究单位,风险被不同领域的学者所关注,不同学科或学派的学者往往基于不同研究角度,提出不同的风险解释。当它与不同行业或经济行为相联系,形成了不同的研究主题,如金融风险、风险社会、风险管理等,同时也被赋予更广泛、更深层次的含义。

目前,被广为接受的风险定义,指某一特定危险情况发生的可能性和后果的组合,具有普遍性、客观性、损失性、不确定性和相对性的特性。普遍性指对于自然界的任何一种生物时刻都存在着风险,风险有大小不同。客观性指风险不以人的意志为转移,是独立于人的意识之外的客观存在。无论是自然界的物质运动还是社会发展,都有其存在的客观内在规律,不属于人的主观意识范畴。损失性指非故意的、非预期的和非计划的经济价值的减少和毁灭,包括直接损失和间接损失。存在风险,如果不采取应对措施或应对不当,都会遭受损失。不确定性指风险发生的时间、空间、地点、过程、结果以及损失的不确定。从总体上看,有些风险是必然要发生的,但何时、何地、如何发生等都是不能确定的。相对性指风险影响、承受能力和应对措施相对性的总合。同一个风险对当事人是不利的，但对其他相干人并非不利。

由于风险的不确定性，风险主体的预期状态与实际状态之间往往存在偏差和差距。当偏差和差距低于预期值时，将带来负面的影响即损失；当偏差和差距高于预期值时，产生正面的影响即获利；当偏差和差距高于预期值并等于成本时，不损失也不获利。通常风险与收益成正比，高风险的投资行为是为了获取更高的收益，而低风险的投资行为则出于安全性的考虑。风险研究旨在提高人们的认知水平，能够防患于未然或合理规避风险，继而采取及时有效的措施，降低损失。

风险具有时空分布的特点，同样也时刻存在于农村社会和农户生计活动中。根据陆学艺（2002）的《当代中国社会阶层研究报告》提出的划分标准，农业劳动者作为目前中国规模最大的一个阶层处于十大社会阶层的第九层，可谓底层。农户的收入、声望、教育、权力、资源等方面都处于劣势，他们生活在"水深及颈"的生活状态下，即使是"细波微澜"也可能导致灭顶之灾。

笔者将农户生计风险定义为农户生计活动过程中出现的风险，是由于家庭外部环境的不确定性、生计活动的复杂性以及农户主体能力的有限性和自利行为而导致的农户主体的预期收益与实际收益可能发生偏离的程度。农户既是生产主体，又是消费主体。在市场经济的社会生产过程中，农户从生产—消费—再生产的整个过程都面临着风险。不论哪个环节的实际状态与预期状态发生偏差和差距，都将给农户带来损失。在这个过程中，能否完成再生产过程是农户维持生计的临界点。如果农户在生产—消费之后能够实现扩大再生产，将使资产和收入逐渐增加并形成良性循环，维持安全和可持续的生计；如果农户的产出减少或消费增加超过资产水平，则无法完成再生产过程，资产、收入和能力持续降低，在无外力的作用下将形成恶性循环，造成生计不安全，生活陷入困境。

为了更进一步的研究，需要对农户生计风险进行分类。目前对于农户风险的分类研究没有统一的标准。不同的研究视角有不同的分类，学术界有以下主要观点。Dercon（2001）研究了一个风险与脆弱性分析框架，将农户的各类资源、收入、消费以及相应的制度安排都纳入到一个体系之中。马小勇（2006）认为农户所面临的风险包括自然风险、市场风险、疾病风险和政策风险。孔寒凌和吴杰（2007）在测量农户风险感知的基础上，概括农户面临有家人患病、自然灾害和缺乏种养技术、市场信息以及农田水利设施落后、假农资物品、外出打工、盖房修房和教育等方面的风险。邓俊淼（2008）将农户生产经营中的风险分为生产风险和交易风险两个部分。李向军（2008）研究了失地农民的风险困境：生存方面的风险——基本生活条件丧失；发展方面的风险——基本劳动技能失效；角色模糊带来的风险——农民角色丧失；身份边缘化带来的风险——身份认同困境。曹敏娜（2009）分析了产业化扶贫实践中的自然风险、市场风险、技术风险、政策风险、契约风险和制度风险。笔者认为，采用任何一种风险分类都是片面的、部分的，应从多角度多层面根据研究需要进行分类分析。

首先，按组织的内外部来划分，可分为家庭内部风险和家庭外部风险。家庭内部风险主要指家庭生命周期、家庭内部成员自身和相互之间存在的风险，如健康、婚嫁、代际等风险。家庭外部风险指家庭之外生计活动所产生的风险，如自然、市场、政策风险等。

其次，按风险发生的领域可划分为自然风险、政治风险、社会风险、经济风险和文化风险。自然风险主要有旱涝、洪灾、风灾、虫灾等，这些都对农业生产造成很大的影响。政治风险，指国家发生的政治事件或政治关系对农户造成的不利影响，比如战争和内乱、政治动荡等。社会风险，指社会冲突或危及社会稳定和秩序的风险。目前中国处于转型期，社会风险的积累和群体事件的频发，对社会稳定和秩序构成了潜在的威胁。经济风险，指经济活动遭受损失的可能性，是市场经济发展过程中的必然现象，也是农户在投资、生产和销售过程中必须承受的。文化风险，随着知识经济时代的来临，对国民文化素质提出更高的要求，由于农民综合素质普遍偏低，信息的不对称性使农户生计风险增高。

最后，按生计过程划分，可分为环境风险、生计资产风险、制度风险、生计策略风险、生计成果风险。环境风险，主要指脆弱性的背景或环境，包括灾害、环境污染和资源承载力的下降以及负面的趋势和变化。由于农户特别是欠发达地区农户对资源依存度较高，环境风险对其生计产生很大影响。

生计资产风险，包括人力资本、自然资本、资金资本、物质资本和社会资本五个方面的资产风险。人力资本风险主要表现为劳动能力差、受教育程度低、缺少生计技能等。自然资本风险主要指生产资料的缺乏，如土地面积小，缺少对公共财产资源的使用权等。资金资本风险包括收入降低、存贷款损失等资金的风险。物质资本风险包括住房条件、交通条件、饮水安全等方面的不利因素。社会资本风险，包括农户身份地位、社会网络资源和摄取能力等方面的影响。

制度风险，主要指政府和私人部门为农户提供的福利水平，包括法律、文化、政策、程序等制度的制定、执行或缺失导致的风险。生计策略风险，是由于土地、信息、资产等生产要素的构成和个人能力的不同，采用生计策略的优劣差异而产生的风险。生计成果风险，在既有的制度、资产组合基础上，能否运用生计策略将生产资料通过劳动有效地转化为生计成果是农户获得收入的关键，尤其在市场经济环境下农户的预期状况与现实状况存在差距。

上述即是当前农户生计可能面临的风险。各种风险错综复杂，交织在一起，侵蚀着农户。只要农户的安全网出现漏洞，风险就会乘虚而入，使农户遭受损失。

4.3.2 农户生计风险的影响因素

2001年Dercon建立了一个农户风险识别与评估的分析框架（陈传波，2005），列举了风险的种类、风险的来源和可能遭受的风险，将资产风险、收入风险和福利风险纳入到一个体系之中，有利于将各种风险认知归类识别，便于风险评估。如图4-3所示。

农户的生计活动是一个周而复始的循环过程，其中的任何一个环节都有可能面临风险的打击。农户面临三类风险：资产风险、收入风险和福利风险。第一，从资产风险来看，风险来源于人力资本、土地资本、物质资本、金融资本、公共物品和社会资本。资产可能遭受的风险包括：失业或者危重疾病可能使劳动者丧失劳动的能力；土地制度的不稳定性，使土地的所有权和使用权不

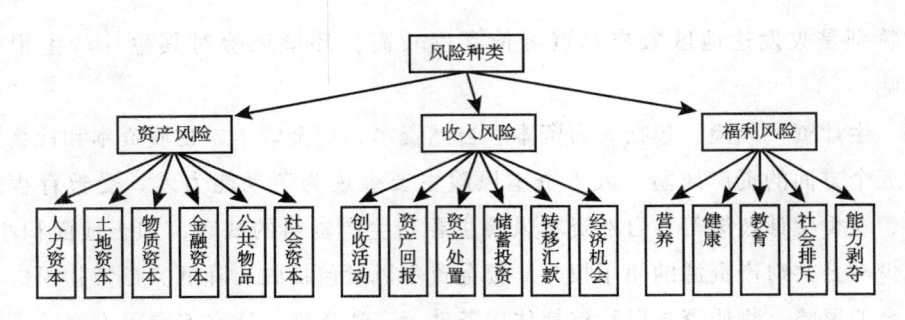

图 4-3　农户风险识别与评估框架

明晰；自然灾害可能毁损房屋、道路、生产工具等物质资本；通货膨胀、汇率的降低都会带来金融资本的贬值；承诺与信用不可靠、不稳定增加了社会成本，带来社会资本的风险。第二，从收入风险来看，风险来源于创收活动、资产回报、资产处置、储蓄投资、转移汇款和经济机会。收入可能遭受的风险包括：旱涝、泥石流、地震等自然灾害导致农作物面临减产风险，产品的销售价格可能降低的创收活动风险；收入与资产价格的相关性可能导致资产回报率低；生产中投入的生产资料和流动资金的不确定性造成资产处置的风险；储蓄与投资性资产的收益可能遭受贬值的风险；非正式规则的不确定性与不可靠性带来的转移资金和汇款风险；经营机会的信息和知识不对称以及了解不全面的经济风险；面临政策的可信性和持续性的政策风险；等等。第三，从福利风险来看，风险来源于营养、健康、教育、社会排斥和能力剥夺。福利可能遭受的风险包括：基础食物消费品价格波动，可能引起农户摄入营养不全面；受教育程度的影响，农户掌握的健康与营养知识不完全，可能引起疾病等健康问题；公共与私人教育资源区域分布不均衡引起的教育机会不公平；被排除在社会安全网之外，享受不到公民的社会保障，遭受社会排斥；缺乏获取正常效用的能力，如伤残者的能力被剥夺。

这个农户风险识别与评估的分析框架，比较完整地描绘出农户所面临的风险，但用它来研究中国农村社会，还存在一些与实际不相符合的地方。比如，资产风险中的土地资本，可能遭受土地制度不稳定带来的风险。我国的土地制度以社会主义土地公有制为基础和核心，政策具有长期连续性和稳定性，不具有风险。因此，笔者根据已有的研究，认为影响农户生计系统的风险，主要来自环境风险、经济风险、农户风险和社会风险。

（1）环境风险

环境风险来自于自然界，由不规则变化的自然现象所导致的农户生计活动的风险，或由于人类活动超出资源的承载能力引发的环境破坏，进而影响生计活动的可持续性。环境风险包括两个方面：自然灾害和资源环境的承载能力。

A. 自然灾害。根据《国家突发公共事件总体应急预案》，将自然灾害分为水旱灾害、气象灾害、地震灾害、地质灾害、海洋灾害、生物灾害和森林草原火灾七类灾害。近40年来，我国每年遭受的直接经济损失，约占国民生产总值的3%。自然风险主要包括地震、水灾、旱灾、风灾、泥石流、冰雹、海啸、冻雨、病虫害、各种瘟疫等自然现象。自然灾害的发生是不可控制的，有其形成的周期性，造成事故后果的共沾性。也就是说，自然灾害一旦发生，波及面往往很广，一定区域内的农户均受到同样的灾害。从图4-4可以直观地看出近20年来中国自然灾害的直接经济损失。2008年年初的冰冻灾害造成20个省市不同程度受灾，直接经济损失1111亿元，农作物受灾面积1.77亿亩，绝收2530亩，森林受损面积近2.6亿亩，房屋倒塌35.4万间（谷洪波和冯智灵，2009）。2011年1月中国新闻网报道，2010年全球共发生各类自然灾害950起，经济损失高达1300亿美元，九成自然灾害是由飓风、洪水等天气原因引发的。

我国是世界上自然灾害种类最多的国家，造成灾害类型复杂多样，灾害发

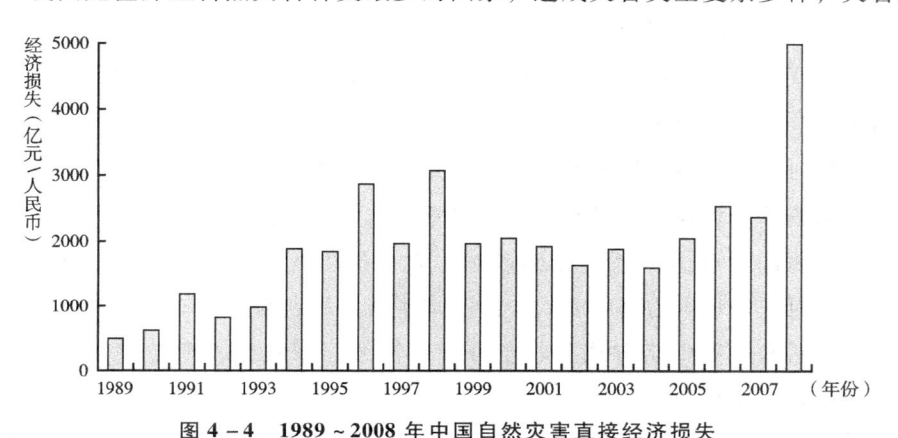

图4-4 1989~2008年中国自然灾害直接经济损失

生的范围广频率高影响面大。传统农业完全暴露在自然环境中，以上的各种自然灾害频发直接作用于农田，无法采取防护措施，对于从事农业生产的农户可能造成重大经济损失和人身伤害。据统计，我国每年农业自然灾害受灾面积6亿～7亿亩，减产30%以上的成灾面积约3亿亩，平均每年因灾死亡数万人，直接经济损失超过百亿元人民币。可见，自然灾害对农业生产的破坏力是相当大的。

B. 资源环境承载力。环境风险除了自然界本身的原因外，还有来自人类生计活动方面的因素。随着对自然界认识的加深和生产力的提高，农户的生产生活条件得到了改善。农户形成对科技的过度依赖和信任，只看到促进生产的正面效用，忽视了科技的副作用和未知问题。农村出现对自然资源无节制的开发利用和肆意改造行为，自然资源环境保护意识弱化。从某种程度上看，环境风险很大程度来源于人们风险意识的缺失和认知上的短期效益，以及生态伦理上的缺陷。

资源环境承载力，指在一定的时期和区域范围内，在维持区域资源结构符合持续发展需要和区域环境功能仍具有维持其稳态效应能力的条件下，区域资源环境系统所能承受人类各种社会经济活动的能力。资源环境的承载力是有限的，当人们的生计活动处于适当范围之内，生态系统保持相对平衡，资源环境可以通过自我调节和完善不断满足人们的需求。当人们生计活动超出资源环境的承载力，生态环境遭到破坏，生态系统将失去平衡，就会给人类和其他生物的生存和发展带来难以逆转的风险。这种潜在的风险，在自然和人为不利条件的作用下变为现实性灾难的概率越来越大。资源环境遭受破坏的程度越高，风险后果越严重，甚至是毁灭性的打击。

农户对资源环境的依赖性强。特别是欠发达地区的农户和山区农户，无论经营种植或养殖农业，还是在本地区经营非农产业，都离不开资源环境。当超出资源环境的承载力，环境受到破坏，农户的生计活动相应也会受到影响。如：土地对人口承载力影响着农户的基本生活需求；自然环境受到污染，影响农户的生活水平和生活方式及时空分布；耕地面积减少、水土流失、土地贫瘠、荒漠化、森林草场退化、动植物资源减少和沙尘暴等一系列自然界的连锁反应，打破生态平衡，生态环境随之恶化。要想恢复生态平衡，使其良性循环很困难，而且要付出十分昂贵的代价。资源环境的稀缺性，加剧了经济社会可持续发展的风险。人口、资源、环境是我国经济社会可持续发展的严重制约因素。我国农业环境目前面临大范围生态环境恶化和来自农业自身污染的双重威胁。化肥和农药的残留、农膜等不可降解塑料的使用，给土地资源带来相当大的威胁。每年约有1000万吨农膜等塑料残余物滞留在农村地区，土壤污染面积占总耕地面积的1/6。这种影响具有潜伏性、隐蔽性和长期性，任其发展必然带给农业生态系统长远的危害，通过食物链危及人畜健康（中国环境报，2005）。

（2）经济风险

农户生计面临的经济风险指因市场或国家经济政策、运行环境和供求变化的不确定性带来的风险。农业的生产对象是生命有机体，总是将自然再生产和经济再生产交织在一起（韩安庭，2009）。目前，农户主要面临的经济风险包括市场风险、宏观经济风险、技术风险等。

A. 市场风险。改革开放以来，随着社会主义市场经济的初步建立，我国经济迅速发展。但是，由于经济体制不健全，市场体系尚不完善，市场功能不能完全发挥作用。各地区的经济发展不平衡，呈现出东西部差距和城乡差异。农村市场体制发育不成熟，农户经受"市场失灵"和"政府失灵"的双重风险。在市场体制不完善的基础上，市场供求信息不对称，买和卖的问题突出。

市场经济处处存在风险。当农户选择生计策略时，信息不充分预期发生偏差导致经营风险；当农户购进生产资料时，买不到良种和化肥或生产资料价格变动，可能导致农户生产成本增加利润降低，即供应风险；当农户完成生产周期获得农产品，可能受供求关系影响产品的销售价格降低，销售渠道不畅通，面临卖出难的销售风险。基础性农产品的需求弹性较低，生产越多销售风险越大，给农户造成的损失越严重。

在经济全球化背景下，金融危机对我国经济造成了冲击，同样也带给农村经济负面影响。资金链的断裂，致使大量劳动密集型和中小企业、乡镇企业破产，就业岗位减少。本地兼业农民失业率高，外地农民工出现返乡潮。农户收入水平的下降，直接导致农村消费市场疲软，消费的降低又加剧了乡镇企业的困境，造成恶性循环。

B. 宏观经济风险。宏观经济环境是农村经济的大背景，农户生计系统是其中一个子系统，随大环境的变化而变化，主要受通货膨胀、GDP增长率、汇率等影响。

2007年以来，我国由通货紧缩转为通货膨胀。通货膨胀使单位货币的购买力下降，物价普遍上涨。通货膨胀对农户造成的影响有以下几方面。其一，政府对农村的实际投资额减少。从名义投资额来看，国家对农村的固定资产投资额逐年上升，在扣除通货膨胀的因素后，实际投资比重增长有限。其二，农户的实际购买力降低。当物价上涨时，每一单位货币能购买的物品和劳务都减少。农户的收入没有物价上涨的幅度高，造成农户实际购买力下降。其三，农户的资产贬值。通货膨胀也造成了农户财富和资产的贬值，主要指农户既有的金融资本和物质资本缩水。

从GDP的增长率来看，全国近几年来保持了8%以上的高增长速度，经济快速发展。农村居民人均纯收入增长明显，从1978年的133.6元增长到2009年的5176元，31年间增长了37.7倍。但城乡经济仍存在差距，农村居民收入的增长赶不上GDP的增长速度，处于经济劣势地位，存在收入风险。我国贫困发生率从1978年的31%下降到3.8%，扶贫工作取得了显著成绩。但我们的贫困线标准低于世界银行提出的人均1.25美元，存在大量的潜在贫困人口，贫困的影响不容忽视。

C. 技术风险。随着农业产业化的发展，农业对生产技术的要求提高，农

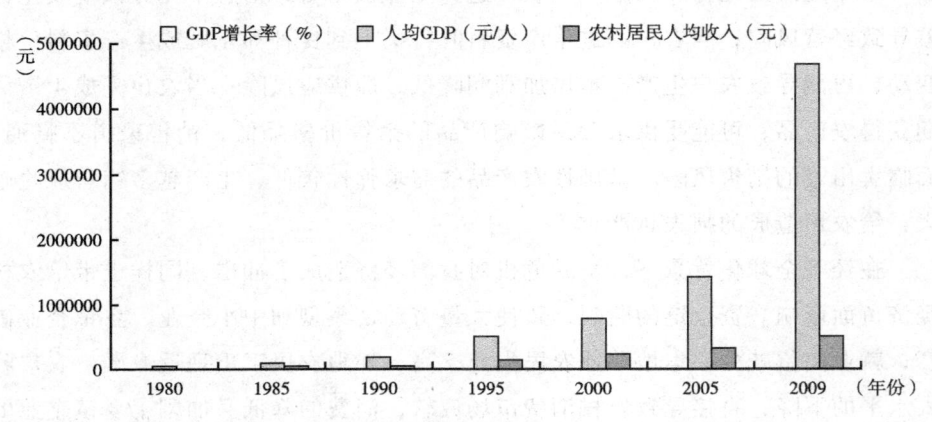

图 4-5 GDP 增长率及农村居民人均纯收入增长状况

资料来源：根据中国统计年鉴、农村统计年鉴整理。

民对科技的需求大幅增加。农业科学技术不高引起了农户收入不确定性和农业生产经营环节无组织性的风险。新产品的技术含量越高,使用的技术风险就越大。

每种新技术有相应的使用条件,如果在获取信息不全面、不完整的条件下选择与自身资源、环境、经营能力相适应的新技术,存在技术选择风险。还有些新技术的负面影响尚不清楚,在大量使用后,危害逐渐显露出来,农户始料不及。目前我国对农业科技的开发、应用、推广等方面的管理尚不完善,新技术、新产品的真假优劣难以辨别。一旦误用了假冒伪劣的技术或产品,将影响一至多季农业的产出和农户的收入。另外,高新技术需要农业从业者有较高的文化水平,否则即使采用了经济效益高的新技术,也可能因为使用者难以掌握或应用不当造成损失。

(3) 农户风险

事物的变化是内因和外因共同影响的结果,农户的生计风险也包括来自自身的因素。农户自身的风险主要来自于人力资本、农产品商品率、失业率等。

人力资本是农户生计资本中最重要的因素,它的价值在于能够更好地使用金融资本、自然资本、物质资本和社会资本。农户的人力资本包括健康、营养、教育、知识和技能、劳动能力等。农户因收入降低,引起营养摄入不足,进而产生健康隐患。疾病是农户生计安全的重大隐患,目前农户患大病的概率呈逐年上升趋势。据统计,35~65岁以上农户患大病比重达71%,"35~44岁""45~54岁""55~64岁""65岁以上"分组中,患大病的人数分别占22.8%、18.8%、15.5%、13.9%。其中,从事种植农业的农户大病发生率最高,占大病人数的46.2%;从事家务的无业农民,占大病人数的17.6%;从事商业、服务业、打工等兼业农户,占大病人数的6%左右。疾病风险是农户致贫的重要因素,对农户生计的影响是长远的。贫困农户在受到大病的冲击后,至少花费8年时间才能恢复到患病前的消费水平,将近10年时间才能达到患病前的生产经营投资水平(学习时报,2004)。

对于从事种植或养殖农业的农户来说,农产品商品率是农户自给性生产向商品经济转化的重要指标,直接影响着生计成果的获得。我国的农业基础地位还很薄弱,以家庭式单个农户分散经营为主,生产成本高且产量少,由于外销网络缺乏出现流通不畅和销售困难。农产品难以变现，或售出价格偏低，使农户收益没有达到最大化，有降低农户收入的风险。对于从事非农产业的兼业农户来说，主要收入来源于工资性收入。据中国社会科学院发布的报告，2009年官方统计中国农民工失业问题凸显（中国经济周刊，2009）。目前出口导向型企业和劳动密集型中小企业面临倒闭的风险大，减少了就业岗位，致使许多农民工失业返乡，结构性失业还将长期存在。同时，新增的就业岗位，提高了对农民工的知识、技能、观念等要求。受自身文化水平和培训经历的制约，农民工难以胜任高收入的岗位，大多从事基础性、低层次、低收入职业。农业的收入难以维持生活所需，兼业工资收入低，农户抗风险能力降低，由此产生生计风险。

(4) 社会风险

农户生计的社会风险，来自于社会制度的缺失或社会行为的失范，包括社会保障、失地风险、社会公平等方面。

受经济发展水平的制约，我国的社会保障制度特别是农村社会保障制度起步晚水平低，尚不完善。农村社会保障，为全体农村居民因老年、疾病、伤残失业或丧失劳动能力和生活困难时提供基本的生活保障和社会服务，是一张社会安全网。随着老龄化社会的到来，农村居民养老问题逐渐突出。农村中青年劳动力大量转移，在异地从事非农工作，农村中剩余老年人居多。计划生育政策的实施，使家庭向小型化发展，家庭的养老功能逐渐丧失。大量与儿女异地居住的老人和孤寡老人的生计、养老问题，只能由社会负担并提供保障和服务。除了养老问题，看病难也是农户面临的风险之一。农村地区的交通不便，医疗资源稀少，医疗保障不完善、医疗费用高都是农户看病难的重要原因。需要尽快健全农村社会保障制度，使农村居民享受到与城市居民同等的待遇和水平，解决农户的后顾之忧。

土地，是农户安身立命之本，是最基本的重要生产资料之一，也是农业的根基。土地承载着多重的社会保障功能，如生存保障、养老保障、失业保障、伤残保障等。失地农民是我国经济发展过程中因建设征用、占用农地而失去土地合法经营权的群体。虽然有对土地的征用补偿款，但是由于会因资金不到位或不足以补偿或因农户过度挥霍补偿金而回到原点，对农户生计产生重大影响。土地是农户安全的保障,一旦失去土地,农户就丧失了依附于土地中的财产权利,随之生活水平下降。如果就业形势严峻,缺乏资金、技能的农户就等于失业,生活陷入困境,未来没有保障。没有安全的保障,失地农民沦落于社会最底层,成为弱势群体。他们的心理预期和诉求无法得到伸张,面临不公平不公正待遇的风险,其中蕴含着极大的社会安全隐患。

4.3.3 农户生计风险的特点

农户生计系统面临着来自环境、经济、社会和自身的风险因素,这些风险具有复杂性、突发性、隐蔽性和传导性的特点。

(1) 复杂性

生计系统是一个复杂系统,它所面临的风险也具有复杂性。复杂性是指混沌性的局部与整体之间的非线性关系,是环境条件改变时不同行为模式之间的转换能力较弱的动态表现。这种复杂性不但体现在生计系统内部,还体现在系统与外部的联系和作用机制中。风险对农户生计系统的影响是多种多样千变万化的,同一种风险作用于不同的农户,发生的方式、强度、损失和农户的应对措施都是不同的。生计系统具有开放性、动态性和层次性,与外界的众多因素相互作用,呈非线性关系。这些难以理清的相互作用使生计系统作为一个整体产生了自发的自组织性,能够根据外界的变化,自我调整各组成要素,维持系统的良性循环和平衡。农户可以通过调整各自拥有的自然资本、金融资本、物质资本、人力资本和社会资本的数量和组合方式,或是采取多样性的生计策略寻求帮助,改变生活环境来应对风险。风险的发生是众多因素交织在一起共同作用的结果,风险造成的损失是不确定的,风险是否会发生和发生的严重程度以及发生的时间和地点都是不确定的。当损失或熵达到最大值,也就是复杂系统的混沌边界时,生计系统已达脆弱的临界点。"最后一根稻草"会使生计系统崩溃,农户可能一无所有,资产归零。因此,生计系统及其风险和风险的作用影响都具有复杂性。

(2) 突发性

我国已进入现代风险社会,风险社会的一个重要特点就是突发性。生计系统的系统性风险和细小风险的积聚,以外界某一事件的刺激为导火索,使风险在短时间内突然剧烈爆发。近几年来，突发性生计风险呈大幅上升的趋势，规模扩大数量升级。这种突发性的风险，具有发生时间短、波及面广、强度大、影响力强、冲击大、损失大等特点，主要受不可控制的自然界和农户自身以及政策的影响。它发生的时间短、能量大、问题复杂，需要农户及时采取措施防止风险的进一步扩大，如若补救措施采取不当，会适得其反增加损失。突发性风险常常伴随着灾难性，对农户生计系统造成极大的破坏和损失以及人员的伤亡。突发性风险经历了一个相对较长的形成过程，是风险积累的结果，由很多农户不在意不关注的风险一点点积攒起来，积累到一定程度而矛盾没有得到处理，就会以激烈的方式释放出来。所以，农户应增强风险防范的意识，防患于未然，把风险化解在萌芽状态。建立应急预案，及时解决可能发生风险的隐患，可以有效避免非自然力引起的突发性事件，将农户的损失降到最低。比如，保持生计资产的合理比例，采取多样性的投资策略分散风险。农户应建立家庭风险基金，储蓄现金或容易变现的资产，以应对突发性风险特别是重大疾病类人身风险。只有立足于发展和增强农户的生计安全能力，拥有足够抵御风险的资产，才能为解决突发性风险提供宽松的环境和回旋的余地。

（3）隐蔽性

风险的隐蔽性指事实上已经形成的潜在损失和风险。它并未直接表现出来或被农户感知，而是经过一个阶段的隐蔽才逐渐暴露出来，农户甚至不清楚细小的变化是从什么时候开始发生的。农户的生计风险具有隐蔽性，在很长一段时间风险不容易被察觉，而当风险变得清晰可辨时，损失已是不可避免了。风险的隐蔽性分为两类。一种隐蔽性风险来自于市场体制发育不成熟造成的信息不对称。农户的信息量小，获取信息的手段狭窄，造成农户接收信息慢、不准确、不及时，风险从中滋生不易被农户发觉。当农户做出生产或投资决策时，风险的隐蔽性使农户未能预见到风险的存在，就可能造成重大损失。另一种隐蔽性风险需要通过推动手段或事件触发才引起。这就是风险的不确定性，不确定农户会不会遭受损失，也不确定风险的大小以及发生的时间和状态。造成损失是有条件的，当促使风险发生的事件由可能变为现实，风险才从隐蔽状态凸现出来，成为风险事件。农户生计要素中，生计资产和农户的预期风险中的隐蔽性最大。生计资产中的金融资本、物质资本都有潜在贬值的风险。当农户预期某种农产品未来的销售价格会升高,他可能决定生产某种农产品,从生产到销售期间就隐藏着销售价格降低的风险。如果农户按照预期获得了相应的收入,这一风险就消失;反之,隐蔽性风险将被触发,给农户带来损失。

(4) 传导性

风险是一个动态的过程,在农户生计活动过程中产生和发展,并且具有很强的传导性,像多米诺骨牌效应。风险传导具有动态双向性,即风险传导农户既是传导者也是受险者。风险的传导性包括两种方式。第一,水平合作关系风险传导。合作的一方出现风险将导致合作伙伴可能出现同样的风险。它将影响整体竞争力和获利能力,并决定合作关系的稳定与否。第二,垂直供应链风险传导。供应链上的各个环节紧密相连,相互作用,彼此依赖。供给—生产—销售的整个生计过程,其中一个环节出现风险,就会同时传导给上游和下游的相关者,产生连锁反应,使整个供应链出现风险。它属于渐强式风险传导,早期的损失较小,后期发展速度快,损失强度大。风险的传导需要一定的介质,如以信息为载体的生计风险传导。信息是农户与外界交流交换的载体,接收信息和使用信息能够提高农户生计的水平和效率。现代社会中,信息已经成为一种生计资源,是竞争的重要组成部分。从竞争者处得来的单向信息,可能成为风险的传导载体。如在购买生产资料时,农户听从其他买家选择某种生产资料,一旦出现问题,都将遭受损失。农户生计风险通过他的社会关系网络,向外各个方向传播。离风险源越近,受到的风险越强,损失越大;风险传导的末端,离风险源越远,风险和损失就越小。

第五章 农户生计安全评价

对农户生计安全因素以及农户生计风险的分析是认识农户生计规律的基本要求。对农户生计安全的研究，还应对农户生计的安全状态做出客观的判断，以把握农户及区域的发展水平。对农户生计安全评价的研究，目前国内外学者大多停留在对农户生计资产的评估研究上。笔者尝试建立农户生计安全的综合评价体系，以期理论和实证研究的统一。

5.1 农户生计安全评价的思路

农户生计安全研究是认识区域可持续发展的基础，找到生计系统中阻碍可持续发展的因素并进行调整，才能实现家庭及区域的可持续发展。农村区域经济社会的发展是一个由农户组成的地区的社会、经济、环境相互作用、相互制约而构成的紧密联系的复杂系统。农户生计安全研究的目的是反映区域农户生存和发展状况，以及自身生计系统的脆弱点，为制定区域可持续发展战略提供理论基础。目前，迫切需要有一种能测量评估农户生计安全程度的体系，能指导发展思路、发展政策、规划决策、技术选择等方面的调整。

5.1.1 评价的基本思路

农户生计系统是一个不断变化、调整和适应的动态过程，由于人类需求的层次性不断提高，因此农户生计的目标不断变化。随社会发展对这一目标进行评估，首先要明确农户生计安全评价体系的含义，确定评价的主要原则，进而确定评价指标体系，在此基础上确定评估过程及评估的具体步骤。

第五章 农户生计安全评价

建立生计安全评价指标，对某社区或聚居于区域内的农户生计安全状况变化进行定量评价与动态分析，能够为同类型区域生态安全评价提供参考，也可为区域可持续生计发展战略的制定和生计安全管理提供科学依据。生计安全评价指标体系的建立，是提高农户生计水平的重要手段，可以监测区域内农户生计水平，便于及时救助贫困农户。

建立农户生计安全评价体系的主要目的是对广大农村地区农户生计状况进行评估。特别是在欠发达地区，对贫困的规模、分布、程度、影响以及发展变化趋势等进行定期监测，揭示其发展过程中的农户生计问题，分析各种结果的原因，评价农户生存和发展水平，引导农业与农村社会发展的各项政策的落实，为农村区域发展趋势的研究和反贫困战略的制定提供科学依据，是农村社会安全网不可缺少的组成部分。

建立农户生计安全评价体系基于以下思路。一是从农村发展的实际出发。实现欠发达地区的富裕和经济可持续发展是一个长期的、艰巨的历史任务，不能一蹴而就，必须因地制宜、分阶段有步骤地循序渐进发展。二是参考国家关于农村可持续发展和减贫的方针政策。三是综合利用国内现有研究成果。四是参考借鉴英国海外发展部（DFID）可持续生计分析框架、联合国开发计划署（UNDP）对可持续性生计的研究、CARE 的农户生计安全框架的标准和方法。五是评价体系具有可操作性和可信度，操作简单、反应灵敏，便于指导区域农村社会发展。

如图 5-1 所示，生计安全是围绕研究对象——农户所展开的一整套评价的理论和方法体系。在既定的环境背景下，农户生计系统不可避免受其影响。社会经济发展需要开发利用资源，形成生计安全的压力系统；保护管理是可持续发展的需要，必须采取有效措施保持生态系统的平衡，保护子孙后代的生存和发展需求，形成生计安全的响应系统。压力、响应和农户的可持续生计状态共同反映出生计安全水平，最后反馈于农户进行调控管理，以维持生计系统的可持续运行。健全家庭、村、乡、县、地区对应的微观、中观、宏观三层监测体系，才能完成生计安全度的测量、潜在贫困的规模与深度、区域性贫困与发展的评估这三大任务。

农户生计安全评价体系从结构上，采用压力－状态－响应（PSR：

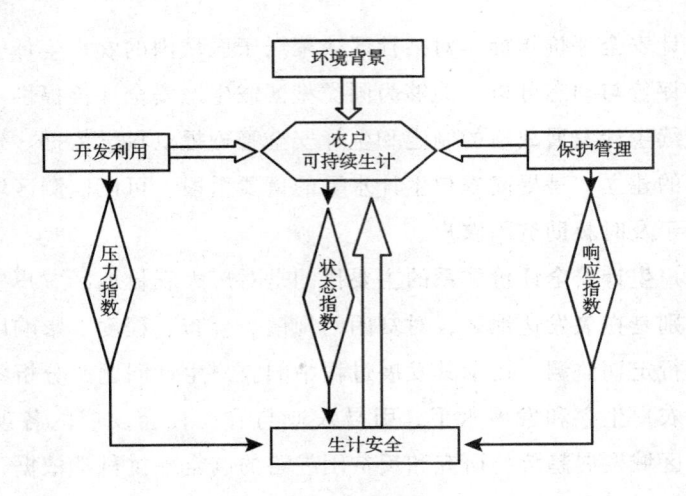

图 5-1 农户生计安全评价示意图

Pressure-State-Response）指标框架模型，从环境、社会、农户三个层面评价。（见图 5-2）

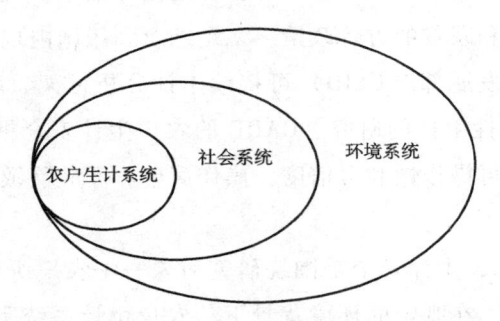

图 5-2 农户生计系统、社会系统、环境系统关系

环境，即自然环境。自然环境是农户生计活动的载体，农户的大量生计活动都得益并依赖于如土地、水、森林、矿藏等可再生或不可再生的自然资源，而自然灾害、环境恶化、资源枯竭等人为或非人为结果又可以反过来导致农民生计安全受到制约或破坏。

社会，主要指现时农户生活的非自身控制的宏观背景以及可以利用自身具备的引导力、制约力、行政手段、经济手段等对农户生计安全进行直接、间接干预的政府机构或民间组织。农户生计本身的脆弱性决定了其很容易受到如经济、政策、文化等宏观背景的影响，而社会力量也在救济保障的构建、自然环境的保护、可持续发展的方向等方面对农户的生计安全产生着重要影响。

农户，指以自然环境为载体、原住地为空间从事以农业为主、其他产业为辅的单一家庭经济共同体。农户往往在生计安全受到环境、社会等变化的影响时，利用自身的灵活性做出微观上的生计策略调整，进而又反过来作用于宏观的环境与社会。

获得安全的生计，农户需要具备维持最低生存的能力、保持生计可持续性的能力和抵御风险并传递给下一代的能力。生计系统是由若干相互联系、相互制约的子系统形成的复合系统，它是不断变化、调整和适应的动态过程。随着经济社会的发展，生计与资源环境系统互动构成了满足人们生存和发展所需的条件。生计安全系统由压力、状态和响应三个子系统组成。

5.1.2 评价的科学依据

农户生计安全评价与区域发展紧密联系，与我国国民经济和社会发展战略相适应。必须全面客观地反映地区发展水平，才能达到评价的目的。因此，农户生计安全评价指标体系的建立应遵循以下基本原则。

（1）以人为本

以人为本是科学发展观的本质和核心。胡锦涛同志在十六届三中全会上指出："坚持以人为本，就是要以实现人的发展为目标，从人民群众的根本利益出发谋发展、促发展，不断满足人民群众日益增长的物质文化需求，切实保障人民群众的经济、政治和文化利益，让发展的成果惠及全体人民。"由此可见，以人为本就是旗帜鲜明地提出尊重人性的基本规律，把人性规律当作我们一切制度安排和政策制定的根据和出发点，把人性当作我们治理社会的一切规范性价值的源泉。区域农户的发展更应该坚持这一原则。农村工作的出发点就是要把维护农民的利益放在第一位，都要从满足农民的全面需求、促进和实现农民的全面发展出发。另外，人民群众是发展的主体和根本保证，是发展的动力和源泉。在农村，任何方针、政策、路线如果不能充分调动农民的积极性、主动性和创造性，没有农民的拥护和支持，都不能取得真正的成效。

我国目前还处于社会主义初级阶段，生产力水平还较低，不能满足人民日益增长的物质精神需要。为了农业与农村社会的全面发展，首要任务就是努力促进农户的全面发展，实现农户生计安全和区域发展安全。

(2) 可持续发展

1987年世界环境发展委员会（WCED）首次提出可持续发展概念，获得国际社会的广泛共识。可持续发展，指既满足当代人的需求，又不损害后代人的利益，是人类的共同目标。改善和提高农户生计水平，使其获得可持续生计同样要遵循可持续发展的原则。农户生计安全的与可持续发展的目标是统一的，可持续发展是生计安全的前提，生计安全是可持续发展的物质基础。可持续发展的核心是发展，应在保护资源环境永续利用的条件下，实现农户利益的最大化。要实现区域可持续发展必须强调资源分配的公平性，坚持社会和经济共同发展，使自然资源得到合理有序开发利用。

目前，农户特别是贫困地区农户生计水平不高，还不能完全做到在资源环境可持续的基础上进行生计活动。生计安全研究的价值在于，引导农户在可持续发展框架下，既保护生态环境又能获得生计水平质和量的提升。因此，农户生计安全评价体系遵循可持续发展的原则，在生计系统运行不协调或破坏生态平衡时，起到预警作用。

(3) 资源—环境—生计系统良性循环

处理好生计、资源和环境三者之间的关系，以资源循环利用为基础，改善生态环境质量，从根本上转变生计策略，实现人与自然的和谐发展。农户的发展是资源—环境—生计系统良性循环的核心，也是解决三者间矛盾的关键因素。农村环境保护需要理顺利益机制，将农户生计活动和保护资源环境统一发展，互不冲突实现共赢。

农户生计的作用对象是资源环境系统。当生计活动超过资源和环境的承载力，生态系统平衡被打破，就违背了可持续发展的原则。同时，资源环境系统不平衡又反作用于农户生计，降低生计安全水平，使生计不可持续。所以，首先保证农户生计的安全和稳定发展，才能协调发展资源、环境、生计子系统。只有促使三者良性耦合，各子系统相互促进，才能实现人与自然的和谐统一，提升农村地区发展的整体水平，实现共同富裕。资源—环境—生计系统的发展还应与区域发展政策相结合，适应我国经济社会发展战略，与国家整体发展协调一致。要全面客观地反映出农户生计水平，及时纠正系统中偏离预期的不正常状态，剔除不安全因素，确保农户生计安全，达到有效管理的目的。

5.1.3 农户生计安全评价指标建立的原则

（1）完整性与动态性结合

农户生计系统与可持续发展概念具有深刻而丰富的内涵，要求指标体系具有完整的涵盖面。根据层次法确定的指标有目标层、准则层、指标层和指标权重，既有综合性指标又有单项要素指标，内容简单明了、准确，具有代表性。生计系统是一个不断变化发展的动态过程，选择的指标必须能够反映当地发展的变化和揭示内在发展规律，充分考虑动态变化的特点。

（2）系统性与层次性协调

生计安全系统是个开放的复杂系统，由不同层次、不同要素组成。各子系统、各层次和各要素之间有机地联系在一起。对生计系统的发展程度与发展状况进行评价，应在不同层次上采用不同的指标，即在不同层次上有不同的指标体系，这样有利于决策者在不同层次上对社区的发展进行调控。

（3）科学性与实用性兼顾

设计评价指标体系时，要有科学的理论作指导，使评价指标体系能够在基本逻辑结构上严谨合理，抓住被评价对象的实质，并具有针对性。定量评价指标要做到来源渠道可靠并容易获得，各项数据都要标准化、规范化。计算评价方法要简便易行，在能够基本保证评价结果的客观性、全面性条件下，指标尽可能简化，减少或去掉一些对评价结果影响甚微的指标。每个具体选择的指标能够充分反映待评区域农户生计安全的全面状况，具有时间和空间变化的敏感性，从而指导可持续发展政策的制定、调整和实施。

（4）可操作性强

生计安全评级指标体系的建立，要有实用性，便于操作和设计可持续生计发展项目，既要符合中国国情具有本国特色，又要参照国际惯例，与国际发展项目相结合，便于研究和资助。另外，评价指标体系还要具有可理解性，便于被调查群体理解，懂得每项指标的含义和要求，体现参与式评估的优越性。要让社区居民参与到项目中，了解他们的需求与困难，促进当地可持续发展。

5.2 农户生计安全评价体系构建

5.2.1 农户生计安全评价体系

遵循指标体系构建的思路和评价的基本原则，采用联合国经济开发署（OECD）建立的"压力-状态-响应"（PSR）指标框架模型，结合已有的研究并征求相关领域多位专家的意见，立足资源—环境—生计系统的良性耦合。主要从农户生计系统、社会系统、环境系统三个层面评价生计安全（如图5-3）。

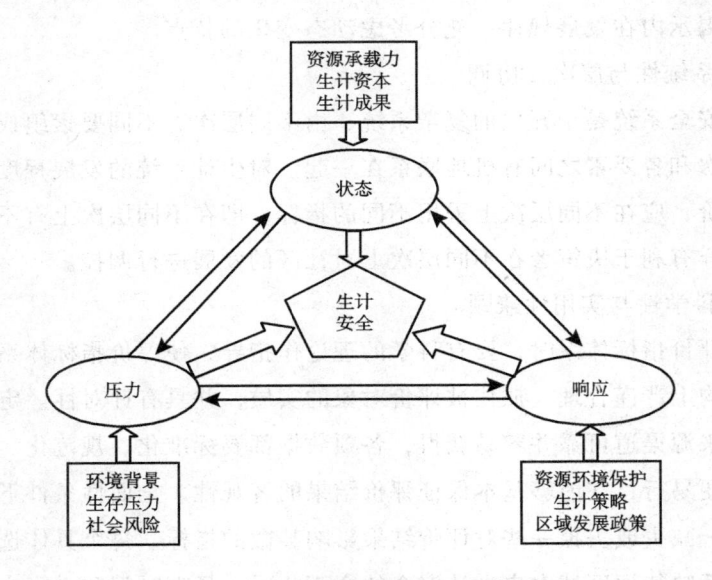

图 5-3 农户生计安全评价 PSR 模型框架

压力，指农户生存压力，是来自自然界、社会以及农户本身的固有不利因素或不能适应改变所造成的作用于农户生存目标的负效应。从农户角度，生存范围可以分成自身、社会和环境三个层次。压力也来自环境背景、农户生计压力和社会风险三个方面。环境背景，包括自然灾害、水土流失和土地荒漠化导致的损失。农户生存压力，主要是生产资料投入的增长、年龄结构和人口的压力。社会风险，包括贫困的范围、国民经济增长带来收入的相对降低和实际购买力的下降。

状态，指自然界、社会以及农户生计在相互作用后的一种进行性的相对平衡或不平衡结果。这种结果主要体现在资源承载力、农户生计资本以及农户生计成果三方面。其中资源承载力包含生态环境、土地、水、森林等自然资源对生产生活的承载力；农户生计资本包含农户现时固定资产、可支配资产、住房和粮食储备以及受教育年限等有形及无形资产；生计成果则因为区域的多样性而很难统计与对比，所以转化为可以准确量化的人均纯收入和家庭恩格尔系数。

响应，指由社会与农户有意识、有目标地针对压力以及不平衡状态所实施的利用和恢复响应的行动。在此，根据其对象不同，分别选取环境、政府和农户的响应，即资源环境保护、区域发展政策、农民生计策略三个方面。资源环境保护响应是评价资源和环境的利用与恢复的指标。区域内的投资、资源承载力的恢复直接反映了压力和状态能否被调节和改善，是否向积极健康的方向发展。因此，选取了环保的投资强度、生态足迹定量指标和农民对生存环境的满意度的定性指标。区域发展政策，包括对教育、农村固定资产的投资以及自然灾害和农村社会救济、农村医疗条件等社会保障与建设指标。农户生计策略包含了劳动力就业率和农产品商品率两个指标。

在指标的选取方面，笔者于2009年下半年组织调查人员，先后对陕西省商南县白浪镇白浪村、扶风县南阳镇韩家窑村、子洲县瓜则湾乡桑坪村和合阳县黑池镇黑池村的农户及村干部进行调研，并征询专家的意见。在问卷设计上，结合二级指标进一步细化候选的三级指标，采取农户、村干部、专家分别按其重要程度打分并最后取其较大平均分的办法确定三级指标。共发放问卷200份，回收189份，回收率达94%。其中农户167份，村干部12份，专家10份，最终确立了30项三级指标。在确定权重方面，通过参考已有研究和专家打分法确定权重。根据层次分析法，将农户生计安全评价指标体系分为目标层、准则层、要素层和指标层，构建农户生计安全评价指标体系。如表5-1所示。

（1）目标层（O）：是农户生计安全的总体目标，实现农户生计系统及区域经济健康发展，是指标体系的最高层次。

（2）准则层（A）：指目标实现的主要系统层次，包括压力子系统、状态子系统和响应子系统。

表 5-1 农户生计安全评价指标体系

目标层(O)	准则层(A)	要素层(B)	指标层(C)
农户生计安全评价体系	压力	B1 环境背景	C1 自然灾害成灾面积
			C2 水土流失率
			C3 荒漠化率
		B2 农户生存压力	C4 农业生产资料价格指数
			C5 老龄化率
			C6 人口密度
		B3 社会风险	C7 贫困发生率
			C8 GDP 年增长率
			C9 通货膨胀率
	状态	B4 资源承载能力	C10 生态承载力
			C11 人均水资源量
			C12 人均耕地面积
			C13 森林覆盖率
		B5 农户生计资产	C14 人均储蓄存款余额
			C15 家庭固定资产投资额
			C16 人均住房面积
			C17 人均粮食产量
			C18 劳动力人均受教育年限
		B6 农户生计成果	C19 家庭人均纯收入
			C20 家庭恩格尔系数
	响应	B7 资源环境保护	C21 环保投资强度
			C22 生态足迹
			C23 农民对生存环境状态的满意度
		B8 区域发展政策	C24 教育投资强度
			C25 农村固定资产投资
			C26 自然灾害救济
			C27 农村社会救济
			C28 每万人有医院床位
		B9 农户生计策略	C29 劳动力就业率
			C30 农产品商品率

(3) 要素层 (B): 是准则层的次要层次, 由环境背景、农户生存压力、社会风险、资源承载能力、农户生计资产、农户生计成果、资源环境保护、区域发展政策、农户生计策略九个基本要素组成其子系统, 每个要素包括若干具体指标。

(4) 指标层（C）：是评价指标体系最基本的层次，包括农户生计安全评价的 30 个具体指标，这些指标都是评价的直接可度量因子。

5.2.2 指标描述

指标层指标的具体说明如下。

（1）压力指标

C1 自然灾害成灾面积（千公顷）：指因洪水、冰雹、干旱、冰冻、台风等灾害给农业带来损失的耕地面积。

C2 水土流失率（%）：通常指某个区域范围的某时段内，水土流失面积与区域土地总面积之比。水土流失率越高，环境背景的压力越大。

C3 荒漠化率（%）：通常指某个区域范围的某时段内的荒漠化土地面积与区域土地总面积之比。荒漠化是土地环境问题，是土地生产潜力衰退与破坏的退化过程。

C4 农业生产资料价格指数（a）：反映一定时期内农业生产资料价格变动趋势和程度。具体包括小农具、饲料、幼禽家畜、半机械化农具、化学肥料、农药及农药器械、农用用油八大类。权数资料来源于供销合作社等部门的销售统计资料和农村住户调查资料中的农业生产资料购买数量和金额。计算公式是它们的加权算术平均。

C5 老龄化率（%）：用 65 岁以上老年人口增长率与总人口增长率之比来表示，借以对比观测老年人口在总人口中的发展速度。老龄化率增加了农户的生存压力。

C6 人口密度（人/km^2）：指单位面积土地上居住的人口数。是反映某一地区范围内人口疏密程度的指标。人口密度等于区域内常住人口数与区域总面积的百分比。

C7 贫困发生率（%）：指收入水平低于贫困线的人口数量占总人口数量的比例。它反映了贫困发生的广度，是使用最广泛的贫困指标。贫困发生率高，社会风险增加。

C8 GDP 年增长率（%）：是宏观经济的重要观测指标，计算公式为：[（本期 GDP－上期 GDP）/上期 GDP]×100%。

C9 通货膨胀率（%）：目前世界各国基本上均用消费者价格指数（我国称居民消费价格指数）即 CPI 来反映通货膨胀的程度。通货膨胀率 =［(本期价格指数 - 上期价格指数)/上期价格指数］×100%。

C10 生态承载力（a）：此概念最早来自于生态学。1921 年，Park 和 Burgess 在人类生态学领域中首次应用了生态承载力的概念，即在某一特定环境条件下（主要指生存空间、营养物质、阳光等生态因子的组合），某种个体存在数量的最高极限。其计算公式是：$Ec = e/p1$（Ec 为人均生态承载力，e 为可更新和不可更新资源的人均太阳能值，$p1$ 为全球平均能值密度）

（2）状态指标

C11 人均水资源量（立方米/人）：指某区域范围的某时段内，水资源总量与总人口数之比，可以直观反映出区域人口生产、生活用水的安全程度。人均水资源量越少，系统的状态越不稳定。

C12 人均耕地面积（公顷/人）：指某区域范围内，种植农作物面积总和与总人口数之比。耕地，包括熟地、当年新开荒地、连续撂荒未满 3 年的耕地和当年的休闲地（轮歇地），还包括以种植农作物为主并附带种植桑树、茶树、果树和其他林木的土地。不包括属于专业性的桑园、茶园、果园、果木苗圃、林地、芦苇地、天然或人工草地的面积。人均耕地面积越少，资源承载能力越弱。

C13 森林覆盖率（%）：指某区域范围的某时段内，林地面积占土地总面积的百分比，反映了区域森林资源的丰富程度及绿化程度。森林覆盖率提高，能增强资源承载能力。

C14 人均储蓄存款余额（元）：指年末平均每人人民币储蓄存款余额。

C15 家庭固定资产投资额（亿元）：指某区域范围的某时段内，所有农户家庭建造和购置固定资产活动的货币总量。

C16 人均住房面积（平方米/人）：指某区域范围的某时段内，可用于居住的住房面积总和与常住人口总和之比。

C17 人均粮食产量（公斤/人）：指某区域范围的某时段内，粮食产品总量与农业人口总和之比。

C18 劳动力人均受教育年限（a）：指某区域范围某时段内，有劳动能力的人口接受学历教育（包括普通教育和成人学历教育，不包括各种非学历培训）的年限总和的平均数。普通教育包括：普通小学、初中、高中、职业初中、职业高中、中等专业学校、技工学校、大学专科、大学本科、硕士、博士。计算公式：人均受教育年限=（有劳动能力人群每个人的受教育年限之和/其人群总数）×100%

C19 家庭人均纯收入（元）：指家庭纯收入/家庭常住人口。农民家庭纯收入是指农村居民家庭总收入中，扣除从事生产和非生产经营费用支出、缴纳税款和上交承包集体任务金额以后剩余的可直接用于生产性、非生产性建设投资、生活消费和储蓄的那一部分收入。它包括工资性收入、家庭经营收入、财产性收入和转移性收入四个部分。

C20 恩格尔系数（a）：指食品消费支出占生活消费总支出的比重，恩格尔系数越小，表示生活质量越高。根据国际经验，恩格尔系数0.6以上为贫困，0.5~0.6为温饱，0.4~0.5为小康，0.3~0.4为富裕，0.3以下为最富裕。0.4为小康目标值。

（3）响应指标

C21 环保投资强度（%）：用于环境保护的投资总额与财政投资总额之比，是衡量区域环境保护工作力度的重要指标。

C22 生态足迹：指某区域范围的某时段内，人群按照某一种生活方式所消费的自然生态系统提供的各种商品和服务功能，以及在这一过程中所产生的废弃物需要环境（生态系统）吸纳，并以生物生产性土地（或水域）面积来表示的一种可操作的定量方法。

C23 农民对生存环境状态的满意度：表示农民对资源环境的响应，在某区域范围内使用调查问卷得出的统计值。共划分为五个层次：很满意、满意、一般、不太满意、很不满意。

C24 教育投资强度（%）：是全年教育投资总额占全年总投资额的百分比。教育投资强度越大，居民知识水平升高，社会响应支持度越高。

C25 农村固定资产投资（亿元）：以货币表现的农村建造和购置固定资产活动的投资量，是反映固定资产投资规模的综合性指标。

C26 自然灾害救济（万元）：国家预算用于因自然灾害产生损失的补助费用。

C27 农村社会救济（万元）：国家预算用于抚恤和社会福利救济的费用。

C28 每万人有医院床位（个）：指某区域范围的某时段内，所有医院病床数与总人口数之比乘以10000。反映社会区域发展政策的响应，床位越多，社会支持越强。

C29 劳动力就业率（%）：指农村劳动力就业者与总劳动力人口的比率。

C30 农产品商品率（%）：指某区域范围的某时段内，农产品总量中商品量所占比重。计算公式为农产品商品量与农产品总量的百分比。

5.2.3 指标权重及评价标准的选取

（1）构造判断矩阵

为了明确各指标层之间的关系，对每一层中各因素的相对重要性作出判断比较，并通过引入合适的标度进行定量化，从而形成判断矩阵。它表示上一层中的某一因素与本层次因素之间的相对重要性比较。B 层中的 B_X 因素与 C_1，C_2，…，C_n 的比较，其一般形式如表 5-2 所示。

表 5-2 构造判断矩阵

B_X	C_1	C_2	…	C_n
C_1	C_{11}	C_{12}	…	C_{1n}
C_2	C_{21}	C_{22}	…	C_{2n}
…	…	…	…	…
C_n	C_{n1}	C_{n2}	…	C_{nn}

分别构造出目标层、准则层、要素层和指标层的判断矩阵 $X_i = (x_{ij})_{n \times n}$。为了使判断定量化，引用 Seaty 提出的标度方法（2001）。见表 5-3。

表 5-3 判断矩阵标度及其含义

x_{ij} 的标度值	含义
1	表示因素 Ui 与 Uj 比较，具有同等的重要性
3	表示因素 Ui 与 Uj 比较，Ui 与 Uj 稍微的重要
5	表示因素 Ui 与 Uj 比较，Ui 与 Uj 明显的重要
7	表示因素 Ui 与 Uj 比较，Ui 与 Uj 强烈的重要
9	表示因素 Ui 与 Uj 比较，Ui 与 Uj 极端的重要
2、4、6、8	表示相邻判断 1~3、3~5、5~7、7~9 之间的中值
倒数	表示 Ui 与 Uj 比较得判断 Uij，则 Uj 与 Ui 比较得判断 Uji = 1/Uij

（2）排序及一致性检验

根据某层次的某些因素对上一层某因素的判断矩阵，计算该判断矩阵的最大特征值及特征向量，公式为：$M_i = \frac{1}{n}\sum_{j=1}^{n} x_{ij}$ （$i = 1, 2, \cdots, n$）。然后将 M_i 归一化得元素 B_i 的权重 w_i，公式为：$w_i = \frac{M_i}{\sum_{i=1}^{n} M_i}$，则相应的权向量为 W = $(W_1, W_2, \cdots, W_n)^T$。

上述权向量是否合理，还要进行一致性检验，计算判断矩阵的最大特征根 $\lambda_{max} = \sum_{i=1}^{n} \frac{(BW)_i}{nw_i}$，其中（BW）$_i$ 表示向量 BW 的第 i 个元素。再计算一致性指标：$CI = \frac{\lambda_{max} - n}{n - 1}$。

平均随机一致性指标 RI 与判断短阵阶数的关系如表 5-4 所示。

表 5-4　平均随机一致性指标 RI 与判断矩阵阶数的关系

n	1	2	3	4	5	6	7	8	9	10
RI	0.00	0.00	0.58	0.90	1.12	1.24	1.32	1.41	1.45	1.49

一般认为 $CI = 0$ 表示矩阵满足完全一致性；当 $CI \neq 0$，且满足 $CR = \frac{CI}{RI} \leq 0.1$ 时，认为判断矩阵具有满意的一致性；否则需要重新调整判断矩阵的标度值，直到具有满意的一致性为止。

（3）权重的确定

权重的确定使用了层次分析法，它可以同时进行定性和定量分析，适用于多目标综合评价。笔者将生计安全系统分解成目标层、准则层、要素层和指标层，征求相关领域多位专家的意见并对权重进行打分。得到各个子系统及其内部指标两两对比的判断矩阵 m_{ij}（$i = j = 1, 2, \cdots, n$）。采用 Matlab 软件构造判断矩阵并确定标度，经过层次单排序和总排序及一致性检验最后得到权重值（见表 5-5，演算过程略）。

表 5-5　农户生计安全评价指标体系

目标层(O)	准则层(A)	要素层(B)	指标层(C)	指标权重(W)
农户生计安全评价体系	压力(0.3949)	B1 环境背景(0.1507)	C1 自然灾害成灾面积(千公顷)	0.0683
			C2 水土流失率(%)	0.0391
			C3 荒漠化率(%)	0.0433
		B2 生存压力(0.1459)	C4 农业生产资料价格指数(a)	0.0583
			C5 老龄化率(%)	0.0451
			C6 人口密度(%)	0.0425
		B3 社会风险(0.0985)	C7 贫困发生率(%)	0.0375
			C8 GDP年增长率(%)	0.0250
			C9 通货膨胀率(%)	0.0360
	状态(0.3474)	B4 资源承载能力(0.1181)	C10 生态承载力(a)	0.0314
			C11 人均水资源量(立方米/人)	0.0289
			C12 人均耕地面积(公顷/人)	0.0352
			C13 森林覆盖率(%)	0.0226
		B5 生计资本(0.1060)	C14 人均储蓄存款余额(亿元)	0.0234
			C15 农户固定资产投资额(万元)	0.0185
			C16 人均住房面积(平方米/人)	0.0123
			C17 人均粮食产量(公斤/人)	0.0284
			C18 劳动力人均受教育年限(年)	0.0234
		B6 生计成果(0.1232)	C19 人均纯收入(元/人)	0.0709
			C20 家庭恩格尔系数	0.0523
	响应(0.2577)	B7 资源环境保护(0.0613)	C21 环保投资强度	0.0217
			C22 生态足迹(a)	0.0192
			C23 农民对生存环境状态的满意度	0.0204
		B8 区域发展政策(0.1026)	C24 教育投资强度(%)	0.0213
			C25 农村固定资产投资(万元)	0.0213
			C26 自然灾害救济(万元)	0.0245
			C27 农村社会救济(万元)	0.0195
			C28 每万人有医院床位(张)	0.0160
		B9 生计策略(0.0937)	C29 劳动力就业率(%)	0.0446
			C30 农产品商品率(%)	0.0491

第五章 农户生计安全评价

（4）标准值的确定

用 a_{ij} 表示第 j 个评价对象的第 i 个评价指标的特征量，对系统的 m 个评价对象及 n 个评价指标构成特征向量 $X = [a_{ij}] \ m \cdot n$。利用下面两类函数，将 a_{ij} 分别代入 $\mu_{(x)}$ 得到各指标的隶属度。其中指标层的第 8、10、11、12、13、14、15、16、17、18、19、20、21、23、24、25、26、27、28、29、30 指标为升半梯形标准化类型，第 1、2、3、4、5、6、7、9、22 指标为降半梯形指标。

$$\text{升半梯形函数为：} \mu(x) = \begin{cases} 0 & [x \leqslant \inf(x)] \\ \dfrac{x - \inf(x)}{\sup(x) - \inf(x)} & [\inf(x) < x \leqslant \sup(x)] \\ 1 & [x > \sup(x)] \end{cases}$$

$$\text{降半梯形函数为：} \mu(x) = \begin{cases} 0 & [x > \sup(x)] \\ \dfrac{\sup(x) - x}{\sup(x) - \inf(x)} & [\inf(x) < x \leqslant \sup(x)] \\ 1 & [x \leqslant \inf(x)] \end{cases}$$

上式中 X 为实际值，$\sup(x)$ 为上限，$\inf(x)$ 为下限，即基准值和理想值。基准值和理想值是评价指标的标准值。基准值是评价指标对于特定时间上一定范围内总体水平的参照值，理想值是在某一时段内预计将要达到的值或理论上的最优值（蔡常丰，1995）。基准值的确定依据陕西省的自然条件和社会经济情况、典型调查资料、专家咨询和专项研究资料、某些指标的计算和推导。理想值的确定依据，一是客观标准。指指标本身在理想条件下所能达到的最高或最低值。二是社会规范标准。依据国家和现已明确制定规划的目标。三是人为标准。根据人们的实践经验人为确定的标准。

生计安全平均指标标准值如表 5-6 所示。

表 5-6　生计安全平均指标标准值

指标	安全趋向性	基准值	理想值	指标	安全趋向性	基准值	理想值
C1	-	2500	100	C16	+	10	30
C2	-	75	50	C17	+	100	450
C3	-	0.45	0.15	C18	+	1	15
C4	-	90	110	C19	+	300	4000
C5	-	10	5	C20	+	60	25
C6	-	50	200	C21	+	0.005	0.035

续表

指标	安全趋向性	基准值	理想值	指标	安全趋向性	基准值	理想值
C7	-	15	1	C22	-	1.5	0.3
C8	+	1	15	C23	+	1	5
C9	-	9	3	C24	+	7.5	25
C10	+	0.2	1.0	C25	+	60	200
C11	+	500	10000	C26	+	3240	50000
C12	+	0.013	0.2	C27	+	344	100000
C13	+	10	45	C28	+	15	100
C14	+	1000	10000	C29	+	40	95
C15	+	10	2000	C30	+	20	85

（5）数据标准化处理

表中大部分为定量数据，也有定性指标，如农民对生存环境状态的满意度，是语言评级的等级。分为很满意、满意、一般、不太满意、很不满意五个等级。在做某一区域具体评价时，为了消除不同量纲带来的不可比性，将其分别赋值为 5、4、3、2、1；并且对指标进行无量纲处理，使不同类型的指标数据具有可比性。笔者结合实际情况，采用德菲尔法对各级评价指标进行分级，建立模糊隶属函数，根据指标的性质，采用降半梯形和升半梯形对评价指标进行归一化处理，使所有指标介于 [0，1] 之间。计算所得的具体数值越接近1，则越接近理想值，表明农户生计趋向安全；反之，越接近0，则越接近基准值，表明农户生计趋向不安全。

5.3 农户生计安全评价的效度验证

为了检验和校正农户生计安全评价指标体系的科学性，本研究选取陕西省1993年、1998年、2003年、2008年农户样本资料，进行量化评价，以期做一效度的验证。

5.3.1 调查区域基本情况

（1）自然地理环境状况

陕西省地处西部黄河中游地区，是农业大省。位于东经 105°29′~111°15′

和北纬32°42′～39°35′之间。东隔黄河与山西相望，西连甘肃、宁夏，北临内蒙古，南连四川、重庆，东南与河南、湖北接壤；包括西安、铜川、宝鸡等10个市和杨凌示范区。全省总面积为20.58万平方公里，占全国土地面积的2.1%。其中耕地面积为41540000hm，林地面积为102030000hm，草地面积为31340000hm，其他农用地3030000hm。

全省地域南北跨度大，地貌类型复杂多样。总体呈南北高、中间低的特征。秦岭西部的太白山最高，海拔3767米，秦岭以南的白河县最低，海拔190米。北部为深厚黄土层覆盖的陕北高原，一般海拔800～1500米，面积为9.3万平方公里，约占全省面积的45%；南部为构造上升运动强烈的陕南山地，一般海拔1000～3000米，面积为7.4万平方公里，约占全省面积的36%；中部是由河流冲积和黄土沉积为主形成的关中盆地，一般海拔325～800米，面积为3.89万平方公里，约占全省面积的19%。陕西省土地资源复杂多样，适宜于全面发展农业生产，实行综合开发。土地利用现状不尽合理，需要进行适当调整。

全省土地按地形分，其中，山地总面积为74100平方公里，占全省土地总面积的36%；高原总面积为92600平方公里，占全省土地总面积的45%；平原总面积为39100平方公里，占全省土地总面积的19%。陕西省地势的总体特征是南北高中间低，由西向东逐渐倾斜的特点也很明显。北山和秦岭将陕西省分为陕北高原、关中平原和陕南秦巴山地三大自然区域。

陕北黄土高原呈西北高、东南低的地势特点。北部为风沙区，南部为丘陵沟壑区，年降水量400～600毫米，总面积达92500平方公里，海拔800～1300米，约占全省总面积的45%。陕北黄土高原中较大的河流分别是黄河和渭河的支流，各大河及其主要支流的中上游地段，由于长期冲刷常常会形成较宽的川地。经过短短五十年的建设，陕北防护林体系、生态农业模式、沙漠绿洲等环境保护工程都取得了显著的成绩。陕北的牛羊等畜牧业较为发达，并且煤炭、石油、天然气的储量十分丰富。

关中平原区域介于陕北高原与秦岭山地之间，西起宝鸡东至潼关，年降水量500～700毫米，平均海拔为520米，东西跨度360公里，面积约占全省土地总面积的19%。关中平原是由河流冲击和黄土堆积形成的，属暖温带半干旱气候，地势平坦，土质肥沃，水源丰富，交通发达，物产多样，粮油产量和国民生产总值约占全省的2/3，是陕西经济最发达的地区。

陕南秦巴山地主要包括秦岭、巴山和汉江谷地三部分，约占全省土地总面积的36%，年降水量700~900毫米。秦岭在陕西省境内东西长400~500千米，南北宽约300千米，海拔1500~3000米，有许多海拔3000米以上的高峰，以太白山为主峰分为三支，构成了秦岭山地的复杂地形。秦巴山区是林特产品的资源宝库，水利资源丰富，汉江谷地土质肥沃，物产丰富，是陕西省水稻和油菜的主要农产区。

（2）农户基本情况

2009年年末，陕西省常住人口为3772万人，比2008年年末增加了10万人，增长0.27%；出生的总人口为38.63万人，出生率达10.24‰；死亡人口为23.54万人，死亡率达6.24‰；自然增长率为4.00‰。受15~49岁育龄妇女结构、2008年年初婚妇女人数、社会风俗、青壮年人口的流动和个人喜好等因素影响，2009年陕西省人口的出生率比2008年略有下降。同时伴随全省老龄人口比重的增大，死亡率略有上升。两因素综合影响的结果，使自然增长率较2008年减少了0.08个千分点，是2005年来的最低水平。

改革开放以来，陕西省农村居民人均纯收入由1980年的142.49元增加到2009年的3437.55元，增长23.1倍，年平均增长率为11.6%。在收入增加的基础上，人均生活费用支出也发生了显著变化，由1980年的139.23元增加到2009年的3349.17元，相应增长了23.1倍，年平均增长率为11.6%。陕西农村居民收入水平在全国处于较低水平，进一步增加农民收入，扩大农村居民消费，是陕西省实现全面发展的重点和难点。

由图5-4可以看出，陕西省农民人均纯收入和消费支出总体呈上升趋势，消费支出曲线总是紧紧跟随纯收入曲线的上升而上升。1994~1997年增长速度加快，随后纯收入增长趋于平稳，消费支出曲线反而有所下行；从2002年开始至今两者又进入高速增长期。

农村居民纯收入按来源分为家庭经营收入、工资性收入、财产性收入和转移性收入四部分，主要用于再生产投入和当年生活消费支出，也可用于储蓄和

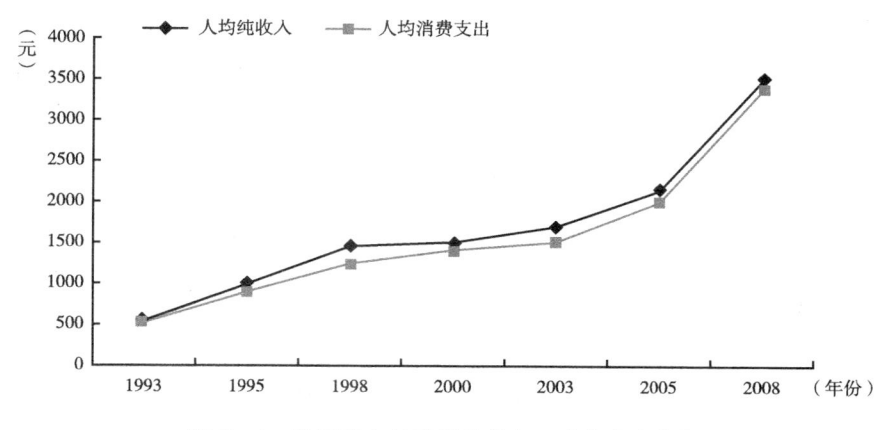

图 5-4　陕西省农村居民纯收入、消费支出变化

各种非义务性支出。它是农民经济活动过程的体现，是农民收入增长的实现途径。各项收入的变化见图 5-5。

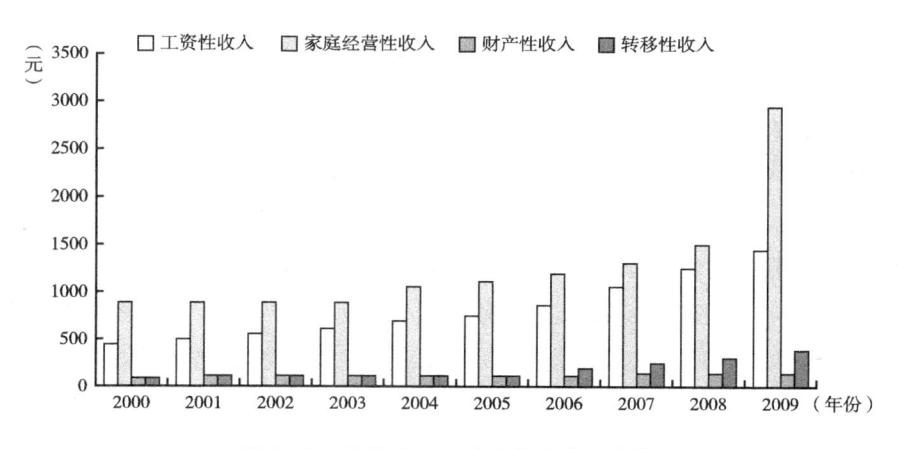

图 5-5　陕西省农村居民分项收入变化

家庭经营性收入和工资性收入是农民人均纯收入的主要来源。工资性收入和家庭经营性收入在 2009 年之前一直保持缓慢平稳增长，曲线较为平滑，财产性收入和转移性收入呈现波浪式前行状态，起伏较大。经测算，1990 年陕西省农村居民纯收入中工资性收入和家庭经营性收入所占比重分别为 16.61% 和 78.09%，2009 年变为 41.55% 和 45.68%，20 年间两项收入平均增速分别

为15.79%和7.27%。

农村居民生活费用支出分为食品、衣着、居住、家庭设备用品、交通和通信、文教娱乐、医疗保健、其他商品和服务八项支出。各项主要消费支出的变化见图5-6。

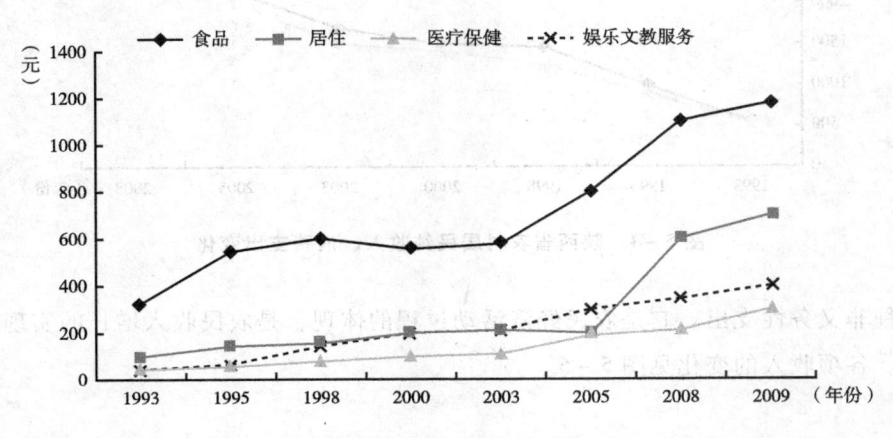

图5-6 陕西省农村居民历年主要消费支出变化

陕西省农村居民生活消费中，用于"食品、居住、文娱教育、医疗保健"的支出是农村居民生活消费支出的主要方面，食品消费明显高于其他几项，其次是居住、文娱教育和医疗保健支出。陕西省农村居民生活消费支出变化的主要特征，一是农村消费水平稳步提高。农村居民消费支出由1980年的139.23元增加到2009年的3349.17元，平均年增长率为11.59%。二是消费结构发生显著变化。1982年农村居民食品、衣着、居住、文教服务消费比重依次为62.8%、12.2%、6.0%、1.9%。2009年的八大类消费支出比重，依次为食品35.09%、衣着6.21%、居住20.82%、家庭设备用品5.85%、交通和通信8.97%、文教娱乐11.36%、医疗保健9.83%、其他1.87%。三是消费质量极大改善。恩格尔系数从1982年的62.8下降至2009年的35.1，住房面积由1982年的人均8.6平方米增加到2009年的30.4平方米。

（3）经济社会发展情况

2010年陕西省经济延续了2009年以来复苏向好的势头，社会经济发展取得了辉煌的成就。初步测算，2010年全省经济总量破万亿元大关，达

10021.53 亿元，增长 14.5%，比上年加快 0.9 个百分点，连续 9 年保持两位数增长。其中，第一产业增加值 988.45 亿元，增长 5.8%；第二产业增加值 543.53 亿元，增长 18%；第三产业增加值 3629.55 亿元，增长 11.7%。

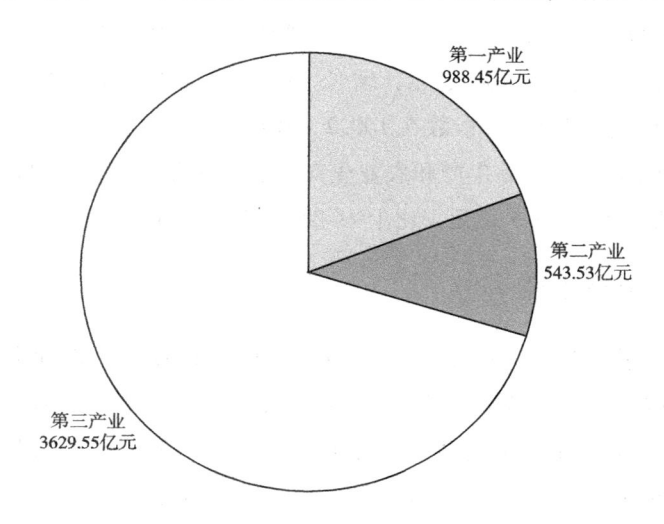

图 5-7　2010 年陕西省三大产业分布

2009 年，陕西省夏粮虽然遭受了冬春连旱，粮食生产依然取得了好收成，已连续六年突破 1000 万吨；油料作物总产量为 54.4 万吨，比上年增长 9.9%；蔬菜总产量为 1275.6 万吨，较上一年增长 17.8%。畜牧业平稳增长。据陕西省统计局调查，2009 年年底，全省生猪存栏约 1196 万头，比 2008 年增长 19.8%；奶牛存栏约 62 万头，比上年增长 17.9%；羊存栏 942 万只，比上年增长 24.5%；家禽存栏约 6495 万只，比上年增长 18.0%。肉类产量 134 万吨，奶类产量 223.2 万吨，禽蛋产量 55.1 万吨，分别增长 20.1%、12.9% 和 14.9%。果业生产稳步发展。全省水果总产量 1150.5 万吨，增长 7.8%；其中，苹果产量 805.2 万吨，增长 8%。受国际金融危机及资源类产品价格波动的影响，年初全省工业急速下滑，在省委省政府保增长措施的作用下，增长速度逐月回升。2009 年，全省规模以上工业实现增加值 3288.24 亿元，增长 14.8%；在工业企业实现的总产值中，能源化工工业为 3750.79 亿元，比上年增长 4.2%；装备制造业为 1939.23 亿元，增长 21.7%；有色冶金业为 935.36

亿元，增长19.7%；非金属矿物制品业为301.16亿元，增长48.7%；医药制造业为216.95亿元，增长25.5%；纺织服装工业为108.38亿元，增长12.4%；通信设备、计算机及其他电子设备制造业为174.57亿元，比上年下降9.4%。2009年，陕西省共实现社会消费品零售总额达2699.67亿元，增长19.7%；其中，城市约1802亿元，增长19.8%；县及县以下约897亿元，增长19.4%。居民消费价格总指数在100.2~101.3之间波动，居民消费价格比上年平均上涨0.5%，农产品生产和农业生产资料的价格均下降4.2%。2009年陕西省财政总收入为1389.5亿元，比上一年增加285亿元，增长25.8%。

5.3.2 数据来源

本章时间序列选取陕西省1992~2009年的统计数据，指标数据资料主要来源于《中国农村住户调查年鉴》《中国统计年鉴》《中国农业年鉴》《陕西统计年鉴》《中国农村统计年鉴》和陕西省统计局、陕西统计公报、中国经济信息网络等的数据，以及笔者根据实地调查数据综合测算所得。

笔者分别选取陕西省陕南地区商南县白浪镇白浪村、陕北地区子洲县瓜则湾乡桑坪村和关中地区扶风县南阳镇韩家窑村的农户及村干部进行调研，并征询专家的意见。在问卷设计上，结合二级指标进一步细化候选的三级指标，采取农户、村干部、专家按其重要程度分别打分并最后取其较大平均分的办法确定三级指标。共发放问卷200份，回收189份，回收率达94%。其中，农户167份，村干部12份，专家10份，最终确立了30项三级指标。

5.3.3 评价结果

（1）数据归一化

本文结合实际情况，采用德菲尔法对各级评价指标进行分级。建立模糊隶属函数，根据指标的性质，采用降半梯形和升半梯形对评价指标进行归一化处理，使所有指标介于［0，1］之间。计算所得的具体数值越接近1，则越接近理想值，表明农户生计趋向安全；反之，越接近0，则越接近基准值，表明农户生计趋向不安全。在陕西省1993~2008年之间选取4个年份的归一化值（见表5-7）。

表 5 - 7　陕西省 1993～2008 年农户生计安全评价指标归一化值

指标	1993	1998	2003	2008	指标	1993	1998	2003	2008
C1	0.1817	0.7425	0.6716	0.8324	C16	0.3585	0.5315	0.8055	0.9500
C2	0.2986	0.3914	0.4714	0.5829	C17	0.7286	0.7534	0.4657	0.5900
C3	0.6010	0.6540	0.6750	0.6710	C18	0.4214	0.4679	0.4950	0.5264
C4	0.1950	0.6200	0.5400	0.9150	C19	0.0954	0.2989	0.3719	0.7665
C5	0.8780	0.6600	0.4500	0.2060	C20	0.0829	0.2857	0.5914	0.6457
C6	0.1673	0.1748	0.1793	0.1801	C21	0.0342	0.0350	0.0268	0.0430
C7	0.5214	0.7429	0.8571	0.3143	C22	0.3352	0.3020	0.2656	0.2360
C8	0.8929	0.4857	0.6071	0.5714	C23	0.5000	0.7500	0.2500	0.2500
C9	0.7167	1.3667	1.3000	0.2000	C24	0.1276	0.1654	0.2767	0.3488
C10	0.6589	0.6009	0.7819	0.7500	C25	0.0071	0.0271	0.2764	0.6071
C11	0.0457	0.0463	0.0732	0.0777	C26	0.0561	0.0022	0.6795	0.6535
C12	0.6257	0.5722	0.4652	0.3583	C27	0.0001	0.0459	0.0320	0.5445
C13	0.3429	0.9343	0.8571	0.7789	C28	0.1294	0.1176	0.1529	0.2118
C14	0.0192	0.2726	0.3889	0.5000	C29	0.7273	0.7818	0.8364	0.9455
C15	0.0009	0.0270	0.0446	0.1581	C30	0.2923	0.4308	0.6592	0.6923

（2）评价结果

陕西省农户生计安全评价结果如表 5 - 8 所示。陕西省生计安全综合评价值从 1993 年的 3.165 上升到 2008 年的 5.246，上升了 65.8%，总体呈上升趋势。其中，1993～1998 年上升幅度较大，涨幅达 1.243，其他年份都是逐年小幅稳步上升。

表 5 - 8　陕西省农户生计安全值

年份	O	A1	A2	A3	B1	B2	B3	B4	B5	B6	B7	B8	B9
1993	3.165	1.336	1.13	0.699	0.339	0.420	0.577	0.572	0.444	0.114	0.174	0.036	0.489
1998	4.408	1.970	1.698	0.74	0.680	0.544	0.746	0.684	0.644	0.370	0.219	0.161	0.579
2003	4.774	1.908	1.940	0.926	0.666	0.442	0.800	0.694	0.658	0.588	0.108	0.205	0.721
2008	5.246	1.582	2.476	1.188	0.778	0.534	0.270	0.623	0.950	0.903	0.106	0.388	0.800

生计安全系统包括三大子系统：压力子系统、状态子系统、响应子系统。其评价结果如图 5 - 8 所示。从图中可以看出，状态系统稳步持续上升，压力系统呈下降趋势但有所波动，响应系统水平逐步提高。

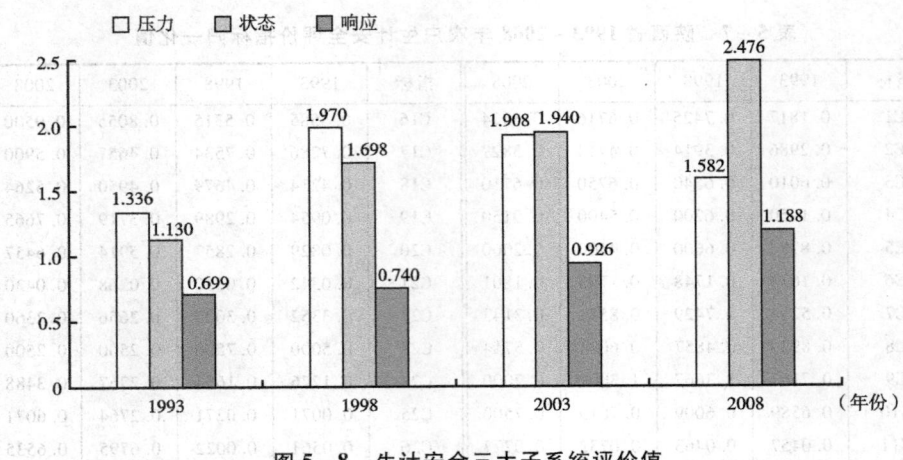

图 5-8　生计安全三大子系统评价值

其中状态系统涨幅最快,从 1993 年的 1.130 到 2008 年的 2.476,上涨 119.1%。其中生计成果从 1993 年的 0.114 到 2008 年的 0.903,涨幅达 6.9 倍。说明农户的生计策略很有效,生计成果即收入在逐年提高,但生计资本波动较大。社会风险从 1993 年的 0.577 下降到 2008 年的 0.270,降幅 53.2%。可以看出,这 15 年来社会风险逐年增加,且增加很快,给农户生计安全带来威胁。

(3) 评价结果安全等级

生计安全等级的划分以定量研究为依据,同时参考国内外相关研究结果,确定了 5 级度量标准作为陕西省生计安全评价等级标准,区间取值范围为 [0,9]。

表 5-9　农户生计安全综合评价等级

评价等级	Ⅰ	Ⅱ	Ⅲ	Ⅳ	Ⅴ
生计安全度	极不安全	较不安全	临界安全	较安全	安全
标准化值	[0-2)	[2-4)	[4-5)	[5-7)	[7-9]

Ⅴ级安全,表示理想状态,农户生计系统功能完整,能够顺利完成扩大再生产过程,具有可持续性和完全抵御风险的能力。社会发展稳定,政策连贯执

行力强，资源环境能得到及时恢复，再生能力强。Ⅳ级较安全，农户生计系统功能基本完整，基本完成再生产过程，具有一定抵御风险的能力；社会基本稳定，资源环境受到较少破坏，可恢复能力有所减弱。Ⅲ级临界安全，农户生计系统功能退化，刚好完成再生产过程，抵御风险并保护资产能力已到极限，受干扰后易恶化，社会不稳定因素增加，资源环境受到破坏，恢复能力有限。Ⅱ较不安全，农户生计系统功能受到严重影响，不能持续进行再生产，受到风险干扰后恢复困难或资产减少；社会出现不稳定，资源环境受到进一步破坏，生态恢复功能退化且不全。Ⅰ级农户生计系统功能几近崩溃，再生产过程中断，丧失抵御风险的能力或资产为零，在受到外界干扰后功能丧失；社会极其不稳定，政策不能得到实施，资源环境受到严重破坏，生态恢复功能完全退化。

依据各类评价得分值和评价等级的划分，即可看出陕西省农户生计安全的评价结果。1993年属于Ⅱ级较不安全，1998年和2003年都属于Ⅲ级临界安全，2008年属于Ⅳ级较安全。可以看出，安全水平在逐年提高，以每年13.9%的速度递增，很快达到较安全区域。在Ⅲ级临界区要注重风险控制，提高生计资产的存量，以防范风险带来的损失。

第六章 农户生计安全保障模式构建

在生计安全现状、行为和评价研究的基础上，如何保障农户的生计安全，使他们不断适应工业化、城市化发展进程，需要建立一套能够指导农民有效谋生，合理生计，并能有效规避生计风险的保障模式。

6.1 农户生计安全保障模式的构成要素

党的十七大报告提出了科学发展观，发展的核心是以人为本，全面协调实现可持续发展。农村的发展要以农民为本，保障广大农民的根本利益，满足人民日益增长的物质文化需求，实现经济、社会、环境的协调发展。根据科学发展观的指导，科学发展应以安全发展为前提，农村的发展首先要实现农户的安全发展。

安全发展是经济社会发展进步的标志，随着科技文化的不断进步，人们对安全的研究逐步深化和提升。安全发展是指各地区、各领域、各行业、各生产经营单位的发展必须以安全为基础和保障（安全文化网，2009），我国的经济社会发展迅速，农村发生了重大的变化，取得了显著的成就。全国农民人均纯收入从1978年的134元提高到2009年的5176元。贫困人口从1978年的25000万减少到2009年的3597万。但是，城乡居民收入差距呈现日益扩大的趋势，城乡二元结构造成的深层次矛盾依然存在，农村发展严重滞后于城市，农户生计水平低，抗风险能力差，制约了全面建设小康社会的进程。加快农村发展，提高农户收入，保障农户安全发展，是城乡居民共同面临的重大挑战。本文提出生计安全保障模式，为研究农户生计安全提供理论框架，对安全发展具有重要的指导作用。生计安全保障模式主要包括主体、范围、原则、方式和目标五个基本要素。

6.1.1 保障主体

生计安全保障的主体，是生计安全保障模式的基本构成要素之一，是生计实践活动和认识活动的承担者。农户生计安全保障的主体包括受益主体和参与主体。受益主体是农户，还有多元化的参与主体，包括地方政府、中央政府、企业、金融机构、非政府组织等。

（1）农户

农户是生计安全保障的最终受益者，中低收入农户尤其是受益主体，也是生计安全保障模式研究的出发点和归属点。研究的出发点是贫困农户和隐性贫困农户的生活水平，利用可持续生计分析框架找出造成农户生计不安全的因素，有针对性地实施救助措施提高生计水平。力图消除生计不安全因素，保障农户的基本生存需要并使其获得可持续发展的能力，以适应工业化经济社会的发展要求。

同时，农户也是生计安全的权利主体和义务主体。农户有发展权，不只承担社会发展带来的成本和代价，还有权享受社会经济进步带来的物质福利和精神享受。农户也有义务配合帮助其获得安全生计的行动、计划和政策法规。这就对农户提出了要求，在享受利益的同时要履行相应的义务。比如，环境保护政策的实施，可能有损部分农户的短期利益，引起农户的不满和不执行，进而导致其他农户的利益和国家利益受损，从长远看其自身利益也受损。因此，权利和义务是相对的，农户履行义务也很重要。要提高农户的安全意识和认识水平，积极配合各种发展政策、项目和计划发挥最大救助效用，以获得更加高质高效的安全发展。

（2）政府

政府是生计安全保障的行政主体，代表国家对社会进行管理。从社会发展的角度，被亚当·斯密称为"守夜人"的政府，承担着农户生计安全保障的首要责任。农户的安全发展是农村社会稳定的基础，也是政府的基本责任，政府要保护公民的发展权。

市场经济不是万能的,市场在提供公共物品和服务、社会公平、救助方面的失灵需要政府介入。政府通过宏观政策调控收入分配、贫富差距、环境保护、优抚救助等一系列社会问题,能够保障经济、社会、环境健康可持续发展。因此,政府在生计安全保障模式中起主导作用。政府从宏观社会发展层面把握农村经济发展方向,有效调控收入差距,从政策上向农村倾斜。政府通过加大投资力度,改善欠发达地区的基础设施,制定环保政策优化农户生活环境,提供科技、教育、医疗等服务,以增加农户收入,提供生计安全保障。目前,中央政府连续多年将"三农"问题作为一号文件,出台了一系列惠农和补贴政策。在工业化、城镇化深入发展的同时推进了农业现代化,在经济结构战略性调整中重视了农业农村的发展,在收入分配格局调整中增加了农户收入,降低了贫困人口,在保障和改善民生中强化了农村基础设施和公共服务,不断加大了强农惠农政策力度,形成了城乡经济社会发展一体化新格局。

（3）非政府组织

非政府组织是独立于政府之外的合法非营利性组织,具有组织性、民间性、非营利性、自愿性和自治性。资金来源于个人、组织、政府等捐助。非政府组织承担部分政府职能,对具体的项目进行管理以及提供社会福利服务,是政府的有益补充,一定程度减轻了政府的财政负担。非政府组织的不断发展,为消除贫困促进区域发展做出了不小的贡献。著名的有中华慈善总会、救助儿童会、中国扶贫基金会、英国国际发展部（DIFD）、香港乐施会、美国CARE中心等。他们在发展中国家或欠发达地区开展了大量的研究计划和项目,从中总结出帮助农户发展的行之有效的经验,探索出一整套关于生计的基础理论、分析框架和可持续生计途径。

我国的非政府组织的影响力还很低,主要有以下几方面原因。第一,非政府组织多为官办,采用行政事业编制,依赖于政府,活动受行政影响,无自主权。第二,资金贫乏。慈善事业发展慢,主要来自于国家拨款,资金来源稀少,无法开展大型的计划项目。第三,人员方面主要靠志愿者。资金的不足,使非政府组织几乎没有固定的专门人员,大多是兼职或退休人员。当然,我国的非政府组织在扶贫开发领域也开展了一系列活动,提供了物资、资金、培训等支持。另外,非政府组织也起到社会监督的作用,在一定程度上对政府部门的管理进行监督。

(4) 企业和金融机构

企业也是参与农户生计安全保障的主体之一，为农户提供工资性收入和劳动保障。我国的乡镇企业在农村地区异军突起快速发展，已经成为农村经济、县域经济的重要支撑力量和市场化改革及以工哺农的先导力量。乡镇企业的发展改变了农村地区以传统小农经济为依靠的发展格局，成为支撑农村经济最坚实的支柱。2008年，乡镇企业为劳动者提供收入15830亿元，为农民提供人均收入1666元，比1978年增长了150多倍。乡镇企业为农户兼业提供本地非农就业岗位，缓解了就业压力，提高了农民的就业率；还为农村剩余劳动力转移和土地流转、农业适度规模经营提供了条件。此外，乡镇企业支持农业发展建设贡献了4323亿元，改善了农业的生产经营条件和技术设备。特别是拉近了农户与市场的距离，提供产供销一条龙服务，开展"公司+农户"的经营模式，增加了农产品的附加值，降低了农户生计风险，提高了农户收入（人民网，2009）。

金融机构是农户生计安全保障不可或缺的参与者，在地方政府资金投入有限的情况下，农村金融机构应发挥杠杆作用，充分调动社会资本帮助农民增收。由于农业的比较利益低，资金短缺是农户发展的一大制约因素，以农村金融机构为主的服务体系提供了资金的支持，缓解了农村金融供给不足的现实问题，还为贫困地区农户提供小额贷款，承担了支持农户的重任。金融机构为农户生计安全保障起到了"助推器"的作用（张爱群等，2008）。

6.1.2 保障范围

保障范围指生计安全保障的覆盖面。总的来看，由于城乡差距的存在，生计安全保障应该覆盖整个农村地区。由于我国区域发展不平衡，东部沿海地区的部分农户和靠近城镇的农户已具小康生活水平，因此不在此范围内。生计安全保障范围主要包括老少边贫困地区、中低收入群体和生计安全评估不合格区域。目前，应抓重点地区以带动全局。

(1) 老少边贫困地区

1978年我国贫困人口2.5亿，20世纪80年代中期以后，全国开展了以十八个集中连片贫困山区为主的区域开发式扶贫，缓解了农村的贫困问题。20世纪90年代中期，针对当时农村的状况，制定并实施了"八七扶贫攻坚计划"，以592个国家级贫困县为扶贫对象。随着我国经济发展水平的提高，贫困人口持续减少，但贫困人口的基数还很大。贫困人口一部分分布在东部丘陵山区、库区、低洼地势地区，更多分布在中西部传统贫困区域，而且更多分布于老少边贫困地区，相互交织形成的带状分布特征明显。我国绝对贫困人口主要分布于云贵高原的石漠化地区、云南怒江地区、四川中西部、宁夏西海固地区、青海德容藏区、新疆南疆三地州以及西南少数民族等特殊困难地区，这些地区依然是我国贫困发生率最高、贫困程度最深、解决难度最大的地区（中国发展门户网，2007）。

贫困地区自然环境恶劣，基础设施薄弱，人力资本缺少，农业生产条件差，生计资本存量不足和公共环境条件差，经济难以发展，缺少就业机会，农户在生存线附近徘徊，再加上各类风险的冲击和打击，生活难以为继。因此，老少边贫困地区的绝对贫困农户是生计安全保障的首要任务，也是重点和难点。

（2）中低收入群体

在农村中普遍存在着中低收入的农户，收入的波动性很大，生计不稳定。他们的生计风险和贫困状态具有隐蔽性，属于相对贫困人口。中低收入农户所拥有的生计资本不多，奉行"安全第一"的行动准则，不愿采用风险高的生计策略，收入增长缓慢。虽然收入在贫困线以上，但随时有陷入贫困线以下的可能，事实上当消费支出增加时就低于贫困线。中低收入农户有一定抗风险能力，但当遇到较大风险或较多支出（疾病、供子女上大学）时，表现出脆弱性。他们有满足基本需求的能力，但缺乏发展的资本和能力。因此，应将中低收入群体纳入到生计安全保障范围内。

2009年，低收入户和中低收入户农村居民家庭平均每人总收入分别为2833.97元和4037.77元，平均每人总支出3558.36元和3644.77元（重庆市统计局，2010）。可以计算得出，2009年低收入组农户人均结余为-724.39元，中低收入组农户人均结余393元。低收入组入不敷出，必须减少生计支出；中低收入组勉强获得收入，但不足以增加生计资本或扩大再生产。由此可见，中低收入群体需要生计安全保障。

（3）评估不合格区域

评估不合格区域，指使用生计安全评价体系，评估的结果为不安全区域的农户。老少边贫困地区和中低收入群体是已知的需要救助对象。还有许多区域农户的生计状况是未知数，可以通过生计安全评价得出结果，看其是否需要提高生计安全保障。评价是对研究系统各子系统和要素进行定性和定量研究的一种应用型研究手段，可以总体评估出大系统和子系统的状态。通过评估从各个子系统中寻找问题，分析出症结所在，有利于采取有效措施，有针对性地解决农户生计问题。

在发生较大自然灾害、生存条件差和高度怀疑的重点区域，应设置生计安全监测点，定期进行连续测量，收集数据并记载。然后进行评估和分析，使用时间序列数据，可更准确观察评估对象的现状和演化趋势，从而指导生计安全保障的应用范围，起到保障农户利益的作用。

6.1.3 保障原则

生计安全保障原则是维护公共安全和农户利益的重要准则。生计安全保障原则主要包括需求性原则、生态保护原则和因地制宜原则。

（1）需求性原则

需求性原则，指以人为本满足人的需求，向农村居民提供美好生活的机会。生计安全以保障农户的需求为出发点，提供资金、物质和服务等方面的救助，满足不同层次的需求，以促进其实现内源型发展。

需求主要表现为两种。一是基本需求。即满足维持家庭生产生活所必需的基本物质和生活资料。基于贫困的认识和研究，学者认为生存和安全是农户的第一基本需求。1976年国际劳工组织提出的发展战略，即满足基本需求。基本需求包括食物、衣服和住所等家庭生存的最低消费，安全的饮用水、卫生设施、电、医疗、交通、教育等基础设施和服务，以及对涉及其切身利益的决策参与程度。基本需求的内容为贫困的标准和水平提供了判断的重要依据。生计活动不能满足基本需求的农户，属于绝对贫困人口。他们需要经济增长和制度化再分配机制的支持。二是发展需求。即当基本需求得到满足后，为了使生活向更高层次发展的需求。根据克雷顿·奥尔德弗1969年提出的"EGR"理论(柳思维,2006),发展需求包括建立人际关系、社会交往、尊重的相互关系需求和取得自尊、自信、自主、充分发挥个人的潜力和才能的成长需求。它是高于基本需求的高层次需求。如果生计活动不能满足农户的发展需求,他们可能退回到较低层次的基本需求,产生返贫的现象。

(2) 生态保护原则

一般而言,贫困伴生于生态脆弱区,二者高度相关。农村生态环境保护,是保护农户生计资本中自然资本的重要措施。因此,生计安全保障要遵循生态保护原则。生态环境是农户生计可持续发展的物质基础。生态资源的增长十分缓慢有限,有些是不可再生资源,而人类活动和建立在资源消耗利用基础上的经济增长却很快,在一段时期后生态资源的规模相对缩小。在经济活动演化过程中,制约因素已不再是人力资本或金融资本,而是环境中的自然资本。当下人类的生计活动已超出生态环境的承载能力,成为不可回避的现实。受经济利益的驱动,以资源换取经济利益的短期行为,造成生态资源的破坏。诸如乱砍滥伐、毁林开荒、水土流失、能源枯竭、水质下降、土壤板结等现象给农村发展带来长期的负面影响。鉴于此,我们试图通过多种方式对农户生计行为进行干预,在生态保护的前提下,保障农户的生计安全。这同时也是公共安全的需要。

目前,我国对生态平衡已破坏区域划定优先保护生态功能区,对生态敏感和脆弱区开展抢救性保护。对资源开发区域,实施强制性保护,严格按照审批程序,分类管理,有序开发利用。对生态平衡区域,进行主动性保护,坚持数量与质量并重,提高环境资源的建设和管理水平。

(3) 因地制宜原则

我国农村经济发展水平不均衡,区域性差距大,各地区农户生计的水平和特点差别也很大。在这种情况下,应把握因地制宜原则。因地制宜原则,就是要求保障农户生计安全要充分利用当地丰富的资源,结合自身实际,突出特色,逐步建立科学、高水平和可持续发展的新农村。

生计安全政策和项目的规划,要充分考虑当地的特色资源和优势资源,准确客观地把握当地经济社会发展和农户生计的一般规律,分地区分阶段制定发展目标，保障措施切实可行。无论是内容、形式、标准、规划还是实施、管理，都不能照搬照套和"一刀切"形成标准化统一的模式。要从农户的需求出发，根据当地的实际情况，结合专家、领导的意见，科学论证严格把关，创造性地开展工作，多样化、多渠道地保障农户生计安全。比如，"一村一品"的发展模式，根据不同的地区、条件、基础、发展水平，发展有各自比较优势的产业，加快农业转型发展农村经济。将优势变为特色和品牌，形成特色突出的主导产业，发挥规模化特色经济优势，增加农户收入。陕西"一村一品"示范村达到 2168 个，从业农户 80 多万户。2009 年，示范村农户人均纯收入达 4900 元，主导产业收入占 70%以上，实现农户收入较快增长。

6.1.4 保障方式

农户生计安全保障方式指为农户获得生计安全采用的方法、手段和途径。生计安全保障方式是使农户达到生计安全的有效路径，主要有项目、政策、资金三种方式。

（1）项目方式

项目是指在一定时间内为了达到特定目标而调集到一起的资源组合，是为取得特定的成果而开展的一系列相关活动。它的完成需要有具体的主体、目标、计划、技能、投入和管理，是系统的工作（叶敬忠和王伊欢，2006）。这是在规定的执行时间内和经费框架下，按照特定的实施策略和组织管理形式而进行的一系列发展干预活动。生计安全保障使用项目方式，能够有计划、有组织、持续不断地解决农户发展中的问题或努力改善农户的生活。它具有灵活多样、资金投入少、人员专业、针对性强等特点。项目与生产活动相比，具有更强的目标理性、效益理性、规范性和可控性的优势，适用于农村发展和农户生计安全保障。

目前农村的项目主要包括扶贫开发项目、发展项目和生计项目三类。扶贫开发项目是由政府规划实施的项目，以提供物质资源为主，带有行政命令性质，缺乏与农户的互动与参与，发展能力得不到提高，实施的效果不佳。发展项目是发展机构为了特定的目标，使用参与式农村评估（PRA）的方法（李守经，2000），使农户参与项目的全过程，以提高自我发展的能力而开展的农村干预活动。发展项目一般由国际发展机构援助，通过与相关部门的合作共同开展。生计项目是最新的保障项目，由救助与发展机构开展，主要有可持续生计、替代生计项目。

(2) 政策方式

政策方式指国家行使管理职能，制定政策调节收入分配，发挥宏观调控的作用。在我国的扶贫开发中，中央政府是主要支撑力量，发挥了不可替代的重要作用。生计安全保障，同样需要政府政策方面的大力支持，在制定和实施任何公共政策时都兼顾贫困农户的利益。政府在充分保护和尊重贫困农户利益和发展权的基础上，兼顾社会公共安全，制定切实可行的政策，特别是环境保护政策，理顺各利益相关者的关系，使权利与义务对等。要完善生态补偿机制，设立专项基金，保护农民的利益，避免贫困地区发生"生存抑或环保"（赵靖伟，2010）的问题。政府应继续坚持开发式指导思想，以增强农户人力资本为重点，提供多种替代生计和非农就业岗位，促进农村治理结构和制度改革。

近些年，国家对农村扶贫的主要政策包括：以贫困地区经济增长带动扶贫、坚持以项目为中心的开发式扶贫、采用区域瞄准机制和推动政府主导下的全社会扶贫。这些政策取得很大的成绩，贫困人口持续减少。在运用政策方式时，还要建立长效机制，注意保持政策的连续性和稳定性，给农户以安全感。要对农村发展和农民在政策上给予优惠，鼓励其发展。

(3) 资金方式

资金方式是指给予现金或专项基金等货币支持。生计安全保障离不开资金的支持，是救助农户的重要手段。资金来源于政府财政、金融机构、企业、国内及国际非政府组织和联合国救助等，包括转移支付、补贴、信贷、专项基金、项目资金等形式，在增加农户收入、基础设施建设、项目等方面都发挥了重要的作用。

农户作为独立的经济行动体进入市场，参与商品经济的各个环节，并且使用金融工具将资金以多种形式、多种渠道投入到农户的生计活动中。提高资金的运作效率和针对性，重在提高农户的发展能力，使其成为真正的受益者。在提升农民收入和能力的同时，还应加大基础设施建设。农村地区的基础设施远远落后于城市，大量研究证明，基础设施建设对减少贫困有显著效果。因此，资金还应大力应用于以基础设施建设和社会公共服务为主的硬件环境，起到拉动农村经济的作用。应整合政府、金融机构、非政府组织的资金，有效管理项目及监管资金，使其在市场中顺利运行，提高农户收入，增强可持续发展能力，促进农户生计安全。

6.1.5 保障目标

目标是参与主体通过一系列实践活动力图达到的预期目的。总的看来，生计安全保障目标包括消除绝对贫困、减少相对贫困和增强可持续发展能力三个方面。

（1）消除绝对贫困

消除贫困一直是我国解决"三农"问题的重点和难点。绝对贫困又称生存贫困，是指在既定的生计下，个人和家庭的劳动所得及合法收入不足以维持其基本生存需要。从生产角度看，农户的生计资本缺乏，难以维持简单再生产，生产的规模逐渐变小；从消费角度看，食物、衣服和住所等最低生活条件无法得到满足。按照世界银行的标准，每天收入低于1美元的人被称为绝对贫困人口。我国在扶贫政策的推进下，绝对贫困人口得到了根本的扭转，取得了很大的成绩。我国的绝对贫困人口存在于连片的老少边地区，区域贫困造成农户在需要帮助的时候难以找到提供有效帮助的人。绝对贫困对人们的生存、环境和社会的发展都造成了极大的危害。比如，人们缺乏食物造成营养不良，产生疾病甚至死亡；在生产不能继续的情况下，只能依靠自然资源维持生存，引起资源环境问题，甚至成为社会不安定因素，扰乱社会治安等。因此，生计安全保障首要目标就是消除绝对贫困。

（2）减少相对贫困

相对贫困，指与社会平均水平相比，个人或家庭收入水平处于生活水准的最下层。一般将家庭总收入低于当地中等家庭总收入一半的家庭称为相对贫困人口。他们无法获得社会公认的维持生活所需要的收入水平。不公平的收入分配制度，使社会成员之间存在较大的收入差距。收入低的成员处于一种比较劣势的地位，引发心理上严重的被剥夺感、失落感和焦虑，导致身体和精神疾病，加深了贫困。此外，相对贫困的问题还会通过代际传递引起严重的动态不公（中国经济周刊，2011）。

随着土地投入的边际效率递减，越来越多的农户不愿再从事农业生产，但又未找到合适的替代生计，且城乡之间、区域之间的严重发展不平衡，造成相对贫困人口规模庞大。中国社会转型需要农村劳动力转移，工业化、城乡一体化发展使农村经济社会结构发生变化。农民如何适应这种变化和农民的市民化问题是目前研究的重要课题，农民工及其返乡问题和失地农民成为被关注的焦点，有的可能沦为相对贫困人口，他们的生计安全被纳入研究范围。生计安全保障有利于提升他们的收入和生活水平，减少由心理因素产生的不合理经济行为和消除贫困，促进社会经济的发展。

（3）增强可持续发展能力

农户可持续发展能力，指获得家庭生计的可持续和赖以生存的生态环境的可持续。可持续发展目标也是我国的战略发展目标。生计安全保障为农户提供一种可持续的发展模式，不只解决收入问题，还要通过参与式发展，提高他们维持和发展生计的能力。在保持代际公平和生态平衡的前提下，实现农户的最优化发展，促进人口安全、食物安全、信息安全、能源安全、生态环境安全以及公共安全。我们可以通过转变发展方式，运用新科技发展适度规模化经营的高效立体农业和小规模的劳动密集型简单生产，来满足农户的基本生活需求。继续鼓励发展乡镇企业和小规模的农村工业，利用资源优势发展特色农业，为农民提供更多的工作岗位，满足农户的发展需求。

增强农户可持续发展能力，是当代人的需要，同时也是后代人的需求。这一目标为的是实现农户生计可持续发展和生态环境可持续发展以及社会的可持续发展。

6.2 农户生计安全保障的内在机理分析

生计安全是保障农户在转型期安全过渡的重要辅助措施，也是农村社会保障的有益补充。深入分析生计安全的系统结构和结构特征，探寻促使农户发展的动力机制和安全发展模式，对于研究农村发展问题和指导新农村建设具有重要的价值。

6.2.1 生计困境的形成

要研究生计安全的保障机制,首先应了解农户生计困境的形成。生计困境指生计陷入一种难以摆脱的困难处境。目前,农户面临的最大生计困境就是转型。由传统的小农生产方式转型为以人力资本为主的全要素工业化生产方式,由家庭式手工业生产转型为精细分工的大工业生产,由农民转型为市民,这三个方面相互制约又相互联系,围绕的核心是农户生计转型。转型期是一个漫长的渐进向前的过程,与农户生计的改进密切相关。这个过程需要劳动力转移、产业升级和人力资本的提升。

农户的生计困境主要表现在三个方面。第一,消费支出大,积累少。农户收入低于城市居民收入,生活消费支出变动不大,但对教育、医疗、农资的支出逐年增长,涨幅大。在收入增长有限的情况下,消费支出的增长必然导致积累的减少,不利于扩大再生产和生计资本的积累。第二,信息不对称,难以把握机遇。信息是市场经济中一大生产要素,农户进入市场的信息不对称,可能增加成本,降低效率,并因不能预见事物发展的方向而造成损失;又由于信息量过大,农户受识别能力的限制,难以辨别真伪,不能把握机遇。第三,商品化程度差。农村地区的基础设施建设相较城市差,交通不便,距离市场远,受运输条件和信息的制约,农产品的商品化程度低,交易成本高,利润率低。可见,农户的生计困境是来自多方力量共同作用的结果。如图6-1所示。

从制度层面来看。在允许一部分人先富起来的思想指导下,国家的收入分

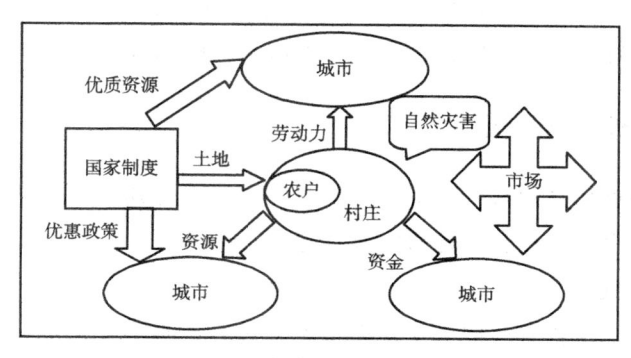

图6-1 农户生计困境的形成

配制度向城市一边倾斜。城市得到了优先发展权,开始了大踏步前进。而农村在先天落后的情况下,由于千年小农思想禁锢形成的保守心理及受二元经济结构的限制,愈加发展缓慢落后。国家为城市提供优质资源、优惠政策、社会保障和资金的大力支持,吸引了大批优秀人才和社会精英,城市发展速度加快。农户只得到基本生产资料——土地,以家庭为单位的农业生计模式,收入较低。农村社会保障尚不完善,农户仍以家庭保障为主。

从城市化进程来看。城市发展的加快使我国进入工业化发展阶段,生产要素多元化发展,包括知识、信息、人力资源、自然资源、资本、技术、管理、基础设施等。各种生产要素的聚集、整合、组合和配置,带来生产率和利润的增加。城市与农村之间发生资金流动和物质交换。城市向农村输入工业品和服务等,农村向城市输出农产品、劳动力、资源和资金等,形成"剪刀差",农户收入降低。

从市场化发展来看。随着市场经济的发展,农户出现兼业行为,进入城市或在本地企业打工。受人力资本、金融资本的限制,大多数农民工一般从事着技术含量较低的重复性体力劳动和服务,在采矿、建筑、环卫、餐饮等行业就业。农户在从事非农产业的同时,经营种植农业,将农业收入主要作为最低生活保障,非农收入主要用于消费和投资。城市的生存成本较农村高,农户的收入低积累少,发展缓慢。

从自然灾害的危害来看。近几年自然灾害发生的频率加快和范围扩大,给农户造成了很大损失。农作物减产,农户收入下降,给农户的生产生活带来很大困难,致使部分农户因灾致贫或返贫,生产难以恢复。

在制度、城市化、市场化和自然灾害的共同作用下,农户生计陷入困境,造成农户在传统与现代之间徘徊,陷入贫困的风险增加。

6.2.2 外部约束条件

农户在多重社会约束条件下选择谋生的方式,受到来自外部的压力,主要包括工业化、生态环境和土地边际收益递减。

(1) 工业化

农户从传统精耕农业向工业化谋食方式过渡,必然受到工业化的影响。我国的工业化初期基础脆弱,在农业的支持下,已经建立了比较完备的工业化体系，目前已进入工业化的中期阶段，工业的高效高产高利润吸引了优质资源和大量资金。农业发展趋于滞缓，自然资本、人力资本和金融资本大量流失。随着生活水平的提高，居民对食物安全和质量的需求增高，农业生产需要上一个新台阶。

经营农业的农户面临着农产品供给的压力，生产天然、绿色、无污染、无农残、耐储存、品质高的农产品，存在技术和资金门槛。同时，还有销售压力。销售渠道不畅，出现卖难的问题。兼业农户的生计，主要受乡镇企业发展影响较大，而乡镇企业在与高技术规模化生产的工业企业的竞争中发展较慢。由此可见，农户对资源的分配和使用权利被削弱，生计受工业化影响很大。

（2）生态环境

农户生计活动与生态环境保护，从短期看存在现实的矛盾。一般来说，传统生计对生态环境有较高依存度。在经济发展过程中，传统生计遭受灾害、人口不断增加、土地细碎化和成本增加的压力，物质支撑力达到极限。区域农户只有依靠对自然资源的深度开发才能满足生存和发展的需要。而这些行为又造成水土流失、荒漠化、森林退化、可用水资源减少等环境问题，导致了生态承载力下降，由此农户生计成果减少。生态环境的破坏使得自然条件的不利因素放大，旱灾、水灾、风灾、泥石流等自然灾害频繁发生，这些都严重威胁区域经济发展与农户的生计安全。而生计安全受到威胁的农户，会本能地尝试扩大生计活动即加大环境开发力度或寻找替代生计。当遭遇外界冲击和潜在趋势变化，固有生计的平衡被打破，不能满足人们生存需求，而安全稳定的替代生计又未能普遍建立时，多数农户抵御风险和采取弥补损失行动的能力降低，本能地加大了对自然环境开发的力度。这种生计策略的选择虽然在短时期内效果显著，但被带入了生态环境—生计安全的恶性循环。

环境保护力度不断加大，在限制农户生计活动的同时由于补偿不到位，使农户的收入减少且利益受损。也就是说，生态环境恶化和生态环境保护都给农户生计带来了压力。

（3）土地边际收益递减

土地边际收益递减，指单位面积的土地，在技术水平不变的情况下，随着某种生产要素的增加而产量增加，但当超过一定限度时产量会逐渐减少。我国还有70%左右的农业人口，经营着极其有限的土地。有研究表明，中国的农业发展出现了阶段性变化，即由原来的农产品短缺过渡到农产品供需基本平衡，再到提高农产品质量。这一变化意味着在目前农业经营规模不变的前提下，土地边际收益出现递减的特征，传统农业对农户增加收入的作用在下降。

受城市化、水土流失和荒漠化的影响，我国的人均耕地面积逐年减少。统计数据显示，2008年，陕西人均耕地面积仅1.2亩。农村大量的剩余劳动力，如果不能转移而滞留在有限的耕地上，农民就不可能富裕起来。农村剩余劳动力的合理转移有利于增加农村居民收入，改善生活质量，提高农村劳动力素质，促进农村的现代化建设。农村劳动力的合理转移，在近十几年农村的持续发展中，起到了至关重要的作用。

6.2.3 内部驱动力量

随着社会的进步，农户的生活水平得到提高，相应地需求也逐渐增多。来自于农户内部的需求主要包括安全需求、消费需求和精神需求。

(1) 安全需求

在人们的潜意识中，总希望把一切状况都掌握在自己手里，让自己成为生活的主宰，而这种潜在的愿望正来源于人们所谓的"安全感"。在马斯洛的需求层次理论中表示，安全需求是人们的第二必要需求，当温饱得到满足后，安全感就成了生活的重心。安全是一种状态，包括人身安全、物质保障，不受盗窃和威胁、预防危险事故、职业有保障、有社会保险和退休金等。农户需要通过生计系统的风险识别和管理，将人员伤害或财产损失的风险降至并保持在可接受的水平或其以下。从发展的角度看，安全与发展密切联系，没有持续安全，农户的发展就没有保障，目标难以实现。安全是发展的基础和前提条件。

对安全的需求必须有物质的保障，这对生计水平提出了要求。生计水平高，相应地收入高且稳定持久。有足够的资本抵御风险，发展没有后顾之忧，富有创新和冒险精神，就能够安全发展。生计水平低，收入低不稳定，抗风险能力弱，相对保守，瞻前顾后必然缺乏安全感。安全的核心是人，人的需求是一切活动的动力。人的需求从低级向高级发展的过程，逐渐形成活动领域的安全，包括生计安全。

（2）消费需求

消费既是生产过程的终点，也是下一轮再生产过程的起点。消费对增加收入具有举足轻重的影响。从农村地区来看，农民的生产生活条件与城市相比落后。中低收入农户刚刚解决温饱问题，生计水平很低，抗风险能力差，一遇到天灾人祸就可能返贫。农户对基本生活消费具有刚性，受通货膨胀因素的影响，基本生活消费品价格呈上涨趋势，会降低农户的支付能力。此外，农户对教育、医疗、保险等需求弹性小的服务性消费支出增加，因病致贫的现象很突出。农户为了购买涨价的生活必需品和服务性消费，需要增加收入。

根据国家统计局陕西调查总队对陕西农村居民收入消费的研究来看，农村居民纯收入与生活消费支出密切相关，主要包括食品、居住、医疗保健和文教娱乐。在欠发达地区，农户只能在既定的收入基础上满足消费，收入不足只能选择不消费。因此，家庭成员的消费需求，是促使农户提升生计水平的内在因素。

（3）精神需求

精神需求是一定时代经济文化活动的产物和反映，属于社会心理的范畴。人们在日常生活中形成和积累起来的物质经济关系、人们生存的社会条件的经验式反映，其中交织着理性因素和感性的、情感的因素。它受社会主导地位的物质存在和意识形态的影响，并以感性的东西为主。人们的精神需求，往往围绕着安全的获得、价值的认同、尊重的实现、发展的需要等展开。

随着人民日益增长的物质需求，农户的精神需求也在增长。人们的精神需求总是直接或间接反映着现实存在的状态。现实中城市让生活更美好，使农户认识到发展的重要性，产生了强烈的求富欲望。城乡之间强烈的物质生活和精神生活的反差，让发财致富奔小康成为农户最迫切的愿望。怀着对城市生活的向往，他们自愿改变生产生活方式，努力提高收入，期望能够与城市居民过同样的生活。据2009年国家统计局湖南调查总队的调查，随机抽取的37个县（市、区）的832位新生代农民工，他们大多数人已基本脱离农村和农业生产，但又面临融入城市难等多方面困境，跟传统农民工相比，他们对精神方面的需求更强烈。

6.2.4 生计安全动力模型

生计安全的获得是生计系统在均衡点附近动态反复的过程，具有非线性特征。农户生计安全不是一蹴而就的直线变化，而是在经历安全—不安全—安全过程中，呈现螺旋式上升循环发展趋势。

农户通过不断改善生计策略和增加生计资本的积累，降低脆弱性提高抗风险能力，就能获得可持续发展。在困境中，生计系统的各要素发生相应的变化，行动系统完成"适应—目标达成—整合—维模"的功能步骤，促成系统模式与结构的转变，从而寻求新的稳定安全状态。如果这种转变是成功的，则农户生计系统得到进化，生计水平进一步提升，获得安全的生计。如果转变不成功，则在困境中寻求改进的机会。

图6-2为农户生计安全动力模型，由一个三维空间图来表示。横坐标为时间维度，纵坐标为空间维度；上半轴表示外部，下半轴表示内部。A圈代表政府主导以传统家庭经营农业为主的小农模式，B圈代表市场主导以城乡一体化为基础的现代工业化模式。

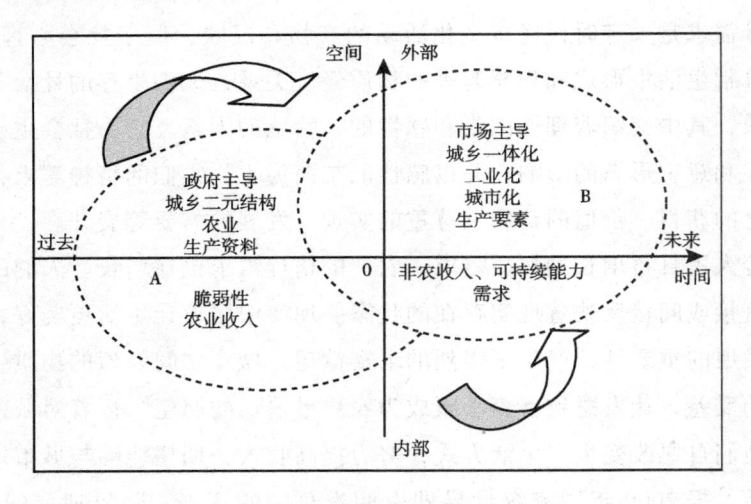

图6-2 生计安全动力模型

A区域形成于过去的传统计划经济时期。新中国成立以后，物质匮乏百废待兴，由政府主导的计划经济体制，统筹生产、资源分配以及消费。计划经济在当时发挥出重要的积极作用，集中人力、物力、财力进行重点建设，统一调节收入分配，就业率达100%，促进了经济的发展。随着生产力的提高、物质的丰富，计划经济逐渐不适应生产力的发展，退出了历史舞台。计划经济留下了一个弊端，即城乡二元结构体制，人为地将城市和农村割裂开来，形成完全不同的生产生活方式。农村以土地、劳动力、资本、技术和农资为主要生产要素进行农业生产，生产周期长，产出消费弹性小、附加值低的农产品；城市以机器、厂房、原材料、信息、高新科技、人力资本、物质资本、金融资本等全要素进行大工业生产，生产周期短，产出回报率高、附加值高的标准化工业品。无论生产力、生产工具、生产方式，还是收入、消费，农村都已落后。根据马克思的理论，资本总是流入利润高的行业和地区，资源、资金、人才都从利润率低的农业和农村流向城市，农业的利润、农村的土地、农民的发展空间被进一步挤压，城市和农村发生断裂（孙立平，2003）。城市居民靠工业化的谋食方式，以非农收入为主；农村居民靠农业为生计，以农业收入为主。以家庭经营为主的农业生产，生产率已发挥到最大值，收入依然增加有限。城市居民收入水平的增加，促使消费水平提高和物价上涨，导致农户消费支出增长过快，入不敷出。因此，在工业化、生态环境和土地边际收益递减的压力下，农户生计风险因素增加，脆弱性、低收入、贫困落后成为必然，A成为不安全区域。

B区域代表生计的进化即获得安全，是市场主导以城乡一体化为基础的现代工业化模式。改革开放逐步确定了发展以市场为主导的社会主义商品经济。竞争是市场经济的一大特点，是市场活力的灵魂，利益是市场的动力源。经过30年的高速发展，工业化体系建成，城市已初具规模。进入工业化中期发展阶段，城市化程度是衡量一个国家和地区经济、社会、文化、科技水平的重要标志，也是衡量国家和地区社会组织程度和管理水平的重要标志。社会经济的发展是城市化的主要动力，农业生产力的发展是城市化的前提，工业化是城市化的主导力量，第三产业的形成和发展促进了城市化进程。社会各界普遍认为2010年中国的城市化率为47%，成为城市化率增速最快的国家之一（李迅雷，2011）。2011年中国"十二五"规划提出，统筹城乡发展规划，促进城乡基础设施、公共服务、社会管理一体化的战略发展思想。城乡一体化思想的提出，促使农业传统生产方式向工业化过渡，农村生活方式向城市化过渡，农民向市民化过渡。实现农村剩余人口向城市的转移，增加农户的非农收入和可持续发展能力，满足农户的消费需求，能够提升其生计水平，获得安全的生计。在这一进程中，不可避免地产生了诸如失业率高、环境污染、交通拥挤、农民工难以融入城市以及失地农民等大量的问题。但是，城乡壁垒被打破，促使生产要素在城市和农村之间合理分布，有利于城乡经济社会紧密联系协调发展，将逐步缩小差距直至消灭城和乡的差别，使城市和农村融为一体，实现共同富裕。

A区与B区重叠部分，表示内部与外部和过去与未来的"共存性"挤压状态。农户一方面遵循"安全第一"行动逻辑，保留着以传统家庭经营农业为主的小农模式，有部分农业收入；另一方面遵循"适应—目标达成—整合—维模"的行动逻辑，整合生计资本向市场主导的现代工业化模式转型，有部分工资性非农收入。中间区域为农户在传统与现代之间过渡，经历着生计安全到不安全再到安全的过程。在这个过程中，农户不断摒弃旧的、落后的、低效的东西，吸收积极的、健康的东西并提高自身的能力，使生计系统呈现螺旋式上升发展趋势，农户演变为市民。

6.3 农户生计安全发展模式的选择

生计安全发展模式，指一个地区在既定的环境中获得进化所需的发展方向。结合体制、结构、思维和行为方式等方面的特点，调整和变革不合理的生产方式和制度，促进人与自然、人与社会的协调发展，在区域经济发展过程中实现农户生计安全。生计安全发展模式包括三种：内源型发展模式、开放型发展模式和集体型发展模式。

6.3.1 内源型发展模式

内源型发展，是第二次世界大战之后，有关学者提出的社会发展战略。它建立在依附理论等现代思潮的发展潮流下，是对后发现代化国家发展路径的探讨。内源型发展模式指区域经济的发展，建立在当地农户的知识水平、生产结构和文化传统之上，深入挖掘社区内部环境条件，将本社区的发展要素与市需求有机结合，充分调动社会各方面的积极性和创造性，以促进农户收入增长和区域发展。一个社区不能完全照搬另一个社区的发展模式，每个社区都应该根据本地的资源、需求、文化特征、思维结构和行动方式，找到适合其发展的模式和风格。要实现社区的可持续发展，必须把所有的外部干预内化为农户内源的发展动力，即农户要充分认可并接受外部干预的选择，把外部干预当作自己的发展承诺，只有这样才能增加农户对其社区发展的拥有感。

内源型发展模式，可以借助政府、非政府组织以及其他外界力量，以社区为载体构建社区成员的生计模式。纳列什·辛格和乔纳森·吉尔曼（2000）认为，"参与式和系统化的可持续生计思想及其实践，是一个长期的发展目标。而短期内，则需要对农户能力的开发，以及实施主体在政策分析中连接宏观与微观、协调部门之间的协作、设计发展的计划和实施调整方案"。让整个社区内的农户都行动起来，建立一个以社区为活动整体的农村扶贫开发与发展可持续生计途径相结合的社会政策体系和工作机制，是实现农村反贫困的重要手段。

内源型发展模式，如图6-3所示，在区域内精英广泛参与下，利用他们的社会网络，发挥精英的带动作用。充分发掘当地资源和潜力，把当地的资源和潜力整合到区域经济发展的过程中。同时，兼顾地方自然资源的保护和长远的可持续发展，使资本在区域内均衡分布，从而达到农户个体和区域整体可持续生计发展能力提升的目的。这是以自身为中心的内动型区域，而不是靠外界的帮扶为重点。其动力主要来自于社区内农户的生计需求，在融合外来资源的基础上，由农户自主选择、自主发展，从而从根本上推动自身的发展。它主要

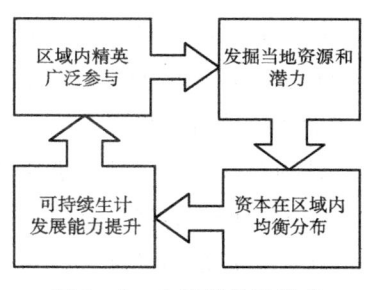

图6-3 内源型发展模式

适用于内部发展不平衡区域，经济精英发展已初具规模，还存在一定数量的贫困农户。发展的基础是当地的资源和农户的潜力。内源型社区的建立需要做好以下方面的工作。

(1) 文化建设

可持续生计不仅是经济上的可持续，还是文化上的可持续。因为文化有其特有的品质，要真正实现全面和内生的可持续就必须通过文化的延续和发展。而文化作为一个结构性和规范性的静态体系，同时还是一个动态的过程。文化的变迁与可持续的途径是人的动态的社会行为。在一个文化环境里，人类按照已有的规范和价值观来认识生活，从事各种活动，在享受前人留下的成果的同时，又根据实践中遇到的新情况、新问题，不断重新建构现存的规范和价值观，将新鲜的文化因素增添到已有的文化中去。

按照内容，可以将社区文化划分为核心文化、界面文化和外部文化三个方面。首先，核心文化是指在社区中通过长期的沉淀、积累而保持下来的传统文化，包括传统道德和伦理行为等，它们已经被社区吸收为其文化的重要部分。其次，界面文化是与核心文化相结合的外部文化的期望以及行为的可预期。最后，外部文化则是外界相对于社区文化的外来文化，它包括先进的科技文化及其他已被验证了的优秀文化。外部文化依靠政府等外界因素的推动，以及它对社区内部成员的引力，通过界面文化与社区核心文化的磨合，逐渐被核心文化所吸收。文化变迁不论采取的模式如何，社区文化的建设对形成社区"内源"动力等方面的影响都是极为显而易见的。所以，在文化变迁过程中加强核心文化的内源作用的同时，亦不能忽略外部文化的积极影响。

(2) 对农户的教育投入

文化的继承和发展离不开重要的载体——教育。教育应避免过去那种"工具理性化"，即片面强调将教育当作科学知识和技术的传播工具的功能，忽视它在文化传统、生活信念和价值观形成等方面的功能。通过教育，可以将文化内化为发展的动力，既能对过去进行继承，也能实现创新和发展。在社区开展普及科学技术的教育，把农户的实践经验有效地调动起来，能实现最切实际的创新，最终实现一个自由和充满活力的社区，实现成员生计的可持续。同时，教育还能够提升社区成员的人力资本。提升社区成员的劳动力价值是实现可持续生计的基础,通过教育来改变失地农民文化素质和技能偏低的现状,具有重大的现实意义。另外,现代社会随着全球化趋势的加强,只有在积极交流的基础上,才能保留自身的"地方性知识",保留文化的多样性。教育作为一种传播沟通的手段,使得外界信息被社区所吸收,从而实现社区信息资源的更新。一方面,社区的发展应基于自身的资源、需求、价值观念和思维模式来维持其成员发展的可持续;另一方面,也需要同外部世界通过沟通互换来实现系统的更新和活力。

(3) 社会资本的重构和积累

帕特南(2001)认为,社会资本像其他资本一样,具有生产性。它使得无它就不可能实现的目的成为可能,社会资本通过合作的促进从而提高了社会的效率。社会资本发挥功能的空间主要是非正式支持网络和自然支持网络的涵盖领域,其中包括家庭、家族、亲戚朋友、基层自组织共同体中包含的支持关系以及同非营利机构(主要指民间组织)建立的信任和支持关系所及的领域。目前我国的现状是农民工作往往通过个人和家庭非正式关系网的帮助获得,政府的组织作用仍然非常有限。

农户难以适应城市生活,生计无法可持续的原因之一就是其原有社会资本支持网络的解构。要使社区成员在整个社会能够实现生计的可持续,就需要对其社会资本进行重构和积累。作为组织者——社区而言,需要从以下几个方面来进行完善。首先,培育和引导社区成员积极参与。提高个人社会资本,必须使社区成员成为社区建设的主体,构建以社区议事会等为代表的社区参与平台,调动社区成员广泛参与的积极性。其次,培育社区信任网络及体系。在一个普遍的信任感较强、人们愿意在信任和互惠的基础上从事活动的社会中,交易成本无疑要小得多,这个社会也就会更有效率。最后,培养社区价值观,完善社区规范。社区规范是社会规范的重要部分,也是社区社会资本的重要部分,而它又是社区成员在共同价值观和利益的基础上形成的,具有最真实的自发性与自觉性。完善的社区规范有助于对社区信任网络的维护,从而提升社会资本。

(4) 成员积极参与的可持续生计的行动计划

纳列什·辛格等倡导建立以成员共同参与的"行动社区"来带动社区成员的可持续生计。笔者认为,农户生计安全的解决还需要根据社区自身的特点来建立一个动态的行动计划。成员通过这个计划，能够获得真实的行动能力，其内源发展拥有真实的基础，并以此实现社区真实的可持续生计。这个计划也需要根据环境的变化来进行调整，是动态的、生动的、实践的，而不是空洞的、僵化的理论体系，只有这样，该计划的可持续才具备了现实的可能性。同时，这种行动计划还必须把社区成员置于主体的地位，把成员的广泛参与作为"内源型"社区主要的衡量指标。一个可持续生计的行动计划必定建立在社区成员有内心信念和行动自觉性的基础上，成员才能通过内力驱使来积极参与该行动计划。但是参与者内心信念的建立绝不能幻想一蹴而就，要靠持续的行动来加强。因此，成员的积极参与是行动计划成功的前提条件。

（5）社区支持体系的建立

社区文化建设、社区社会资本的积累及社区行动计划的落实都离不开相应的支持体系。这主要包括社区管理机构的自主化和民主化，制度、政策的支撑，社会支持网络，以及外界非政府力量等。在这里，最为关键的就是如何完善社区管理机构。它应该是以社区成员为主的自主型机构。可对社区居委会进行改革和完善，使其成为"内源型"社区的平台，成为居民的自主组织。另外，加强社区内部的自助和互助机制的建设，发展社区草根组织和草根力量，培养社区自我治理的精英和骨干等，也是社区内源能力提升的重要因素。

建设"内源型"社区，提高社区内源性的能力，但绝不可忽视外源动力的作用。制度、政策的支撑是"内源型"社区合法性的基础，同时也是社区发展的重要外部支持。建立社区的社会支持网络，发展社区与外部社会的联络，帮助社区获得信息与资源机会，是解决可持续生计重要的条件因素。NGO的引入，也可加速"内源型"社区的建设进程。各界力量在帮助内源型发展模式社区发展时，要与当地的实际情况相结合，满足基本需求，如基础设施建设、实用生产技术等，以及发挥参与式的优势有效帮助农户自身发展能力建设。应采用多样化、替代化以及比较优势等发展策略促进区域内源型发展，而不是孤立发展。

6.3.2 开放型发展模式

开放型发展模式，指在经济全球化背景下，某一区域通过经济、社会、文化、政策的开放来加强本地与外地的紧密联系，使资源实现跨地区配置的一种发展方式。金融危机再次证明，区域经济发展必须全面融入并积极引导经济一体化的进程。在全球化的背景下，传统的资源和要素禀赋优势所带来的区域竞争力将在自由流动中被抹平，如果不能快速适应变化、应对变化和赶超变化，区域经济优势将会迅速消失。如果不能积极适应并且创造变化，原有的经济和技术优势将会在地区的创新中消失。因此，开放是发展的必备条件。

开放型发展模式，能够实现创新主体与外界的高效协同，解决技术与市场的不确定性问题，减少时间和资金的投入。对开放型发展模式的认识，最早来源于2003年亨利·切萨布鲁夫（Chresbrough, H.）教授提出的开放式创新。亨利·切萨布鲁夫认为，"开放"的本质是外部资源的获取和利用，通过内外资源的整合，减少技术和市场的不确定性，提高效益。开放式发展有别于传统模式的突出特点，是要把内部资源和外部资源充分结合起来，发展成为一种全局性的活动，然后应用于自己的发展。坚持"引进来"和"走出去"的发展思路，从外部引进以加强自身的基础，获取和使用外部有价值的和丰富的资源，能够成为自己创造价值的有效途径；而且充分利用新技术还可以减少成本，加快发展速度。通过这种合作，不同的组织不仅得以共担风险和成本，互补资源，提高效率，而且可以实现协同效应，实现共赢。

开放型发展模式显然适用于市场发育较成熟、资源富集的区域。通过政策引导，完全可以依靠自己的力量推进自主发展。但对于相对封闭、距离市场较远、资源相对比较贫乏的区域，开放型开展就比较困难。尽管我国的一些地区也在积极地应用开放型发展模式，但是小集体各自为政的现象还比较普遍，不仅导致了恶性竞争，而且造成了资源的浪费。因此，国家和各地区需要一种开放的理念，建设开放的发展模式，培养起一种开放、高效的组织与制度环境。

从生态循环经济的视角看，区域开放型发展模式能在一个区域内源源不断地汇聚资金、资本、人才、知识和技术等创新要素，并且能够把这些单个的要素经过再加工、再组织形成具有更高价值的"新产品"，进而为社会提供就业、市场、竞争力、环境和财富的具有创新价值的生态经济系统（如图6-4所示）。区域开放型发展模式有三个环节，分别是创新要素的流入、新价值的产生和对社会的贡献，其中新价值的产生是最关键要素。

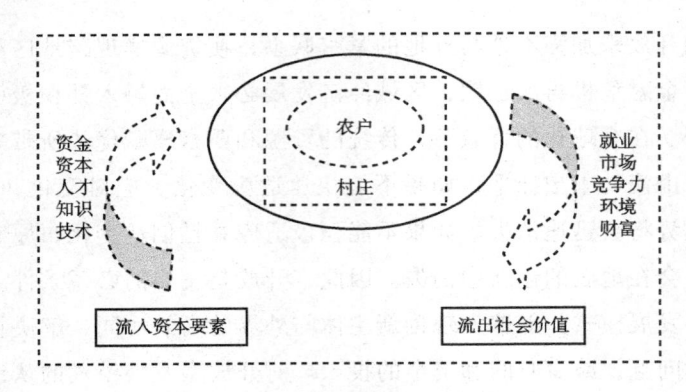

图 6-4 开放型发展模式

开放型发展模式的有效运行有赖于建立和完善一套切实可行的运行机制。运行机制的基本构成要素由组织系统、调控系统、规则系统和信息系统组成。

(1) 组织系统。组织结构系统提供组织保障,应遵循"统一管理、分工负责、协调合作"的原则,由各级政府统一管理和调控,避免各自为政,互相拆台。政府各职能部门应明确责任,分工协作,发挥各地区的积极性。

(2) 调控系统。政府应转变职能,改变过去直接管理和干预微观经济主体生产经营活动的做法,建立和完善开放型调控系统,主要运用经济手段、法律手段和必要的行政手段进行调控和管理。开放型经济调控的目标主要是:区域协调配合能力的加强;各地区、城市和农村的经济协调发展;基于循环经济理念的可持续发展;数量、规模、质量和效益统筹兼顾;促进人力资本培养增强综合实力。

(3) 规则系统。规则系统是制度保障,是改善环境特别是软环境的重要组成部分。它包括政府行为规则、政策制定和修改规则、行业协会行为规则、企业行为规则等。经济规则主要由政府和行业协会制定和执行,因此,政府行为规则占据至关重要的地位。首先,要求政府制定切实可行的开放型政策(包括优惠政策和限制政策)和其他经济规则,体现公平性。其次,要求政府按规则办事,严格合理制止违规行为。再次,要求政府接受监督,实行问责制,使农户的合理要求、意见和建议能得到及时的反馈和解决。规则既要保障经济效益,也应考虑社会效益和环境效益。

(4) 信息系统。信息系统在当今的信息社会中显得尤为重要。信息系统的建立和完善需要政府、协会和农户三者的共同努力。建立信息网络系统，为农户和企业提供信息咨询服务，以降低成本，避免信息不对称产生的经济风险。

开放型模式并不排斥已有的创新价值链和产业、技术、制度，而是在这些基础上更加强调开放性以及在开放性基础上的要素流入和社会财富贡献。开放型模式的前提是开放，路径是由内至外与由外至内的结合，本质是形成促进人才、技术、知识等创新要素的流动，在流动中形成要素不断增值的循环机制。对外开放可以通过学习、竞争、改进，实现引进、消化、吸收、再创新促进自主发展。自主发展形成的积累，又可以深化对外开放，提升开放水平，从而转化为开放的优势。促进区域发展，达到提高区域内农户生计水平的目的。

6.3.3 集体型发展模式

集体型发展模式，是在家庭经营的基础上，通过土地流转等形式，利用规模效应在村级集体层面的统一经营。适用于村庄内发展水平普遍较低，缺乏精英，但农户居住和土地较集中，通过土地流转来发展规模经济。它在生产方式和生产关系等方面，为基层民主政治改革、农民组织化程度的提高创造有利条件。在加强家庭联产承包责任制集体层面统一经营的过程中，在发展农民合作社的过程中，基层民主政治改革、农户之间的合作与联合不但有了物质基础，而且有了有效的组织途径和共同的利益目标。发展农村集体经济本身就是把农户组织起来，推动基层民主政治发展，走向共同富裕的过程。

集体型发展模式的基础是我国的农村集体经济。集体经济，是生产资料归农村部分劳动者联合所有、共同受益的一种公有制经济，是社会主义新农村建设的经济基础，是农民当家做主和共同富裕的物质保证。新中国成立后，我国农村经济发展几经变革，最终确立了集体所有、农户经营的家庭联产承包责任制。这决定于我国农村集体经济的基础：土地所有权的集体所有。我国的农村经济体制进行了三步改革。第一步是实行农业联产承包责任制，理顺农民与集体的关系。第二步是调整产业结构，大力发展农村商品经济，理顺农民与国家的关系。第三步改革的重点是取消农业税和农业特产税。全面取消农业税后，意味着我国传统的小农经济运行模式已经或正在发生根本性的转变。

我国农业生产分散，农村劳动力素质不高，加之大量高素质农村劳动力迁移到城市打工，不可能实行像东亚国家如日本、韩国等精耕农业，也不可能实行美国、澳大利亚的大型家庭农场模式，而且国外发达国家的工业积累可以为农业提供超量补贴。我国的工业化程度还不高，必须集中财力，实行重点支持和分散支持相结合，改变政府财政支农的宏观目标与农户经济行为的微观目标不兼容的情况。我国农村改革的经验提供了集体型发展模式的思路和框架。依据分级管理、抓大扶小和以大带小的原则，健全以中央、省、县、乡、村为基础的具有中国特色的农村分级经济管理体制。建立立体的新型农村分级经济管理体系，包括中央管农垦和超大型龙头企业，省管大宗农产品基地和大型龙头企业，实行县管农业产业合作，乡管农场（大农户或农业园区），村管农户（一村一品带动），在改革的进程中促进农村集体经济实现形式多样化和多元化。

如图6-5所示，集体型发展模式，通过政府或机构组织对村庄投入资金、信息和技术等生产要素，充分调动农户的生产积极性，形成统一的行动集体。可以在当地发展劳动密集型企业，或"公司+农户"的经营方式，使农户在兼顾农业生产的同时，获得非农收入。通过合法的土地流转和转让实现适度规模经营，逐渐扩大企业的规模，吸纳更多农村劳动力，在完成资本积累的同时向外谋求更大的发展。从目前的农村经济改革实践来看，农村劳动力转移已经

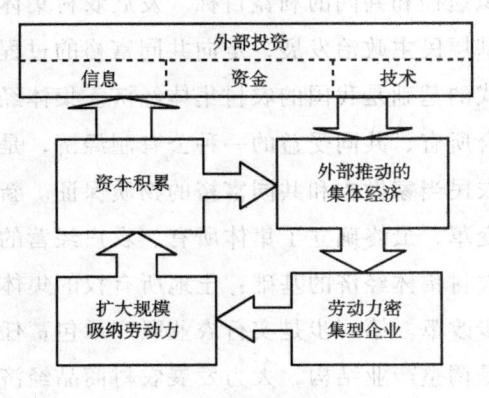

图6-5 集体型发展模式

取得了较大成绩,农村劳动力市场已经初步完善,转移劳动力的社会保障逐渐健全。如何实现适度规模经营?根据改革开放以来的实践,主要有两种途径:一是允许土地承包权的适度合理流转;二是发展土地股份合作社,推动以个体经营为基础的土地家庭承包制向以合作经营为基础的土地股份合作制演变。2008年10月,十七届三中全会通过的《中共中央关于推进农村改革发展若干重大问题的决定》中提出允许农民以多种形式流转土地承包经营权,但"不得改变土地集体所有性质,不得改变土地用途,不得损害农民土地承包权益"。土地适度合理流转,有利于土地的集中,在一定程度上也有利于局部的土地适度规模经营。将土地的承包权和土地的经营权分开,既保证了农民的地权,也为集体化发展提供了很大的运作空间。

随着农业产业化、工业化、城镇化、集约化的发展,为了克服家庭分散经营的局限性,我国一些地区把土地承包权转化为股权,把土地实际经营权委托给村集体或农业企业统一使用,建立起村级社区型土地股份合作社,从土地承包权"人人有份"的集体所有转变为土地所有权"人人有股"的共同占有,农户依据股权分享专业化与土地规模经营所带来的收益。对于村级社区组织而言,土地股份合作制集中了一个社区内可利用的全部或大部分土地资源,使土地这一稀缺资源能够按照效益最大化原则重新配置,并获得最大化的经济收益。而且,土地股份制事实上也加强了村级社区组织的经济控制力,增强了村级社区组织的经济实力。村级社区组织,即村党支部、村委会,往往是各地土地股份合作制的"第一推动者"和主要的发起人。将《土地承包经营权证书》换成《承包土地股权证书》,使个人的土地权益更加明确,土地收益更有保障,农户生计也有保障。特别是当前大多数农村青壮劳力都外出打工,家里只剩下妇女、儿童和老人,家庭单独从事承包地经营非常困难的情况下,既保障了他们的土地权益,又减轻了他们的劳动负担,还能外出打工或者兼业赚取更多的收入。集体发展模式符合农民的利益和要求。由个体经营基础上的家庭承包经营制转变为合作经营基础上的集体经济,实现了土地的规模经营和集约化经营,有利于资源的优化配置,提高了农民的组织化程度,在一定程度上改变了个体农户的弱势状况,保障了农户的生计安全。

但是,必须看到,我国人地矛盾尖锐,短期内发展集体经济很难,集体型发展模式仍在探索中，任何新兴事物的发展都是在曲折中前进的。因此，目前大面积普遍推广土地股份合作制需要慎重。在某些已经实行土地股份合作制的地区，在实践和理论上还有许多需要解决的难题，需要探讨。集体型发展模式，能够克服家庭个体经营的局限性，促成农民较好地合作，提高农民的组织化程度，改变农民弱势地位，培养农民的集体主义精神，巩固和发挥社会主义优越性，实现农业和农村的"第二次飞跃"，建设好社会主义新农村。

第七章 农户生计安全预警系统设计

农户生计预警系统是一个不断变化、调整和适应的动态过程，随着生计需求层次性的不断提高而变化。适应社会发展对这一目标进行评估和预警，首先要明确农户生计安全评价体系的含义，确定评价的主要原则，进而确定评价指标体系，在此基础上确定评估过程及评估的具体步骤。

建立生计安全预警指标，对某社区或聚落区域农户生计安全状况变化进行定量评价与动态分析，能够为同类型区域生态安全评价提供参考。生计安全预警指标体系的建立，是提高农户生计水平的重要手段。它可以监测区域内农户生计水平，便于及时救助贫困农户。建立农户生计预警评价体系的主要目的是对广大农村地区农户生计状况进行评估和预警。特别是欠发达地区，能够对贫困的规模、分布、程度、影响以及发展变化趋势等进行定期监测，揭示其发展过程中的农户生计问题，分析各种结果的原因，评价农户生存和发展水平，引导农业与农村社会发展的各种政策取向。

7.1 农户生计安全预警系统的指标体系

生计安全预警系统是围绕农户所展开的一整套评价的理论和方法体系。在既定的环境背景下，农户生计系统不可避免受到影响。社会经济发展形成生计安全的压力系统；保护管理形成生计安全的响应系统，这是可持续发展的需要。压力、响应和农户的可持续生计状态共同反映出生计安全水平，最后反馈于农户进行调控管理，以维持生计系统的可持续运行。农户需要具备维持最低生存需要的能力、保持生计可持续性的能力和抵御风险并传递给下一代的能力。生计系统是由若干相互联系、相互制约的子系统组成的复合系统，是不断变化、调整和适应的动态过程。

7.1.1 农户生计安全预警指标框架模型

遵循指标体系构建的思路，采用联合国经济开发署（OECD）建立的"压力－状态－响应"（PSR）指标框架模型，立足资源—环境—生计系统良性耦合的观点，采用第五章农户生计安全评价 PSR 模型框架。

压力，指农户生存压力，是来自自然界、社会以及农户本身固有的不利因素或不能适应其改变所造成的作用于农户生存目标的负效应。从农户角度，生存范围可以分成自身、社会和环境三个层次，压力也来自环境背景、农户生计压力和社会风险三个方面。

状态，指自然界、社会以及农户生计在相互作用后的一种进行性的相对平衡或不平衡结果。这种结果主要体现在农户生计资本和农户生计成果两方面。其中，农户生计资本包含农户现时固定资产以及受教育年限等有形和无形资产；生计成果则因为区域的多样性而很难统计与对比，所以转化为可以准确量化的人均纯收入和家庭恩格尔系数。

响应，指由社会与农户有意识、有目标地针对压力以及不平衡状态所实施的利用和恢复响应的行动。在此根据其对象不同，分为区域发展政策、农民生计策略两个方面。资源环境保护响应是评价资源和环境的利用和恢复的指标。区域内的投资、资源承载力的恢复直接反映了压力和状态能否被调节和改善，是否向积极健康的方向发展。因此选取了环保的投资强度和农民对生存环境满意度的定性指标。区域发展政策包括了对教育、农村固定资产的投资，以及自然灾害和农村社会救济等社会保障与建设指标。农户生计策略包含了劳动力就业率指标。

7.1.2 使用 SPSS 软件构建农户生计安全指标体系

SPSS（统计产品与服务解决方案），是具有增强数据管理、完善结果报告、统计建模等功能的统计分析软件。操作界面极为良好，输出结果美观漂亮。分析结果清晰、直观、易学易用，而且可以直接读取 EXCEL 及 DBF 数据

第七章 农户生计安全预警系统设计

文件。其统计过程包括了常用的、较为成熟的统计过程，完全可以满足非统计专业人士的工作需要。本文使用 SPSS 软件统计分析以构建农户生计安全评价指标结构，构建方便快捷，统计结果清晰，便于处理。

在指标的选取方面，笔者根据 110 份调查问卷（109 份为有效问卷），结合二级指标进一步细化候选的三级指标，使用 SPSS 分析软件筛选出三级指标（表 7-1 部分调查问卷指标的描述统计），最终确立了 16 项三级指标。在确定权重方面，参考已有研究确定权重。根据层次分析法，将农户生计安全评价指标体系分为目标层、准则层、要素层和指标层，构建农户生计安全评价指标体系，如表 7-1 所示。

表 7-1 部分调查问卷指标的描述统计

	N	极小值	极大值	均值	标准差	方差
年龄（岁）	109	25	79	46.17	9.180	84.269
文化程度(0=无 1=小学 2=初中 3=高中 4=专科 5=本科)	109	0	5	1.87	0.851	0.724
健康状况(0=无劳动能力 1=差 2=一般 3=良好)	108	0	3	2.67	0.749	0.561
主要职业(0=无业 1=学生 2=农民 3=工人 4=商人 5=干部 6=教师)	109	0	6	2.39	0.953	0.908
家庭总收入（元）	109	1320	277700	20111.64	28742.047	8.261E8
农业的收入（元）	109	0	272000	6279.81	26124.177	6.825E8
农业生产支出（元）	109	0	100000	2132.84	9586.757	91905914.985
生活消费支出（元）	109	100	20000	3902.75	3976.912	15815825.688
教育支出（元）	109	0	25000	4687.16	5272.871	27803166.837
净收入	109	-27100.00	118700.00	5449.2661	16318.01701	2.663E8
接受教育时间（年）	109	0	20	9.54	3.703	13.714
参加短期技术培训(0=否 1=是)	109	0	1	0.22	0.416	0.173
减少耕种面积(0=否 1=是)	109	0	1	0.55	0.500	0.250
住户类型(0=贫困户 1=非贫困户 2=富裕)	108	0	2	0.72	0.490	0.240
参加社保(0=否 1=是)	109	0	1	0.90	0.303	0.092

(1) 目标层（O）：是指标体系的最高层次，是农户生计安全的总体目标，实现农户生计系统及区域经济健康发展。

(2) 准则层（A）：是目标实现的主要系统层次，包括压力子系统、状态子系统和响应子系统。

(3) 要素层（B）：是准则层的次要层次，环境背景、农户生计资产、农户生计成果、资源环境保护、区域发展政策五个基本要素组成其子系统，每个要素包括若干具体指标。

(4) 指标层（C）：是评价指标体系最基本的层次，包括农户生计安全评价的16项具体指标，这些指标都是评价的直接可度量因子。

根据SPSS的分析结果，说明农户的收入、教育程度、老龄化、教育投资强度、环保指数和政府政策等方面对农户生计安全有很大的影响；反映出文化程度普遍偏低，贫富差距较大，贫困户所占比重较大，年龄平均46岁，农民和外出务工人员占大多数，大部分人缺少技术培训。根据分析结果建立的农户生计安全指标体系，可以用来评价和预警农户生计安全。

表7-2 农户生计安全指标体系

目标层(O)	准则层(A)	要素层(B)	指标层(C)
农户生计安全评价体系	A1 压力	B1 环境背景	C1 农业生产资料价格指数
			C2 老龄化率
			C3 贫困发生率
			C4 GDP年增长率
	A2 状态	B2 农户生计资产	C5 人均储蓄存款余额
			C6 家庭固定资产投资额
			C7 人均粮食产量
			C8 劳动力人均受教育年限
		B3 农户生计成果	C9 家庭人均纯收入
			C10 家庭恩格尔系数
	A3 响应	B4 政策和制度	C11 环保投资强度
			C12 农民对生存环境状态的满意度
			C13 教育投资强度
			C14 自然灾害救济
			C15 农村社会救济
		B5 农户生计策略	C16 劳动力就业率

指标层指标的具体说明如下。

（1）压力指标

C1 农业生产资料价格指数（a）：反映一定时期内农业生产资料价格变动趋势和程度。具体包括小农具、饲料、幼禽家畜、半机械化农具、化学肥料、农药及农药器械、农用用油八大类。权数资料来源于供销合作社等部门的销售统计资料和农村住户调查资料中的农业生产资料购买数量和金额，计算公式是它们的加权算术平均数。

C2 老龄化率（%）：用 65 岁以上老年人口增长率与总人口增长率之比来表示，借以对比观测老年人口在总人口中的发展速度。老龄化率增加了农户的生存压力。

C3 贫困发生率（%）：指收入水平低于贫困线的人口数量占总人口数量的比例，是使用最广泛的贫困指标，反映了贫困发生的广度。贫困发生率高，则社会风险增加。

C4 GDP 年增长率（%）：是宏观经济的重要观测指标。计算公式为：[（本期 GDP - 上期 GDP）/上期 GDP] ×100%。

（2）状态指标

C5 人均储蓄存款余额（元）：指年末平均每人人民币储蓄存款余额。

C6 家庭固定资产投资额（亿元）：指某区域范围的某时段内，所有农户家庭建造和购置固定资产活动的货币总量。

C7 人均粮食产量（公斤/人）：指某区域范围的某时段内，粮食产品总量与农业人口总和之比。

C8 劳动力人均受教育年限（a）：指某区域范围的某时段内，有劳动能力的人口接受学历教育（包括普通教育和成人学历教育，不包括各种非学历培训）年限总和的平均数。计算公式：人均受教育年限 =（有劳动能力人群每个人的受教育年限之和/其人群总数）×100%。

C9 家庭人均纯收入（元）：指家庭纯收入/家庭常住人口。农民家庭纯收入，指农村居民家庭总收入中，扣除从事生产和非生产经营费用支出、缴纳税款和上交承包集体任务金额以后剩余的可直接用于生产性、非生产性建设投资、生活消费和储蓄的那一部分收入。它包括工资性收入、家庭经营收入、财产性收入和转移性收入四个部分。

C10 恩格尔系数：指食品消费支出占生活消费总支出的比重，恩格尔系数越小，表示生活质量越高。根据国际经验，恩格尔系数 0.6 以上为贫困，0.5～0.6 为温饱，0.4～0.5 为小康，0.3～0.4 为富裕，0.3 以下为最富裕，0.4 为小康目标值。

（3）响应指标

C11 环保投资强度（%）：即用于环境保护的投资总额除以财政投资总额，是衡量区域环境保护工作力度的重要指标。

C12 农民对生存环境状态的满意度：表示农民对资源环境的响应，在某区域范围内使用调查问卷得出的统计值。共划分为五个层次：很满意、满意、一般、不太满意、很不满意。

C13 教育投资强度（%）：是全年教育投资总额占全年总投资额的百分比。教育投资强度越大，居民知识水平升高，社会响应支持度越高。

C14 自然灾害救济：国家预算用于因自然灾害产生损失的补助费用。

C15 农村社会救济：国家预算用于抚恤和社会福利救济的费用。

C16 劳动力就业率（%）：指农村劳动力就业者与总劳动力人口的比率。

7.1.3 警限的确定

警限通常用来表示警情严重程度的等级分界线，但也可以看作各种状态之间的临界值。这里将警限认为是某个预警指标有警和无警与警情严重程度的等级分界线。在农户生计安全预警过程中，警限的确定异常关键，其结果将直接影响农户生计安全预警的结论。确立警限就等于建立起一套衡量农户生计安全警情严重程度的参照系，决策者可以通过与参照系的比较确定农户生计安全的发展手段和目标。参照系不同人们观察事物运动状态的结果就会不同。这一参照系科学与否，也将直接影响到人们对事物运动状态的认识和价值取向。但警限的确定又是一个复杂的难题。一方面，警限的确定是非常困难的，这是由于农户生计安全是一个多层次、多要素和多功能的复杂系统，不仅要考虑农户生计系统的问题，而且要将农户生计系统置于不同尺度的区域环境中进行分析。另一方面，警情的严重程度本身就是一个模糊概念，"正常"与"不正常"

"有警"与"无警"都没有明确的分界线，不仅与评价对象有关，而且与评价主体的价值观念密切相关。对于农户生计安全的警限，首先要明确其确定的要求与方法，然后根据警限确立的要求，针对类型不同指标而采用相适用的方法加以确定。

确定警限有以下要求。

（1）保障农户生计系统的服务功能不受破坏。

（2）既要与当前的社会经济水平相适应，又要有利于促进经济增长、社会稳定和自然保护目标的实现。

（3）能反映农户生计安全受影响的范围和程度，并尽可能量化。

（4）具有一定的先进性和超前性，能满足未来农户生计安全的功能需求。

（5）根据地域特点不同，科学确定预警指标的警限。

（6）只是相对的参考值，具有阶段性，随着社会经济和自然环境的变化而不断发展和丰富。

确定警限有以下原则。

在确定预警指标警限时，应该综合以上各种方法择优使用。笔者提出以下几项原则，以便在涉及具体研究区域时灵活运用。

（1）凡已有国际、国家、行业和地方规定标准的指标尽量采用规定标准，已有生态建设目标的按其目标标准确定警限。

（2）对于无相关标准的指标，其资料跨越时间长且数据丰富的，宜采用系统化方法，通过对研究区域农户生计安全发展的历史资料作系统化分析，根据指标不同采用合适的原则确定警限。也可以研究区域预警指标的背景值和本底值作为评价标准。

（3）对于无相关标准的指标，其资料数据跨越时间短，但有其他未受人类严重干扰的指标或相似类型的指标作为参考，宜通过与其他区域类型相似指标的现状或生态建设目标作横向对比，来确定研究区域农户生计安全预警指标所处的状态，从而确定警限。

（4）对于无相关标准的指标，其资料数据跨越时间短，但指标变化符合一定规律，宜通过一定数学方法确定警限。符合正态分布的预警指标可按照控制图方法确定，指标变动内在规律能够分析清楚。利用突变论原理，通过建立数学模型来确定警限。

(5) 对那些目前统计数据不十分完整,但在指标体系中又十分重要的指标,在缺乏有关指标统计前,可以依据各个领域专家的集体智慧和经验,对研究区域农户生计安全预警指标的警限进行判断。通过征集各个领域专家的意见,并经过多次集中和反馈意见后,再从不同的结论中找出共同的结果,以此确定警限。

7.2 农户生计安全的警情分析

农户生计安全警情分析,实质是通过构建农户生计安全警情分析模型,在研究农户生计安全运行以及社会、经济、自然等影响因素发展趋势的基础上,对未来某时段农户生计系统发展状况进行预测。对农户生计安全系统发展的历史、现状和未来趋势进行研究和客观评价,并判断其是否处于警戒状态及其所处的危险程度,可以掌握生计安全状态的逆向变化(即退回、恶化)的过程和规律,从而有利于决策部门提出正确的调控措施,保障农户生计系统的安全。为了实现农户生计安全警情分析功能,建立的警情分析模块包括警情预测和警情评价两部分:警情预测用于预测预警指标未来值,为系统未来进行预警准备数据;警情评价则用于预警的分析计量,对农户生计安全所处的状态的警情及其危险程度进行评价。

7.2.1 警情预测

农户生计安全是一个非线性、复杂、开放的系统,在预警之前必须选择合适的模型对生计安全各影响因素的发展态势进行预测。BP人工神经网络设计灵活,可以较为逼真地模拟真实的农户生计安全系统。

7.2.1.1 人工神经网络概述

人工神经网络(Artificial Neural Networks,ANN),是在现代神经生物学基础上提出的模拟生物过程以反映人脑某些特性的计算结构,属于人工智能范畴的一种计算机技术。它是由众多相互连接、形式简单的处理单元(即神经元)按照一定的拓扑结构组成的网络系统,具有并行计算与分布式存储能力、非线性映射能力和较强的鲁棒性、容错性、自适应、自组织、自学习的能力,以及非局域性、非凸性等特点。目前在模式识别、预测和预报、优化问题、神经控制、智能决策和专家系统等领域应用广泛。

人工神经的强大功能在于通过一定拓扑结构将神经元连接成神经网络,并使网络中各神经元的连接权重按照一定的规则变化,这种规则,也就是算法。学习过程的作用就是根据算法,调整网络各层连接权重,使网络的输入和输出以一定精度向给定的样本模式逼近,其本质在于识别存在于输入和输出信息之间的内在规律。对于任何一个时间序列,都可以被认为一定历史时刻(t,$t-1$,$\cdots$,$t-n$)的输入经过复杂的非线性作用而得到的未来某时刻($t+1$)或者一定时刻($t+1$,t,$t-1$,$\cdots$,$t-n+m$)的输出。用神经网络方法对预警指标进行时间序列预测也就是利用神经网络来拟合预警指标某一时间序列的非线性规律,然后将之用于该指标时间序列的预测。为了恰当地描述一个神经网络模型,主要涉及神经元特征、网络的拓扑结构、学习(训练)算法三个方面。

(1) 人工神经元模型

人工神经元是对生物神经元的一种形式化描述。它对生物神经元的信息处理过程进行抽象,并用数学语言予以描述;对生物神经元的结构和功能进行模拟,并用模型图予以表达。目前广泛应用的形式神经元模型在简化的基础上提出以下六点假定。

① 每个神经元都是一个多输入单输出的信息处理单元。

② 突触分兴奋性和抑制性两种类型。

③ 神经元具有空间整合特性和阈值特性。

④ 神经元输入与输出间有固定的时滞,主要取决于突触延搁。

⑤ 忽略时间整合作用和不应期。

⑥ 神经元本身是非时变的,突触时延和突触强度均为常数。

显然,上述假定是对生物神经元信息处理过程的简化和概括。上述假定可以用图 7-1 中的神经元模型示意图表示。

用数学表达式模拟生物神经元的响应过程可以表示为:

$$y_i(t+1) = f[s_j(t)] = f\{[w_{ji}X_i(t)] + \theta_j\} \tag{1}$$

其中,$y_i(t+1)$ 为神经元 i 的输出,$s_j(t)$ 为神经元 i 接收到神经元 j 的净输

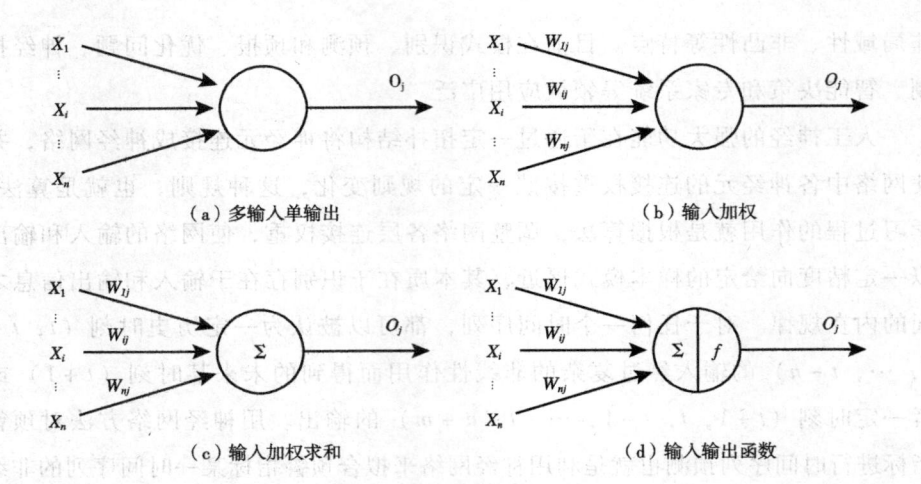

图 7-1 神经元模型示意图

入,即输入总和,$X_i(t)$ 为神经元 i 接收到神经元 j 的信息输入,w_{ji} 为神经元 i 到 j 的突触连接系数或称权重值,θ_j 为神经元 j 的阈值,f 为神经元的转移函数。

(2)神经元的转移函数

神经元的各种不同数学模型的主要区别,在于采用不同的转移函数使神经元具有不同的信息处理特性。神经元的转移函数反映神经元输出与其激活状态之间的关系。本文使用非线性转移函数中的单极性 S 型函数:

$$f(x) = \frac{1}{1+e^{-x}} \tag{2}$$

其中,$f(x)$ 具有连续、可导的特点,且有 $f'(x) = f(x)[1-f(x)]$。

非线性转移函数为实数域 R 到 [0,1] 闭集的非减连续函数,代表了状态连续型神经元模型。最常用的非线性转移函数是单极性 sigmoid 函数曲线,其特点是函数本身及其导数都是连续的,因而在处理上十分方便。

(3)人工神经网络的结构

一个神经元网络模型是由若干处理单元按照某种方式互连而成的网络。为了表示互连的神经元之间的互相影响程度,对每一连接赋予一定的权值。网络的互连方式以及权值决定了网络的行为。

神经元之间的连接方式不同,网络的拓扑结构也不同。按网络内部的信息流向可以将神经网络结构分为前馈型网络和反馈型网络两种类型。前馈网络的信息流由输入层逐级向下传递，信息的处理具有逐层传递进行的方向性，一般不存在反馈环路。其拓扑结构可以用图7-2表示。而反馈网络中所有节点都具有信息处理功能，某一层的输出通过连接权重作为输入反馈到同一层或者前一层。其拓扑结构可以用图7-3表示。本文采用前馈型神经网络构建农户生计安全模型。

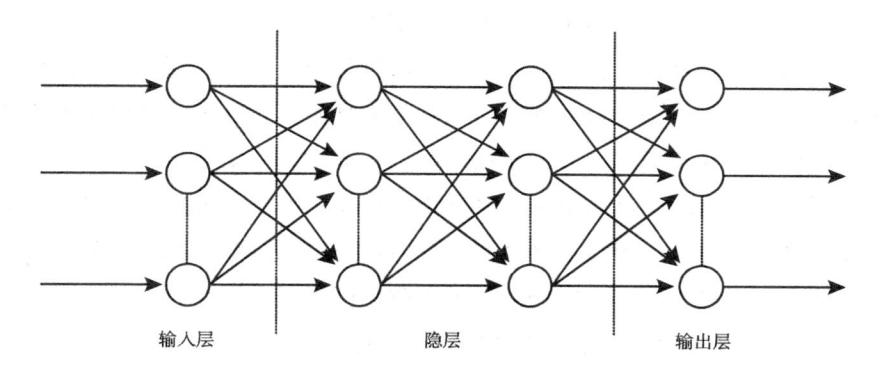

图7-2　前馈神经网络结构图

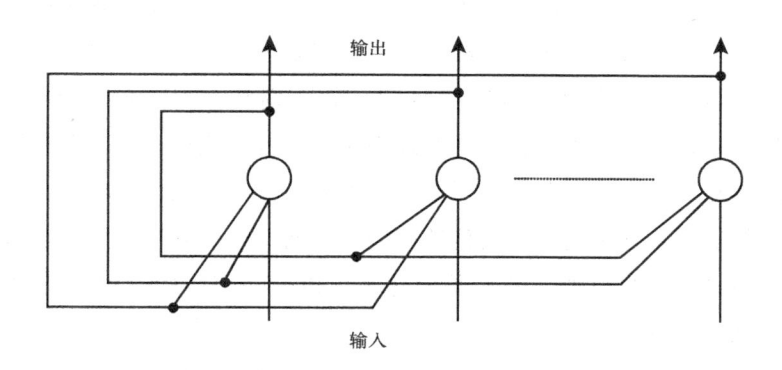

图7-3　反馈神经网络结构图

（4）学习过程

人工神经网络仅仅具有拓扑结构，还不能具有任何智能特性，必须具有一套完整的学习方法与之配合。神经网络能够通过不断地向网络输入一些样本模式进行学习训练，不断调整网络的各层的连接权重，使网络的输出以一定精度逼近期望的输出。这一过程就称为网络的学习或训练。神经网络的学习算法很多，但总体上可划分为导师学习和无导师学习两种模式。

有导师学习也称为有监督学习，这种学习模式采用的是纠错规则。在学习训练过程中需要不断给网络成对提供一个输入模式和一个期望网络正确输出的模式，称为"教师信号"。将神经网络的实际输出同期望输出进行比较，当网络的输出与期望的教师信号不符时，根据差错的方向和大小按一定的规则调整权值，以便下一次网络的输出更接近期望结果。

无导师学习也称为无监督学习。在学习过程中，需要不断给网络提供动态输入信息。网络能根据特有的内部结构和学习规则，在输入信息流中发现任何可能存在的模式和规律，同时能根据网络的功能和输入信息调整权值。这个过程称为网络的自组织，其结果是使网络能对属于同一类的模式进行自动分类。

在有导师学习中，提供给神经网络学习的外部指导信息越多，神经网络学会并掌握的知识越多，解决问题的能力也就超强。

7.2.1.2 基于BP算法的多层前馈神经网络

基于BP算法的多层前馈网络模型是应用最广泛的神经网络，简称BP神经网络。学习过程由信号的正向传播与误差的反向传播两个过程组成。正向传播时，输入样本从输入层传入，经各隐层逐层处理后，传向输出层。若输出层的实际输出与期望的输出（教师信号）不符，则转入误差的反向传播阶段。误差反传是将输出误差以某种形式通过隐层向输入层逐层反传、并将误差分摊给各层的所有单元，从而获得各层单元的误差信号，此误差信号即作为修正各单元权值的依据。这种信号正向传播与误差反向传播的各层权值调整过程，是周而复始地进行的。权值不断调整的过程，也就是网络的学习训练过程。BP神经网络执行的是有导师训练。

从结构上讲，BP神经网络具有输入层、隐含层和输出层。对于BP网络，隐含层可以有两个以上，而具有一个隐含层的最为普遍，如图7-4所示。输入层节点输出等于其输入，输入层和隐含层节点之间以及隐含层和输出层节点之间实现权连接，隐含层和输出层节点的输入是前一层节点的输出的加权和，每个节点的激励程度由它的激发函数来决定。隐含层虽然和外界不连接，但是，它们的状态则直接影响输入、输出之间的关系。这也是说，改变隐含层的权系数，可以改变整个多层神经网络的性能。各层次的神经元之间形成互连连接，各层次内的神经元之间没有连接。

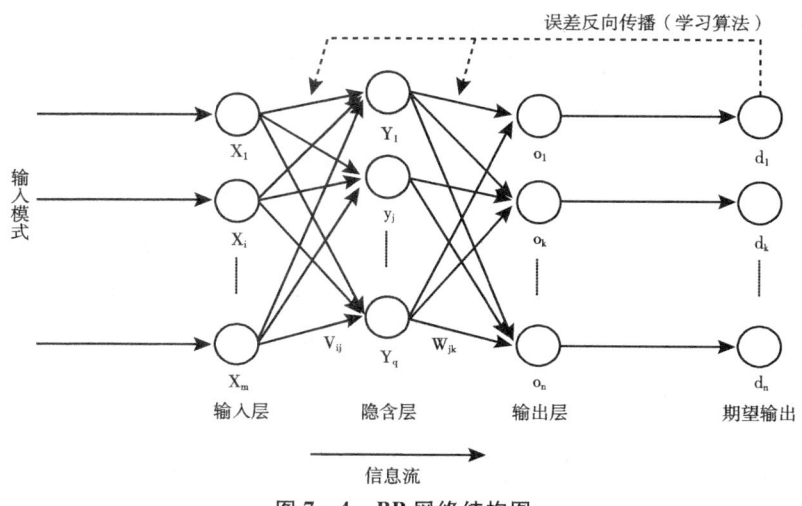

图 7-4 BP 网络结构图

7.2.1.3 基于 BP 神经网络的警情预测

利用 BP 神经网络拟合输入与输出间的关系并进行预警指标时间序列预测时，采取以下三个步骤：第一阶段确定网络结构；第二阶段进行网络训练和预测能力检验；第三阶段对预警指标进行外推预测。

（1）BP 神经网络结构确定

神经网络结构确定主要包括输入层节点数、输出层节点数和隐含层神经元个数的确定。预警指标预测利用基础数据时间序列对应的实际值作为样本输入数据，采用迭代一步滚动预测方式预测目标年的预警指标数值。其中，预测步长为 1 步，即相当于 1 年。输入层节点数和输出层节点个数对应预警指标的个数。隐含层神经元的选择是人工神经网络设计中关键的步骤。隐含层神经元结点数的选择难以用统一模式确定。根据经验，一般开始使用输入层节点数的 60% 作为隐含层神经元个数，随后不断增加，通过反复学习比较，在相同总体误差情况下，选择收敛最快的隐含层神经元数。

（2）网络训练

利用 BP 神经网络对农户生计安全预警指标进行网络训练时，设有 n 个农户生计安全预警指标，有 m 年时间序列的基础数据。将预警指标第 1 年到第 $m-2$ 年数据作为网络的样本输入数据，将预警指标第 2 年到第 $m-1$ 年数据作为目标样本期望输出，进行网络训练，并将第 m 年数据用于测试检验。其中，时间序列 BP 网络预测模型的输入层结点数是 n，输出层结点数是 n，$n+n$ 个相邻数据组成一个样本，前 n 个值作为样本输入数据，后 n 个值作为样本期望输出。用 BP 算法反复训练网络，直到网络训练得到满意结果。

（3）外推预测

在农户生计安全预警指标 BP 网络外推预测工作中，取预测的步值 L 为 1，采用迭代一步预测的方法进行预测。用第 m 年的数据对第 $m+1$ 年的数据进行预测，将预测值再次代入模型再预测，直至预测到目标年的预测值。

7.2.2 警情评价

综合评价是区域农户生计警情评价的基本方法。对农户生计安全的警情进行评价，实质就是对研究区域过去、现在以及未来农户生计安全运行或发展状态作系统的、全面的综合评价，判断警情处在什么状态。通过警情评价，能够及时发现那些偏离正常运行轨道、给系统发展造成重大负面影响的指标或子系统，并为下一步适当采取相应的排警措施提供依据，以促使农户生计系统沿着更加安全的方向运行或发展。

7.2.3 警情等级

预警通常划分为无警、轻警、中警、重警、巨警五个区域。预警信号可以形象地采用交通灯形式，分别对应五个灯区：绿灯、浅蓝灯、蓝灯、黄灯和红灯。根据预警综合指数所处的区间和信号灯区的不同，可以分析研究农户生计安全的态势以及未来可能出现的问题，并以此确定政府可以采取的排警措施。

7.3 农户生计安全系统的排警调控

7.3.1 排警调控的内涵

调控，简言之，就是协调、控制之意。从这个角度讲，调控是一个人为主观干预系统的过程。在管理中,控制就被认为是领导者和管理人员为保证实际工作能与目标计划相一致而采取的活动。一般是通过监督和检查组织活动的进展情况,实际成就是否与原定的计划、目标和标准相符合,及时发现偏差,找出原因,采取措施,加以纠正,以保证目标计划的实现。

7.3.2 排警调控系统的结构

根据控制系统有无反馈回路,控制系统可区分为开环控制系统和闭环控制系统两大类。开环控制系统指输入直接控制输出而不受输出影响的控制系统;闭环控制系统指用输入控制输出。从控制论角度出发,农户生计安全排警调控系统是一个闭环控制系统,基本结构由调控主体和受控对象、输入与输出、目标与行为、信息及其传输和反馈、决策与措施五部分构成。

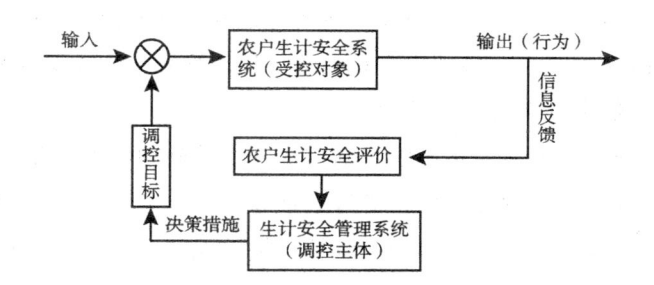

图 7-5 农户生计安全排警调控系统结构图

7.3.2.1 调控主体与受控对象

调控主体被称为"控制器",通过一定方式调整受控对象的状态,使之朝预定目标发展。对于农户生计安全排警调控系统而言,人是系统中的排警调控主体,农户生计安全系统是受控对象。人的因素,包括观念、目标性、行为及控制作用等,往往对农户生计安全系统状态及其演变起主导和关键作用。

7.3.2.2 输入与输出

对于农户生计安全排警调控而言,农户生计安全系统的运行无疑要受到自然环境和社会经济发展的影响和制约,其最终归宿必然是农户生计系统的平稳和安全运行。因此,将农户生计安全预警系统的影响和制约因素中人们可以直接和间接控制的生计管理和利用活动看成排警调控系统的输入,比如管理上的漏洞和资源、社会经济状况等;将农户生计安全预警系统的影响和制约因素中各种不可控制的因素,如自然灾害等,作为干扰;将农户生计安全所处的状态看成系统的输出。农户生计安全排警调控就是通过这些输入与输出发生联系的。正常的输入对农户生计系统排警调控的影响是有规律的,系统状态的变化是渐进的;而扰动对农户生计系统排警调控的影响是无规则的,系统状态变化是剧烈的。

7.3.2.3 目标与行为

系统调控的目的,是为了保证系统在变化的外部环境中,完成预期的目标。没有目标,就无法实现对系统的控制。称系统的实际输出为行为。农户生计安全预警是有目标的自适应能动系统,在外部环境与系统状况发生变化时,就可以根据农户生计安全预警系统自身目标和行为结果对系统的输入、输出进行协调控制,确保系统按期望的动态轨迹运行。由于农户生计安全自身存在大量不确定因素,加之干扰的影响,导致出现各种这样那样的警情,排警调控的目的就是通过不断调控农户生计安全系统的行为,以实现农户生计安全预警目标。

7.3.2.4 信息及其传输和反馈

农户生计安全排警调控系统的控制过程,是不断地将农户生计安全系统的状态反馈给管理部门等调控主体,进行处理和加工,分析其是否遵循原定的轨迹,确定农户生计系统行为与其排警调控目标的偏差,并作为农户生计安全系统的输入信息,以控制农户生计安全系统的输出。

7.3.2.5 决策与措施

根据传输和反馈的各种信息,农户生计管理系统等调控主体通过对农户生计系统行为与其排警调控目标的比较,指出偏差所在,分析偏差的原因,并制定纠正偏差的决策,提出有关措施,实施有效的控制。

7.4 农户生计安全预警模型的实例分析

7.4.1 陕西省农户生计安全预警指标体系

7.4.1.1 指标体系构建

参照第五章农户生计安全评价体系构建陕西省农户生计安全预警指标体

系，建立的"压力－状态－响应"（PSR）指标框架模型，立足资源—环境—生计系统良性耦合的观点。主要从农户生计系统、社会系统、环境系统三个层面评价和预警生计安全，包括16项三级指标，权重方面与第二章指标体系权重相同。如表7－3所示。

表7－3 陕西省农户生计安全预警指标体系

目标层（O）	准则层（A）	要素层（B）	指标层（C）
农户生计安全预警指标体系	A1 压力	B1 环境背景	C1 农业生产资料价格指数
			C2 老龄化率
			C3 贫困发生率
	A2 状态	B2 农户生计资产	C4 GDP年增长率
			C5 人均储蓄存款余额
			C6 家庭固定资产投资额
		B3 农户生计成果	C7 人均粮食产量
			C8 劳动力人均受教育年限
			C9 家庭人均纯收入
			C10 家庭恩格尔系数
	A3 响应	B4 政策和制度	C11 环保投资强度
			C12 农民对生存环境状态的满意度
			C13 教育投资强度
			C14 自然灾害救济
			C15 农村社会救济
		B5 农户生计策略	C16 劳动力就业率

7.4.1.2 数据基础及来源

本文时间序列选取陕西省1992～2009年的统计数据，指标数据资料主要来源于《陕西统计年鉴》、陕西省统计局、中国经济信息网络数据等，以及笔者的调查数据综合测算所得。大多数据为原始数据，未进行标准化。C11（环保投资强度）与C13（教育投资强度）为已标准化的指标。C14（自然灾害救济）指标1998年数据过于突变，所以在以后进行数据处理时适当减小该项指标以方便预测。大部分指标具有规律性，可用于BP人工神经网络的输入和输出。各指标的权重、基准值、理想值、单位及指标值见表7－4。

表 7-4 农户生计安全预警评价指标值

	评价指标	权重	基准值	理想值	1993 年	1998 年	2003 年	2008 年
C1	生产资料价格指数(a)	0.1090	100	110	93.9	102.4	100.8	108.3
C2	老龄化率(%)	0.0843	10	5	5.61	6.7	7.75	8.97
C3	贫困发生率(%)	0.0701	15	1	7.7	4.6	3.0	10.6
C4	GDP 年增长率(%)	0.0467	1	15	13.5	7.8	9.5	9.0
C5	人均储蓄存款余额(元)	0.0438	1000	10000	1173	3453	4500	5500
C6	农村固定资产投资额(亿元)	0.0346	10	2000	8.26	63.8	98.7	324.7
C7	人均粮食产量(公斤/人)	0.0531	100	450	355	363.7	263	306.5
C8	劳动力人均受教育年限(a)	0.0438	1	15	6.9	7.55	7.93	8.37
C9	人均纯收入(元/人)	0.1326	300	4000	653	1406	1676	3136
C10	家庭恩格尔系数(%)	0.0978	60	25	57.1	50	39.3	37.4
C11	环保投资强度(%)	0.0406	0.005	0.035	0.034	0.035	0.0268	0.043
C12	农民对生存环境状态满意度(%)	0.0381	1	5	3	4	2	2
C13	教育投资强度(%)	0.0398	0.075	0.25	0.127	0.165	0.2767	0.3488
C14	自然灾害救济(万元)	0.0458	3240	50000	5860	96862	35011.9	33796.9
C15	农村社会救济(万元)	0.0365	344	100000	357.5	4918	3536.74	54605.5
C16	劳动力就业率(%)	0.0834	40	95	80	83	86	92

注:农民对生存环境状态的满意度,划分为五个层次:很满意、满意、一般、不太满意、很不满意。
  5   4   3   2   1

7.4.1.3 预警指标警限确定

结合农户生计安全警限确定的要求和原则,根据陕西省农户生计安全发展现状选用相应警限确定方法,将陕西省农户生计安全预警指标警限确定为5级(见表7-5)。警限确定时,首先确定无警区间和巨警区间,然后再在无警和巨警区间内按照等距划分轻警、中警和重警区间。

表7-5 陕西省农户生计安全预警指标警限

指标	无警区间	轻警区间	中警区间	重警区间	巨警区间
C1	[0,110)	[110,115)	[115,120)	[120,125)	[125,+∞)
C2	[0,8)	[8,11)	[11,14)	[14,17)	[17,100)
C3	[0,6)	[6,10)	[10,14)	[14,18)	[18,100)
C4	(+∞,10]	(10,7]	(7,4]	(4,1]	(1,0]
C5	(+∞,5000]	(5000,3500]	(3500,2000]	(2000,500]	(500,0]
C6	(+∞,500]	(500,350]	(350,200]	(200,50]	(50,0]
C7	(+∞,350]	(350,250]	(250,150]	(150,50]	(50,0]
C8	(+∞,9]	(9,7]	(7,5]	(5,3]	(3,0]
C9	(+∞,3500]	(3500,2500]	(2500,1500]	(1500,500]	(500,0]
C10	[0,35)	[35,45)	[45,55)	[55,65)	[65,100)
C11	[1,0.85]	(0.85,0.65]	(0.65,0.45]	(0.45,0.25]	(0.25,0]
C12	[5,4)	[4,3)	[3,2)	[2,1)	[1,0)
C13	[1,0.85]	(0.85,0.65]	(0.65,0.45]	(0.45,0.25]	(0.25,0]
C14	(+∞,35000]	(35000,25000]	(25000,15000]	(15000,5000]	(5000,0]
C15	(+∞,30000]	(30000,20000]	(20000,10000]	(10000,5000]	(5000,0]
C16	[100,85)	[85,70)	[70,55)	[55,40)	[40,0)

7.4.2 预警指标预测

神经网络理论定理已经证明,经充分学习的三层BP网络可以逼近任何函数。因此本研究采用三层BP神经网络模型对预警指标进行预测,模型构建通过Matlab7.0编程语言实现,基础数据为1992~2009年陕西省农户生计安全各预警指标实际值。

7.4.2.1 BP 神经网络结构确定

经过试算，研究最终确定对农户生计安全的自然因素子系统建立 16 - 40 - 16 的 BP 神经网络模型（图 7 - 6）。

模型参数方面：

初始权值采用 - 0.5 ~ + 0.5 的随机数；

最小速率取 0.1；

允许误差取 0.001；

最大迭代次数取 5000 次；

选择 sigmoid 参数作为神经元激励函数；

对基础数据进行标准化转换。

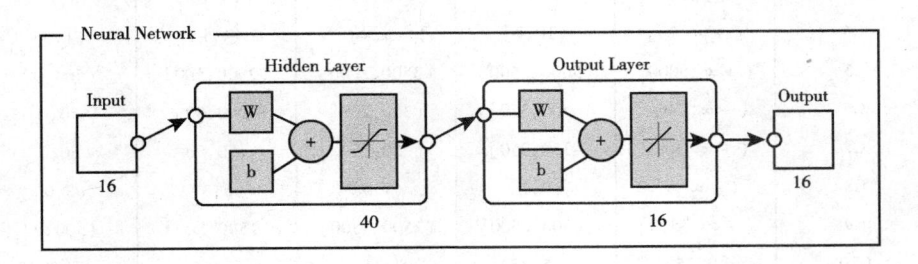

图 7 - 6　BP 人工神经网络模型

Matlab 主要函数和参数：

p = [1993 年 16 指标；　　　　　　　　　\\ 输入矩阵
　　1998 年 16 指标；
　　2003 年 16 指标]；

t = [1998 年 16 指标；　　　　　　　　　\\ 输出矩阵
　　2003 年 16 指标；
　　2008 年 16 指标]；

p1 = p'；　　　　　　　　　　　　　　　\\ 矩阵转置
t1 = t'；

```
net = newff (p1, t1, [40], {'tansig'},'traingd'); \\ 构建 BP 人工神经网络
net.trainParam.epochs = 50000;                    \\ 设置网络参数
net.trainParam.goal = 0.001;
[net, tr] = train (net, p1, t1);                  \\ 训练网络
A = sim (net, p1);                                \\ 网络仿真
B = A - t1;                                       \\ 计算误差
```

使用公式（2-1）、（2-2）结合表 7-5 标准化转换预警指标如表 7-6。

表 7-6 农户生计安全预警指标值

		评价指标	权重	1993 年	1998 年	2003 年	2008 年
压力	C1	生产资料价格指数(a)	0.109	0.872	0.860	0.863	0.852
	C2	老龄化率(%)	0.0843	0.895	0.874	0.855	0.785
	C3	贫困发生率(%)	0.0701	0.765	0.885	0.925	0.620
	C4	GDP 年增长率(%)	0.0467	0.889	0.703	0.817	0.783
状态	C5	人均储蓄存款余额(元)	0.0438	0.340	0.644	0.783	0.864
	C6	农村固定资产投资额(亿元)	0.0346	0.041	0.268	0.315	0.616
	C7	人均粮食产量(公斤/人)	0.0531	0.852	0.856	0.676	0.762
	C8	劳动力人均受教育年限(a)	0.0438	0.64	0.705	0.743	0.787
	C9	人均纯收入(元/人)	0.132	0.281	0.431	0.485	0.777
	C10	家庭恩格尔系数	0.0978	0.408	0.550	0.764	0.802
响应	C11	环保投资强度	0.0406	0.0342	0.0350	0.0268	0.0430
	C12	农民对生存环境状态满意度(%)	0.0381	0.550	0.700	0.400	0.400
	C13	教育投资强度(%)	0.0398	0.127	0.165	0.277	0.349
	C14	自然灾害救济(万元)	0.0458	0.267	0.946	0.850	0.826
	C15	农村社会救济(万元)	0.0365	0.0179	0.148	0.106	0.863
	C16	劳动力就业率(%)	0.0834	0.783	0.823	0.852	0.861

7.4.2.2 BP 网络训练

陕西省农户生计安全预警指标 BP 神经网络训练思路是：用预警指标 1992~2004 年的数据作为网络的样本输入数据，1997~2009 年的数据作为目标样本期望输出，进行网络训练。从表 7-6 和图 7-7 中可以看出，陕西省农户生计安全的因素系统样本一般，C14、C15 突变数据和 C12 无规律数据等对

网络的构建有一定的影响,网络在迭代 13987 次后达到收敛要求,训练完成后测定预测输出与期望输出的误差,达到 0.001 数量级,该网络可以用来预测。

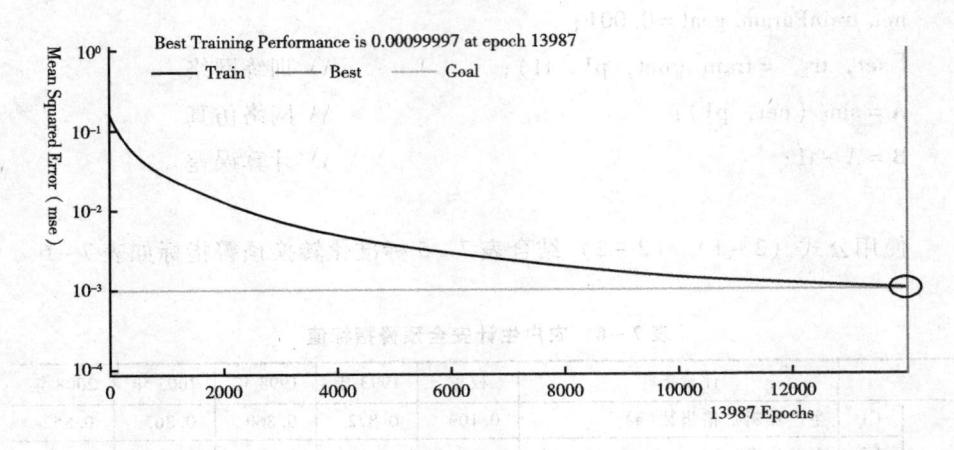

图 7-7 BP 人工神经网络模型性能

表 7-7 陕西省农户生计安全 BP 系统期望输出与预测输出误差

指标	输出年 1	输出年 2	输出年 3
C1	0.0012	0.0016	0.0026
C2	0.0020	-0.0024	0.0012
C3	0.0123	-0.0038	0.0008
C4	-0.0260	-0.0429	0.0487
C5	0.0058	0.0011	-0.0109
C6	-0.0022	0.0127	-0.0077
C7	0.0118	0.0348	-0.0267
C8	-0.0319	-0.0066	0.0012
C9	-0.0017	0.0078	-0.0024
C10	0.0116	-0.0114	0.0210
C11	0.0075	0.0120	-0.0360
C12	0.0058	-0.0181	0.0087
C13	0.0122	0.0076	0.0146
C14	0.0176	-0.0169	0.0229
C15	0.0015	-0.0046	0.0043
C16	-0.0285	-0.0217	-0.0250

7.4.2.3 外推预测

用训练好的 BP 神经网络模型，对系统 2013 年和 2018 年的各预警指标进行预测，结果见表 7-8。主要思路是：用 2008 年的数据对 2013 年的数据进行预测，将预测值再次代入模型再预测，直至预测到 2018 年的预测值。突变数据 C14、C15 使用网络预测时舍弃突变年的指标，其他大部分指标皆具有一定规律性。

表 7-8　农户生计安全预警指标 2013 年、2018 年预测值

评价指标		权重	1993 年	1998 年	2003 年	2008 年	2013 年	2018 年
C1	生产资料价格指数	0.109	0.872	0.860	0.863	0.852	0.835	0.826
C2	老龄化率	0.0843	0.895	0.874	0.855	0.785	0.809	0.790
C3	贫困发生率	0.0701	0.765	0.885	0.925	0.620	0.614	0.611
C4	GDP 年增长率	0.0467	0.889	0.703	0.817	0.783	0.756	0.915
C5	人均储蓄存款余额	0.0438	0.340	0.644	0.783	0.864	0.883	0.897
C6	农村固定资产投资额	0.0346	0.041	0.268	0.315	0.616	0.505	0.643
C7	人均粮食产量	0.0531	0.852	0.856	0.676	0.762	0.641	0.571
C8	劳动力人均受教育年限	0.0438	0.64	0.705	0.743	0.787	0.793	0.735
C9	人均纯收入	0.132	0.281	0.431	0.485	0.777	0.818	0.873
C10	家庭恩格尔系数	0.0978	0.408	0.550	0.764	0.802	0.813	0.852
C11	环保投资强度	0.0406	0.0342	0.0350	0.0268	0.0430	0.052	0.057
C12	状态满意度	0.0381	0.550	0.700	0.400	0.400	0.460	0.510
C13	教育投资强度	0.0398	0.127	0.165	0.277	0.349	0.450	0.520
C14	自然灾害救济	0.0458	0.267	0.946	0.850	0.826	0.829	0.821
C15	农村社会救济	0.0365	0.0179	0.148	0.106	0.863	0.611	0.688
C16	劳动力就业率	0.0834	0.783	0.823	0.852	0.861	0.870	0.887

7.4.3 警情评价

7.4.3.1 警情等级划分

按照设定的预警指标警限划分标准，得出陕西省农户生计安全预警指标警级为：

无警区间——（0.85，1）

轻警区间——（0.65，0.85）
中警区间——（0.45，0.65）
重警区间——（0.25，0.45）
巨警区间——（0，0.25）

7.4.3.2 警情综合评价结果及其分析

将警情综合评价指数（表7-8）与警级划分标准对比，陕西省农户生计安全预警系统警级分别见表7-9。

表7-9 陕西省农户生计安全预警警级

	评价指标	1993年	1998年	2003年	2008年	2013年	2018年
C1	生产资料价格指数	O	O	O	O	A	A
C2	老龄化率	O	O	O	A	A	A
C3	贫困发生率	A	O	O	B	B	B
C4	GDP年增长率	O	A	A	A	A	O
C5	人均储蓄存款余额	C	B	B	A	A	A
C6	农村固定资产投资额	D	C	C	B	B	B
C7	人均粮食产量	O	O	A	A	A	A
C8	劳动力人均受教育年限	B	A	A	A	A	A
C9	人均纯收入	C	C	B	A	A	A
C10	家庭恩格尔系数	C	B	A	A	A	O
C11	环保投资强度	D	D	D	D	D	D
C12	状态满意度	B	A	C	C	B	B
C13	教育投资强度	C	C	C	C	B	B
C14	自然灾害救济	C	O	O	A	A	A
C15	农村社会救济	D	D	D	O	O	O
C16	劳动力就业率	A	A	O	O	O	O

注：O、A、B、C、D分别对应无警、轻警、中警、重警和巨警警限。

用各指标标准值与权值计算出1992~2019年陕西省农户生计安全系统各子系统指标（表7-9）和总指标（表7-10），各子系统指标除以权值化为标准值。

表7-10　陕西省农户生计安全系统各子系统指标和警级

	1993年	1998年	2003年	2008年	2013年	2018年
脆弱性背景	0.8565	0.8465	0.8678	0.7710	0.7662	0.7810
	O	A	O	A	A	A
生计资本	0.5111	0.6492	0.6480	0.7650	0.7125	0.7074
	B	B	B	A	A	A
生计成果	0.3213	0.4490	0.5018	0.6406	0.6700	0.7127
	C	C	B	B	A	A
政策和制度	0.1466	0.4529	0.4406	0.5618	0.6405	0.6830
	D	B	C	B	B	A
生计策略	0.7830	0.8230	0.8520	0.8610	0.8700	0.8870
	A	A	O	O	O	O

表7-11　陕西省农户生计安全系统总系统指标和警级

	1993年	1998年	2003年	2008年	2013年	2018年
总指标	0.5378	0.6388	0.6627	0.7116	0.7203	0.7439
警级	B	B	A	A	A	A

7.4.3.3　结果分析

从表7-9、表7-10、表7-11可以看出，1992～2009年，陕西省农户生计安全存在稳定趋势，其总体位于中警区间，且警情评价指数略有升高。其中，2002～2009年为陕西省农户生计安全发展较好阶段，但是环保投资强度和教育投资强度依然不足。通过研究预测，如果保持目前发展趋势并作出积极有效的调控，2012～2019年间陕西省农户生计安全状况会比2008年有一定程度提升并保持轻警区间。在调控的同时必须注意老龄化率和贫困发生率的上升，也要注意人均粮食产量的下降。为了保证陕西省农户生计安全状态逐步得到提高，以免对陕西省社会经济可持续发展造成限制，有关部门必须提出积极有效的排警调控措施，以摆脱目前农户生计安全处于轻警区间的态势。

7.4.4　排警调控

7.4.4.1　关键因子调控

陕西省农户生计安全排警调控通过模拟农户生计安全预警指标变化时总系

统警情评价指数同时变化的情景进行分析对比,以找出关键影响因素并提出调控措施。

以 2008 年的 16 个农户生计安全预警指标统计数据为基础,影响陕西省农户生计安全警情评价指数的关键因子可以视为权重较大和人为容易调节的因素。基于此,通过征询相关专家意见,将系统权重大于 0.05 指标视为关键因子。这些因子包括生产资料价格指数、老龄化率、贫困发生率、人均粮食产量、人均纯收入、家庭恩格尔系数和劳动力就业率。对越大越好的每个指标均增加 5%,并将越小越好的每个指标均减少 5%。

表 7-12 改变了这 7 个指标以考察陕西省农户生计安全警情的变化。

表 7-12 关键因子改变前后 2008 年总预警指标表

改变前	改变后	增长%
0.7116	0.8805	23.70
A	O	

据表 7-12,敏感变化度达到 23.70%,变化速度为 5% 的 4 倍多,而且将农户生计安全状况从轻警区间提升到了无警区间,起到排除警患的作用。

7.4.4.2 调控措施

通过模拟可以看出,实施积极有效的排警调控措施对农户生计安全警患的排除以及整体状况的提升具有重要意义,同时关键因素是影响农户生计安全整体走势的重要方面。但将调控情景与研究 2013 年预测结果相对比可以发现,各预警指标并不能像情景模拟中一样发展,甚至有的还背离情景模拟中的发展趋势;同时,根据陕西省实际情况来看,有的预警指标在 2008 年也不可能达到情景模拟中的水平。因此,结合警情综合评价结果分析以及排警调控中关键因素分析,研究认为:生产资料价格升高、土地生产潜力水平降低、人均粮食产量不足、老龄化加剧、环保投资强度和教育投资强度不足、自然灾害和农村社会救济不足、劳动力人均受教育年限过低是陕西省农户生计安全主要问题所在;生产资料价格、人均粮食产量、环保投资强度、教育投资强度、自然灾害救济、农村社会救济、劳动力就业率等指标均属于强可控因素,而且这些指标有的已经得到较大程度的提升；老龄化率、贫困发生率、家庭恩格尔系数、劳动力人均受教育年限等指标均属于弱可控因素，通过一定努力可以得到不同程度的改善。根据以上研究结果，结合陕西省现有基础和条件，可以对改善陕西省农户生计安全状态、解决目前存在的和防止未来可能出现的农户生计安全警情提出以下排警调控措施。

（1）引导非正式制度健康发展。在规划中促使市场发育成熟，肯定其合法地位，促其健康发展，使得非正式制度和正式制度能够在共同发展的同时实现互补，进而依法维护各利益群体的正当利益。

（2）发挥政府作用。农户在现有正式风险规避政策不完善的情况下理性选择了风险规避倾向，对这种做法应予以充分的尊重和理解，而不应强制农户采用新技术、新品种。政府可以通过短期培训教育等灵活多样的方式，组织农户学习风险识别、衡量、评估、分析等知识，以最低成本实现农户最大安全保障。

（3）充分发挥商业保险和正规金融机构的作用。鼓励商业保险公司大力开发农村市场，通过实地调研，开发满足农户实际需求的保险产品。改革现有的农村金融体系，降低政府的行政干预，提高服务效率，做到产权明晰、治理规范。

（4）根据经济发展的实际情况建立特色化现代农村社会保障体系。由于各农村地区的经济发展不平衡，可以先鼓励经济发达的区域建立比较完善的农村社会保障制度，特别是建立针对农村老龄人口的社会化服务体系。经济欠发达农村地区可以在财力允许的条件下，对于严重影响农民生计的风险方面，优先建立单项社会保障制度，例如大病医疗制度。

第八章 农户生计安全保障的实现路径

随着现代化建设步伐的加快，农户生计安全关系到区域可持续发展和全面建设小康社会目标的实现。在构建农户生计安全保障模式的基础上，我们应从经济社会发展的全局出发，通过综合考虑各种因素，采取有效措施，实现对农户生计安全的保障。

8.1 建立农户生计安全评估和预警机制

8.1.1 建立和健全农户生计安全预警系统

对生计安全评价的不断深入研究，必然涉及预警系统和对农户生计可持续发展的动态监测。生计安全预警研究是防范贫困发生的重要手段。它以区域和农户信息及其他相关资料为基础，通过各种方法，分析生计安全系统指标的变化，发现并将可能面临的生计风险及时报告给利益相关主体，分析导致风险的可能性因素，以促进利益相关主体早做准备或采取对策，使农户免受损失。

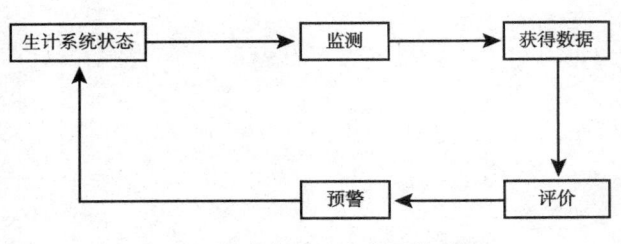

图 8-1 农户生计安全预警系统

安全预警是能够对生计系统的发展动态展开一整套监测、评价、预测和政策选择的理论和方法体系。它是一种分析方法，能够对农户生计系统偏离可持续发展预期状态发出报警。

生计安全预警主要包括以下三个方面。

第一，预警指标的选取。在影响农户生计安全的众多因素中，由于各个影响因子之间存在各种复杂关系，所以建立一套完整合理的预警指标体系是建立生计安全预警系统的首要步骤。按照体系的复杂程度可以把指标体系分为三级，参考生计安全评价指标体系及相关研究，来确定指标的可行性和可用性。

第二，预警模型的确定。预警模型是建立预警机制的重点和重要步骤。实证研究的主要目的是为了寻求有效的关系，建立预警模型以获得未来发展趋势。预警模型可以通过对过去样本的预测来检验模型的有效性。

第三，配套调控措施。建立了可操作性的预警系统，不能只停留在实证研究的层面，还要对已发生的和可能发生的警情采取应对措施，对现有的警情加以排除，并预防未来可能发生的风险。建立生计安全预警系统的目的，是提高农户生计水平，为政府制定下一步发展策略提供依据；同时便于政府更好地监测各个子系统及指标能否达标并进行有效的管理。

8.1.2 建立农户生计风险的防范机制

中国农村缺失正规的生计风险机制，农户主要依靠非正规风险规避机制来规避风险，如家庭关系网络内的风险统筹、跨时期转移收入和采取保守的生产经营活动等。随着市场经济的不断深入发展，传统伦理思想对农户的禁锢逐渐弱化，农户独立自主的经济意识逐渐增强，进而使得跨时期转移收入在农户风险规避中发挥了重要的作用，而家庭关系网络内统筹的作用反而不明显。但是，跨时期转移收入作用的进一步发挥受到了相当大的限制。其主要原因，一是受到正式信贷市场流动性的约束，二是民间信贷市场处于"非法"状态。因此，为了规避风险，在农业生产经营中中国农户往往选择较为保守的生产技术和经营方式，但是这种规避方式不仅无法规避生活方面的风险，而且降低了中国农业的比较利益（马小勇，2007）。

要解决"三农"问题,实现农村的社会稳定和经济发展,改善农民的生活状态,应当使农户能够有效地规避各种风险。从长期来看,政府应为农户提供具有公共产品性质的社会保障,使农户能够依赖现代社会保障来规避风险。但是,在现阶段,政府尚无力量为数亿农民全面提供社会保障。近期内,可以通过以下措施帮助农户规避生计风险。

(1) 引导非正式制度安排的健康发展。农户自发形成的社会网络内风险统筹、民间信贷市场总体上是良性的,有正式制度安排无法替代的信息充分、交易成本低等特点。政府宜采取"无为而治"的态度,多观察,少干预;出现问题应就事论事地解决,不采取"一刀切"式的全面干预的政策;在条件成熟时,承认其合法地位,以便依法维护相关各方的正当权益,促进其健康发展,弥补正式制度安排之不足。

(2) 帮助农户引入现代企业风险规避方法。农户较强的风险规避倾向是农民在缺乏适当风险规避措施情况下的理性选择,应给予充分的尊重,不宜利用行政力量强制农户采用新技术、新品种进行所谓的"产业结构"调整。政府可以对农户进行风险规避知识培训,帮助农户引入现代企业生产经营中的风险规避方法。

(3) 充分发挥商业保险和正规信贷市场的作用。鼓励商业保险公司进入农村市场,研究农户的生产生活方式,开发适合于农户需要的保险产品。考虑到农业产业巨大的外部收益和农村保险业务的高成本、高风险,对于进入农村市场的商业性保险企业,应给予政策优惠,使其获得合理利润,并降低农户所缴纳的保险费,提高参保率。积极促进农村信用社改革,建立产权明晰、治理规范、面向农户的农村信用社体系,减少地方政府干预,改善服务效率。鼓励其他信贷机构进入农村,实现农村信贷供给的多元化。同商业保险一样,政府对面向农户的信贷机构,应当给予一定的政策优惠。

(4) 建立局部的或部分的现代社会保障制度。鼓励经济较发达地区率先建立农村社会保障制度。在财力有限的情况下,政府可以针对某些严重影响农民生活的风险建立单项的社会保障制度,例如在农村首先建立合作医疗制度或大病医疗保险制度。

8.2 优化发展农户生计资本

8.2.1 新要素信息资本

在经济社会发展中,信息占据越来越重要的位置,成为工业经济的重要载体。以信息化、网络化、全球化为特征的新经济正在迅速崛起,核心是信息资本。因此,将信息资本作为影响生计的重要资本,纳入农户的生计资本当中,有利于农户发展非农生计,适应市场经济的发展潮流。信息资本,指通过互联网等手段获取社会、经济、环境、文化等各个领域的信息,通过信息识别处理,提取有用的信息并转化为资本,创造利润。

为了解决农户的信息不对称问题,需要尽可能缩短农户获取信息的渠道和时间,降低其获取信息的成本。联合国粮农组织推出了一套"农村生计"(Livelihood Approaches)方案,核心是通过缩小农户获取信息的鸿沟促进信息对称性,宗旨是以人为本,通过多层次、可持续、动态的方式逐步实现减贫和发展。"农村生计"政策上的框架主要包括以下方面的内容:其一,信息内容本地化;其二,着重利用现有的系统和政策;其三,强调多样性、多元化;其四,能力建设;其五,确保公平接入和赋权;其六,健全合作网络体系和双向信息流平台;其七,技术上采取切合实际的方法。

(1) 信息内容本地化

对于农民来说,对本地信息的信任度要高于外来信息,即使可对信息做出一些说明和解释,农民们一般都不会相信这些方案而贸然采用。因此,与农民密切相关的信息本地化是重点,比如本地的气象、农业生态学、文化和农业生产、销售、加工的信息等。虽然互联网和有线电视在我国农村逐渐开始普及,但是目前的发展水平和普及率仍然偏低。在国内和国际层面上,面向本地内容的信息开发仍然有很大的空间可以开发。信息内容的本地化需从两个方面着手:首先需要农户详细了解本地的信息内容;其次需要提高本地信息制作的综合能力,为本地、全国,乃至国际范围的农户提供切实有效的信息。政府在这一方面应当充分发挥重要的作用。需要强调的是,在政府机构间建立通信网络比健全互联网信息内容更为重要。

(2) 着重利用现有的系统和政策

有些信息系统建设过于庞杂，设计并不符合实际需要。信息系统的设立忽略了使用的基本组织和单位，通常会导致两类问题。一是试图建立新的通信系统，而不思对现有系统进行应用和强化。二是基层组织对政策缺乏应有的理解，从而影响管制。而今，发展中国家在互联网基础上建立的信息系统或多或少存在风险，这不但减弱了现有系统的丰富性，而且对后续的系统建立会产生极大的障碍。据调查分析显示，为特殊用户提供特殊信息的最有效的是简单、易行的建立在现有通信和数据收集系统上的通信网络。因此，项目设计者需要对现有系统进行有效了解，并选择合适的通信技术，为用户提供合适的解决方案。

与现在系统面临的情况类似，如果对现有政策和它们可能产生的影响不了解，将对政策设计产生负面影响。这些政策包括：社会信息和通信的自由流动；合理的收入和税收；内容经严格检查或已放松管制。

(3) 强调多样化、多元化

"农村生计"强调面向不同群体，包括男人、女人、年轻人、老人，以及不同的种族，这一点是非常重要的。如果不了解不同人群的需求和利益，有可能导致现有不平等局面的继续失衡甚至恶化。要为不同群体的人提供平等的接入，就需要多样化的服务，让他们有机会阐述自己的要求。这样一来，在接入的部署和发展上就可以有的放矢，最终达到消除不公平的目的。

(4) 能力建设

国家通过信息系统及战略开发以扩大信息使用和增加通信接入来改善各个层面的生计时，能力建设是极其重要的。政府机构间开展工作，需要在国际信息技术基础设施、政策和标准条例下进行。国际和双边机构需要能力建设，从泛国家层面上讲，更需要开发和扩展电子网络，并与农村地区电子网络实现对接。

从本地层面上来看，需要鼓励和激励当地政府及相关的非政府机构提供更多的本地信息，其中包括信息的收藏、存储以及分配等，从而缩小信息提供者和使用者之间的差距。从个人层面来讲，低学历者的文化和数字基础知识，需要政府通过教育来完成,特别对边缘化的群体更应该加以关注,加大教育的投资力度。这些人没有接受最基本的教育,使用和制作信息的能力就会明显不足,也会影响信息的传播。

(5) 确保公平接入和赋权

近年来,技术能力转换成信息的速度越来越快,信息如果不能为人所获得,将是一种社会的不公。在非洲国家,电视和收音机普及率高于互联网。电话中心和互联网与社区的对接,使得互联网上的信息为越来越多的老百姓所获得。现在面对的挑战是如何将这些行之有效的试验方法推广到发展中国家去。对于政府来说,使农村社区、贫困地区都能获得有效的管理信息,是非常关键的。

(6) 建立合作网络体系和双向信息流平台

为促进"农村生计"的可持续发展,信息和通信系统需要在横向和纵向上实现信息共享。所谓纵向共享,是指相同水平上组织间的信息共享,例如不同政府层面或国家研究机构与本地发展机构间的共享。横向系统在集成度高的一些垂直组织间运行良好,因为信息系统可以实现兼容。横向系统如果是在有许多不同组织形式的环境下,为了实现一些特殊信息资源的共享,需要经常改变网络合作伙伴,这一举动将促进垂直系统的发展。

新时代的网络、新的信息和新的知识共享模式的应用将更加灵活,它可在宽松和可兼容的全球网络信息中运转。在各层面上,个人和组织之间建立动态和灵活的合作关系,可以减少不同层面间的边界。社区内部之间的合作,对社区内部所有权、互联网、可持续性以及信息文化等问题的解决都具有积极的影响。本地知识和外部知识的有效结合,可直接使贫困人口受益。关于信息流,传统的单向信息流应当适当转变,应向欠发达、落后边远的山区以及信息贫穷的社区扩展更科学、更丰富的信息。信息流在每个层面上都应该是双向的,应以动态信息的共享合作为基础。

(7) 技术上采取切合实际的方法

信息技术虽然在我国农村地区已经越来越多地广泛应用,但绝大多数农村的贫困人口的生计保障仍然面临着考验,所以"农村生计"的主要受益人应该被界定为贫困人口。信息和通信方式所采用的技术要具有可操作性,不同系统间的信息置换应该具有兼容性。应当本着现实实用的原则，在信息技术的选择上参照其他发达国家的成功案例，使用现有的技术，缩小农村地区与城市之间互联网技术应用的差距。这些技术包括农村无线、高频无线、互联网亭等。

项目实施的长期资金投入是一个非常重要的信息成本元素。信息通信基础设施资本的投资成本很高，但是并不难以计算。难的是为贫困农民提供信息的实际和隐性成本的计算，当然还包括社会和经济成本。信息提供者补偿成本的能力、用户的支付能力以及获益性，都是影响信息业务可持续性的因素。在考虑管制问题时，项目实施的长期资金是重要元素。明确公共产品是否需要管制，也是管制上的另外一种思考。目前有一种观点，认为农村信息和农村发展是全球范围内的公共产品，应当免费为所有人提供服务。随着经济的发展又出现了另一种完全相反的观点，认为投资者包括政府应将发展的重点从公共领域转向私人领域，农业扩展业务和信息应向私人部门提供有偿服务。如果按照后一种观点，农户的生计成本就会增加，将不能获得安全生计。

8.2.2 发展生计项目

"农村生计项目"的目标，是向绝对贫困和相对贫困的农户提供他们最需要的帮助，试验和探索更有效、更具创新性的救助方式，产生更有效的扶贫影响示范。项目通过后将项目资金下放到社区一级，赋权社区决定资金用途实现项目目标。另外，资金可用于改善居住条件，提供就业和其他培训，改善卫生和其他社会服务，帮助农民工改善非农就业。赋权贫困社区，改善其可持续生计发展的战略选择是项目的核心内容。通过采用创新型的参与方式，提供在赋权社区存在的积极效果和潜在风险方面的可靠经验，为创新有效的扶贫方式提供重要借鉴。

（1）赋权是核心理念

赋权是让个人或群体自主做出选择，并且将这些选择转化成符合期望的行动和结果。核心是确立起个人的和集体的资产权益，提高支配资金使用的组织环境和制度环境的有效性和公平性。这些资产包括心理的、信息的、组织的、物质的、社会的、资金的和人力的。赋权的前提条件是具有这样一个机会结构：通过更加公平的规则和更加广泛的权利，能够使人们将资产转化为有效的生计投入。机会结构包括支配人们行为、影响人们选择成功与否的制度框架。

赋权包括提高人们建立在资产基础上的能力和改变影响人们的行为及其相互关系两方面的内容。传统的扶贫措施关注资源和服务的提供。对赋权的强调，引入了对人们选择和机会的重视。认识到并考虑到穷人脆弱的"谈判地位"是扶贫政策和行动获得成功的关键。赋权是通向积极进步的政府治理的途径，通过社区自主发展和社区自主管理资金的模式把项目和管理项目的权力下放给社区。

（2）基于理论的评估方法

影响评价，是系统地对一项特定的发展活动（例如规划或项目）给个体农户、机构和环境产生积极的或是负面、有意的或是无意的影响的评价。在本项目中，影响评价需要说明农户是否得到了我们希望他们得到的好处，这些好处对他们的福祉有什么影响。

项目影响评价的设计采用基于理论的评价方法。基于理论评价要对干预活动如何干预和干预怎样发生作用（通过一个或多个结果链）有直接或间接的理论分析。评价的设计要结合理论和干预活动的预期，在项目实施过程的中期和项目完成后提供有意义的发现。在项目评价的设计中，其理论通过几个小的步骤呈现出来，然后确定数据收集和分析的方法，再阐释跟踪理论的假设。如果事情没有像预期那样发展，评价机制可以在一定证据支撑下指出问题出在哪里和为什么出现了问题。基于理论的评价方法注重人们需求方面对项目活动的反应及其行为所产生的影响。因此，它需要借助一套有效的、综合的方法和数据来监测行为的变化和相关的结果，例如"赋权"。定性和定量相结合的方法将提供数据，有效描述和解释干预活动是如何直接或间接地导致了赋权结果。

（3）案例研究的方法

案例分析是基于对某一个社区开展的深入案例研究。深入的细节研究可以为评估项目影响提供丰富的信息。数据收集和分析可以同时进行，因为在评估者收集信息的同时可以通过观察获得发现。然后他们可以进行解释并加以验证，并将重要的零碎信息联系到一起。

参与式方法将被运用，使群体对项目带来的变化、谁从项目中受益、谁没有受益、项目的优点和不足等进行确认。案例研究中使用的参与式方法包括常用的核心小组访谈、机构分析、核心卡片等。同时还会运用三角核查以增加信息、数据源和收集方法的可信度。此外，还包括二手数据的使用，例如项目文件和项目信息管理系统的数据等。

8.2.3 发挥非政府组织的补充功能

从外国非政府组织（Non-Governmental Organizations，NGO）的扶贫实践看，非营利性、公益性和志愿性的社会中介组织在扶贫事业中大有可为。我们对非政府组织的扶贫作用需要再认识。

（1）非政府组织扶贫是对政府扶贫的补充。第一，非政府组织扶贫在一定程度上弥补了政府扶贫财力的不足。陕西省扶贫基金会、陕西省慈善总会、陕西省光彩事业促进会等非政府组织，每年募集资金约8000多万元，用于各项扶贫事业。第二，非政府组织扶贫在一定程度上减轻了政府的扶贫事务负担，推动着小政府、大社会格局的形成与发展。

（2）发挥非政府组织扶贫作用需采取的具体措施。第一，需要尽快完善和健全相关的法规和政策，为非政府组织的扶贫事业的发展创造良好的法制环境。第二，需要强化慈善公益舆论宣传和慈善公益道德建设，尽快形成有利于非政府组织扶贫事业发展的社会氛围。第三，让非政府组织替代政府扶贫部门承担部分具体事务，推动政府职能转换和壮大非政府组织的扶贫事业。

笔者尽管对陕西省城市化进程中的城镇贫困问题作了多角度的分析，也在对策方面进行了尝试，但是实际中存在的问题及背后的深层原因远非于此。这里的研究大多也仅是提供了解决问题的思路，更多的具体对策还需针对具体情况科学制定。

8.3 增强社区互助功能

目前国内对于通过社区建设来提升失地农民的可持续生计能力的对策多限于依靠政府等外力，大多忽视了农民"内因"的作用。这种方式不能改变失地农民的谋生观念，使其陷入"丰裕的贫困"。失地农民对政府的"等、拿、靠"思想严重。一些农民面对自己目前生活的困境，最常说的就是："国家把我们的地征了，现在我们生活困难，不由政府来解决，那还靠谁呢？"这让我们看到政策偏差的另一种表现，这就是由于政府过多地干预社区事务，充当仁慈的家长所带来的另一种贫困现象：农民对政府的依赖。农民不是以积极的行动改变自己的命运，而是希望由政府来帮助解决问题，以至于不再有主动性。特别是新迁社区的部分农民不愿意积极就业，过着靠补偿费度日的短暂的"富裕"生活。

目前失地农民主要还是由政府牵头的"社区就业服务中心"提供工作。有些服务中心流于形式，不能从根本上解决失地农民的就业问题，更无法解决生计的可持续。培养失地农民行动的能力或内源发展能力，是实现可持续生计的不可忽视的途径。笔者认为，从社区自身的角度来看，"内源型"社区的建立需要从以下几个方面着手。

（1）加强社区文化建设

可持续生计的内涵不仅指经济上的可持续，还包括文化的可持续。只有通过文化的延续和发展，才能真正实现全面和内生的可持续。文化既表现为结构性和规范性的体系，又表现为一个动态的过程。人类就在这种文化创造的环境里既享受前人留下的成果，按照既有的规范和价值观来理解生活，从事各种活动，又不断根据实践中遇到的新问题、新矛盾，重新建构新的规范和价值观，将新的文化因素添加到已有的文化中去，实现文化的变迁和文化的可持续。

对于社区文化，我们可以将其分为核心文化、界面文化和外部文化。核心文化指在社区中通过时间的沉淀积累保持下来的传统文化，包括传统道德和伦理行为，它们已经被社区习以为其文化的一部分。所谓界面文化，是与核心文化相结合的外部文化的期望和行为。外部文化则是外界相对于社区的外来文化，它包括先进的科技文化及其他被验证了的优秀文化。外部文化凭借政府等外界因素的推力，以及它对社区内部成员的引力，通过界面文化与社区核心文化产生磨合，并逐渐被核心文化所吸收。不管文化变迁所采取的模式如何，社区文化的建设对形成社区"内源"动力的影响是巨大的。我们在文化变迁过程中要注意核心文化的内源作用，同时也不能忽略外部文化的积极影响。

（2）加大对社区成员的教育投入

文化的习得和发展需要用教育来加以传承。教育应避免过去那种"工具理性化"，片面地将教育当作科学知识和技术的传播工具，而应该更强调它在文化传统、生活信念和价值观方面的功能。在将科技知识和方法应用于社区时，必须符合该社区的社会经济和文化特点。通过教育，可以将文化内化为发展的动力，既能对过去进行继承，也能实现创新和发展，最终形成一个自由和充满活力的社区，实现成员生计的可持续。

教育同时还能够提升社区成员的人力资本。提升社区成员的劳动力价值是实现可持续生计的基础，通过教育来改变失地农民文化素质和技能偏低的现状，具有巨大的现实意义。另外，教育本身也是一种传播沟通手段。它使得外界信息被社区所吸收，实现社区信息资源的更新。现代社会随着全球化趋势的加强，只有在积极交流的基础上，才能保留自身的"地方性知识"，保留文化的多样性。我们强调"内源"，指社区的发展应更多地基于自身的资源、需求、价值观念和思维模式来维持社区及其成员发展的可持续，同时也需要同外部世界通过沟通互换来实现系统的更新和活力。

（3）重构和积累社区的社会资本

帕特南认为，社会资本是一种组织特点，如信任、规范和网络等。像其他资本一样，社会资本是生产性的，它使无它就不可能实现的某种目的而可能实现，社会资本通过促进合作提高了社会的效率。

社会资本发挥功能的空间主要是非正式支持网络和自然支持网络的涵盖领域，其中包括家庭、家族、亲戚朋友、基层自组织共同体中包含的支持关系以及同非营利性机构（主要指民间组织）建立的信任和支持关系所及的领域。目前我国农民工往往就是通过个人和家庭非正式关系网的帮助获得工作，政府组织的作用仍然非常有限。

对于失地农民来说，他们难以适应城市生活、生计无法可持续的原因之一，就是征地造成原有社会资本支持网络的解体。要使社区成员能够实现生计的可持续，就需要对其社会资本进行重构和积累，而组织者便是社区。对于社区来说，需要从以下几个方面开展工作。首先，培育和引导社区成员的社区参与。提高个人社会资本，必须使社区成员成为社区建设的主体，构建以社区议事会等为代表的社区参与平台,调动社区成员广泛参与的积极性。其次,培育社区信任网络和体系。在一个普遍的信任感较强、人们愿意在信任和互惠的基础上从事活动的社会中,交易成本无疑要小得多,这个社会也就会更有效率。再次,培养社区价值观,完善社区规范。社区规范是社区社会资本的重要部分,是社区成员在共同价值观和利益的基础上形成的。完善的社区规范有助于对社区信任网络的维护,从而提升社会资本。

(4) 推行社区成员积极参与的可持续生计行动计划

纳列什·辛格等倡导建立以成员共同参与的"行动社区"来带动社区成员的可持续生计。笔者认为,失地农民可持续生计的解决还需要根据社区自身的特点来建立一个动态的行动计划。成员通过这个计划,能够获得真实的行动能力,使其内源发展拥有真实的基础,并以此实现社区真实的可持续生计。这个计划也需要根据环境的变化而变动,而不是空洞的理论体系,这样才能实现该计划的可持续。同时,这种行动计划还必须把社区成员置于主体的地位,把成员的广泛参与作为"内源型"社区主要的衡量指标。一个可持续生计的行动计划,必定是建立在社区成员内心信念的基础上,成员才能通过内力驱使来积极参与该行动计划;而且参与者内心信念的建立不能幻想一蹴而就,它要靠持续的行动来加强。因此,成员的积极参与是行动计划成功的前提条件。我们可以通过建设社区夜校、社区议事会、社区发展基金等来对计划的推行加以保障,最终推动成员获得真正的可持续生计行动能力。

(5) 建立社区支持体系

社区文化建设、社区社会资本的积累,社区行动计划的落实都需要有相应的支持体系。这主要包括社区管理机构的自主化、民主化和制度、政策的支撑,以及社会支持网络和外界非政府力量的支持。在这里,最为关键的就是社区管理机构的完善。它应该是以社区成员为主的自主型机构。目前我国的失地农民社区居委会还带有明显的行政色彩。对社区居委会进行改革和完善,使其成为"内源型"社区的平台,成为居民的自主组织,是解决失地农民可持续生计问题的关键。另外,社区内部的自助和互助机制的建设,发展社区草根组织和草根力量,培养社区自我治理的精英和骨干,也是社区内源能力提升的重要因素。

建设"内源型"社区，发展社区内源性的能力，不等于拒绝外源动力的作用。制度、政策的支撑是"内源型"社区合法性的基础，也是社区发展的重要外部支持。建立社区的社会支持网络、发展社区与外部社会的联络、帮助社区获得信息与资源机会是解决可持续生计的重要条件。NGO 的引入，也能加速"内源型"社区的建设进程。

结　　语

　　生计安全，被理解为通过不断改善生活状况以获得持续谋生的资产、收入和能力，并维持福利水平接近或达到社会公认的客观保障条件。农户作为农村社会的构成主体，肩负着农村可持续发展和实现小康社会的历史重任，农户的生计安全度直接影响着这一目标的实现。

　　计划经济体制产生了城乡二元结构的弊端，人为地将城市和农村割裂开来，形成两种不同的生产生活方式。农村以农业生产资料为主从事精耕细作的农业生产，生产周期长，产出消费弹性小、附加值低的农产品；城市以全要素进行大工业生产，生产周期短，产出高回报率、高附加值、高标准化的工业品。工业化谋食方式将农业的利润、农村的土地、农户的发展空间一步一步挤压，使城市和农村发生断裂。城市工业化是社会发展的主流和经济支柱，农村以及传统农业生产成为非主流而逐渐落后。一部分农户积极转变生计方式融入城市生活以适应工业社会的发展，大多数农户尚未从心理和谋生方式上适应转型。在农村社会保障不健全和环境、经济、社会风险的冲击下，未转型的农户表现出脆弱性，从而产生生计安全问题。

　　农户生计安全状况不是一蹴而就的直线变化，而是在经历安全—不安全—安全的过程中呈现螺旋式上升循环发展的趋势。随着农户适应能力的增强，生计系统的各要素发生相应的变化。在对家庭强烈的归属感和认同感的支持下，农户遵循集体行动逻辑，行动系统完成适应—目标达成—整合—维模的功能步骤，促成系统模式与结构的转变，实现最优化行动目标，从而寻求新的稳定安全状态。这需要政府、企业、金融机构以及非政府组织等各种力量的共同支持和农户内在的能力、精神（文化、人格）的双重改变。

随着社会主义市场经济深入发展和科学发展观的贯彻实施,学界对安全发展的研究逐步深化和提升。安全发展是经济社会发展进步的标志,科学发展应以安全发展为前提,农村的发展首先要实现农户的安全发展。如何缩小城乡差距,加快农村发展,提高农户生计水平,保障农户安全发展,是我国目前面临的重大挑战。这需要社会各界共同努力去实现农户生计安全,推动社会转型。

对于农户生计安全,已有一定的国内外理论研究、方法论和实践活动的基础。在国外可持续生计分析框架的基础上,我们应积极探寻适合我国国情的分析研究框架。随着"三农"问题研究的不断深入,生计安全作为一个较为新兴的研究领域,还有许多方面有待开拓。

(1) 生计安全基础理论研究。目前关于生计的研究主要偏重于区域性实证研究,对基础理论的探索仍不够。转型期,我国农村存在大量的现实问题和发展问题有待研究。从经济学、社会学、发展学的角度研究我国农户生计的共性和规律性以及发展途径,形成生计安全的一整套理论体系,是今后研究的重点之一。

(2) 生计安全方法论研究。参与式农村评估是应用广泛的一种方法,通过赋权和参与增强受益者自身的能力,实现可持续发展。但是参与式方法也存在缺陷,采用的是定性的描述分析因而主观性较强,难以作出具有普遍意义的精确结论。生计领域有自身的特点,针对生计安全的特点开展方法论的研究有其必要性。

(3) 生计安全实践研究。生计安全的理论研究是手段,实际提高农户生计安全水平以实现农户的可持续发展才是目的。如何将理论研究转化为实践活动是达到目的的重要环节,进一步探索行之有效的生计安全管理模式和实践经验是区域可持续发展的需要。

参考文献

《关于加强安全生产保障能力的思考》，2009-5-21，安全文化网，http://www.anquan.com.cn/Wencui/guanli/zonghelw/200905/117491.html。

蔡常丰：《数学模型建模分析》，科学出版社，1995，第27页。

蔡志海：《汶川地震灾区贫困村农户生计资本分析》，《中国农村经济》2010年第12期，第55~66页。

陈传波：《农户风险与脆弱性：一个分析框架及贫困地区的经验》，《农业经济问题》2005年第8期，第47~50页。

陈辉：《"过密化"背景下华北小农的行动逻辑》，《古今农业》2007年第1期，第48~53页。

陈平：《湖北省退耕还林及其背景下农民生计问题的探讨》，《中南民族大学经济学院》2008年第9期，第72~73页。

程延：《"386199部队"：农村中的"留守军"》，《党政干部学刊》2007年第4期，第44~45页。

重庆市统计局：《国家统计局重庆调查总队》，《重庆统计年鉴》，中国统计出版社，2010，第183页。

戴正清、徐飞、徐旭辉：《论马斯洛自我实现理论》，《宁波大学学报》（人文科学版）2005年第2期。

邓大才：《农民行动单位：集体、农户和个人——兼论当代中国农民行动》，《天津社会科学》2008年第5期。

丁士军、陈风波、陈玉萍：《农户非农活动及其收入影响因素分析——以江汉平原农户为例》，《湖北省人民政府第三届湖北科技论坛"三农问题与农业综合生产能力提高"分论坛论文集》，2005，第 26~29 页。

丁士军、陈传波：《农户风险处理策略分析》，《农业现代化研究》2001 年第 6 期，第 346~349 页。

董一冰、郝志新：《中国共产党"三农"思想与农村民生建设》，《中国特色社会主义研究》2010 年第 6 期，第 24~28 页。

董文福、李秀彬：《密云水库上游地区"退稻还旱"政策对当地农民生计的影响》，《资源科学》2007 年第 2 期。

冯振东：《城市化进程中失地农民可持续生计研究》（硕士学位论文），西北大学，2007。

高晓巍、左停：《农村社区互助与农户生计安全》，《广西社会科学》2007 年第 6 期，第 149~152 页。

关云龙、付少平：《农民教育对农户可持续生计的影响研究》（硕士学位论文），西北农林科技大学，2010，第 70 页。

句芳、高华明、张正河：《我国农户兼业时间影响因素探析》，《农业技术经济》2008 年第 1 期，第 40~44 页。

谷洪波、冯智灵：《论自然灾害对我国农业的影响及其治理》，《湖南科技大学学报》（社会科学版）2009 年第 2 期。

国家统计局农村社会经济调查司：《中国农村全面建设小康检测报告》，中国统计出版社，2010，第 290 页。

《2010 年全国农机总动力同比增长 4.8%》，国研网，2010-8-27，http://www.drcnet.com.cn/。

郝文渊、杨培涛、卢文杰：《生态补偿与黄河水源涵养区可持续生计——以甘南牧区为例》，《绵阳师范学院学报》2009 年第 2 期。

江泽民：《论有中国特色社会主义》（专题摘编），中央文献出版社，2002，第 117 页。

金晓霞：《农民生计多样性与农村居民点布局关系的研究》（硕士学位论文），西南大学，2008。

金雁：《可持续生计：完善南京贫困群体政策支持体系的重要方向》，《中共南京市委党校南京市行政学院学报》，2005，第 81~88 页。

韩安庭：《双重风险下我国农户主体经济的合理构建》，中国社会学网，2009-3-25，http：//www.sociology.cass.cn/shxw/wgjj/t20081016_18935.htm。

贺书霞、王征兵、梁惠清：《突破最低生活保障农业的思考》，《农村经济》2010年第7期，第12~16页。

何治江：《中国之"家本位"与西方之"个人本位"比较研究》，《法制与社会》2010年第9期，第279~280页。

黄季焜、刘莹：《农村环境污染情况及影响因素分析》，《管理学报》2010年第11期，第1725~1729页。

黄晋太：《城乡社会发展与二元工业化》，《山西高等学校社会科学学报》2007年第11期，第49~52页。

黄颖、吴慧芳：《贫困山区农户生计创新的社会整合分析——基于皖西南村庄的调查》，《农村经济》2008年第1期，第112~114页。

康艺之、韩建民、王生林：《贫困家庭农户的兼业行为》，《甘肃农业大学学报》2006年第1期，第109~112页。

孔寒凌、吴杰：《农户生计风险研究：以江西乐安县为例》，《广西民族大学学报（哲学社会科学版）》2007年第29（6）期，第55~59页。

孔祥智、钟真、原梅生：《乡村旅游业对农户生计的影响分析——以山西三个景区为例》，《经济问题》2008年第1期，第115~119页。

李斌、李小云、左停：《农村发展中的生计途径研究与实践》，《农业技术经济》2004年第4期，第10~16页。

李斌：《生态家园富民工程"三位一体"项目对宁夏盐池县农户生计影响的研究》（博士学位论文），中国农业大学，2005。

李聪、李树茁、菲尔德曼、邰秀君：《劳动力迁移对西部贫困山区农户生计资本的影响》，《人口与经济》2010年第6期，第20~26页。

李聪：《劳动力外流背景下西部贫困山区农户生计状况分析——基于陕西秦岭的调查》，《经济问题探索》2010年第9期，第50~58页。

李海霞：《从权利的视角看农村民生》，《农村经济》2010年第9期，第100~104页。

李茜、毕如田：《替代生计对农民可持续生计影响的研究》，《农业与技术》2008年第28（1）期，第141~145页。

李守经：《农村社会学》，高等教育出版社，2000，第55页。

李守经：《农村社会学》，高等教育出版社，2000，第19页。

李小建、乔家君：《欠发达地区农户的兼业演变及农户经济发展研究——基于河南省1000农户的调查分析》，《中州学刊》2003年第5期，第58~61页。

李小云、董强、饶小龙、赵丽霞：《农户脆弱性分析方法及其本土化应用》，《中国农村经济》2007年第4期，第32~39页。

李迅雷：《中国的城市化率被低估了》，价值中国网，2011-11-21，http://www.chinavalue.net/Article/Archive/2010/11/21/193319_3.html。

李志芬：《城郊农民生计的变迁与城市化——以北京西郊四季青乡为例》（硕士学位论文），中央民族大学，2007。

李志阳：《社会资本、村务管理对农民收入影响的实证分析——基于村级数据的研究》，《兰州学刊》2011年第1期，第181~185页。

黎洁、利亚莉、邰秀军、李聪：《可持续生计分析框架下西部贫困退耕山区农户生计状况分析》，《中国农村观察》2009年第5期，第29~38页。

林柏泉：《安全学原理》，北京：煤炭工业出版社，2002，第18~21页。

权英、吴士健、孙绪民：《当前我国农民社会资本的测度与分析——基于青岛市城郊农民的调查》，《山东省农业管理干部学院学报》2009年第1期，第13~15页。

刘宽红、鲍鸥：《从人本价值到民生安全：实现民生安全文化的系统模式探究》，《全国科学技术学暨科学学理论与学科建设2008年联合年会清华大学论文集》，2008。

刘明国：《中国农业发展方向文献综述》，《安徽农学通报》2010年第16（3）期，第3~5页。

刘少杰：《国外社会学理论背景》，高等教育出版社，2006，第167页。

刘应湘、钟玉英：《内源型社区：失地农民可持续生计再思考》，《长江论坛》2008年第3期，第66~69页。

留言随、刘玉：《中国农村空心化问题研究的进展与展望》，《地理研究》

2010年第1期，第35～42页。

陆学艺：《当代中国社会结构》，社会科学文献出版社，2010，第2页。

陆学艺：《当代中国社会阶层研究报告》，社会科学文献出版社，2002。

罗静：《提高农民种粮经济收益是确保国家粮食安全的关键》，《南京农业大学学报》2010年第2期。

吕俊彪：《性别与生计——山心村京族人家庭生计中的性别分工研究》（硕士学位论文），广西民族学院，2004。

柳思维：《现代消费经济学通论》，中国人民大学出版社，2006，第33页。

马小勇：《陕西农户的风险规避行为及其政策含义》，《陕西省体制改革研究会2006～2007年优秀论文集》，2007，第168～171页。

马克思、恩格斯：《马克思恩格斯全集》第25卷，人民出版社，2001，第266页。

梅建明：《工业化进程中的农户兼业经营问题的实证分析——以湖北省为例》，《中国农村经济》2003年第6期，第58～66页。

纳列什·辛格、乔纳森·吉尔曼：《让生计可持续》，《国际社会科学杂志（中文版）》2000年第4期，第123～128页。

钱学森：《一个科学新领域——开放的复杂巨系统及其方法论》，《自然杂志》，1990。

屈小博、张海鹏、宁泽奎：《农户生产经营风险来源与认知差异实证分析——以陕西省453户果农为例》，《财经论丛》2009年第2期，第82～89页。

渠甲源：《农户生计多样性与土地可持续利用关系研究——以重庆贫困山区为例》（硕士学位论文），西南大学，2009。

《我国国民经济和社会发展十二五规划纲要（全文）》，《人民日报》，2011-3-17，http://www.chinareform.net/2011/0317/25346.html。

《新中国成立60周年乡镇企业发展综述》，2009-8-6，人民网，http://nc.people.com.cn/GB/61154/9804661.html。

《陕西以农业为依托大力推进地域工业化进程》，陕西省统计局，2010-

8-13，http：//www.gf.com.cn/commons/infoList.jsp? docId=496547。

《陕西统计年鉴》，陕西省统计局、中国统计出版社，2009。

史清华、卓建伟：《农村居民的储蓄与借贷行为——基于晋鄂豫苏吉5省3年的调查》，《学习与实践》2007年第6期，第40~54页。

速水佑次郎、神门善久：《农业经济论》，中国农业，2003。

孙秋云：《文化人类学教程》，民族出版社，2004，第163~168页。

孙立平：《断裂：20世纪90年代以来的中国社会》，社会科学文献出版社，2003，第1页。

苏芳、徐忠民、尚海洋：《可持续生计分析研究综述》，《地理科学进展》2009年第24（1）期，第61~69页。

孙振玉：《人类生存与生态环境》，黑龙江人民出版社，2005，第384页。

唐丽霞、李小云、左停：《社会排斥、脆弱性和可持续生计：贫困的三种分析框架及比较》，《贵州社会科学》2010年第12期，第4~10页。

《中国行业收入差距扩大至15倍跃居世界首位》，2011-2-10，腾讯新闻网，http：//news.qq.com/a/20110210/000265.htm。

王春枝：《近年中国耕地总量动态平衡实证分析》，《内蒙古财经学院学报》2008年第1期，第23~27页。

王定祥、李伶俐、王小华：《中国农村金融制度演化逻辑与改革启示》，《上海经济研究》2010年第11期，第20~27页。

王丽娟、刘彦随、翟荣新：《苏中地区农村就业结构转换态势与机制分析》，《中国人口资源与环境》2007年第6期，第135~138页。

王晟：《失地农民可持续生计问题对策探析》，《中国农业资源与区划》2007年第3期。

王三秀：《国外可持续生计观念的演进》，《毛泽东邓小平理论研究》2010年第9期，第79~84页。

王家庭：《城市化快速发展对中国城市化规划的影响分析》，《济南大学学报》（社会科学版）2006年第16（2）期，第21~24页。

王跃生：《核心家庭·考验中国社会保障》，《社会科学报》，2010。

王文川、马红莉：《农民的可持续生计问题》，《理论界》2006年第9期，第78~79页。

汪三贵、刘湘琳、史识洁、应雄巍：《人力资本和社会资本对返乡农民工创业的影响》，《农业技术经济》2010年第12期，第4~10页。

韦吉飞、李录堂：《农村非农活动、农民创业与农村经济变迁——基于1992~2007年中国农村的实证分析》，《武汉理工大学学报》（社会科学版）2009年第5期，第42~48页。

魏顺泽：《城市建设与失地农民可持续生计路径》，《农村经济》2006年第8期。

吴辉：《四川宝兴县综合生态管理示范区替代生计发展途径与对策研究》（硕士学位论文），四川农业大学，2009。

西奥多·W. 舒尔茨：《改造传统农业》，商务印书馆，1987，第23页。

向国成、韩绍凤：《农户兼业化：基于分工视角的分析》，《中国农村经济》2005年第8期，第4~16页。

谢东梅：《农户生计资产量化分析方法的应用与验证——基于福建省农村最低生活保障目标家庭瞄准效率的调研数据》，《技术经济》2009年第9期，第43~48页。

徐秋慧：《农户生产经营的风险与控制》（硕士学位论文），山东大学，2005。

《中共中央关于推进农村改革发展若干重大问题的决定》，2008-10-19，新华网，http://news.xinhuanet.com/newscenter。

徐波、徐寿发：《努力抓好低收入纯农户增收工作》，《江苏农村经济》2008年第11期，第69~70页。

徐勇：《"再识小农"与社会化小农的构建》，《中国乡村发现》2008年第3期，第103~108页。

徐勇、马定国、郭腾云：《黄土高原生态退耕政策实施效果及对农民生计的影响》，《水土保持研究》2006年第5期。

《"大病"风险对农户影响深远》，《学习时报》，2004-3-25，http://www.china.com.cn/xxsb/txt/2004-04/14/content_5544841.htm。

严骁骁：《从结构化理论看功能主义欧洲一体化理论》，《安徽工业大学学报》(社会科学版) 2009 年第 5 期。

阎建忠、张镱锂、朱会义、摆万奇、刘燕华：《生计方式演变——土地利用/覆被变化综合研究的新视角》，《中国地理学会 2004 年学术年会暨海峡两岸地理学术研讨会论文摘要集》，2004。

杨鑫、黄仕佼：《外部环境对组织结构的影响与关系研究》，《商业时代》2010 年第 6 期。

杨明、骆江铃、明亮：《论替代生计项目在乡村的发展——以 NGO 在三江平原生态保护项目为例》，《农村经济》2010 年第 4 期，第 101~104 页。

杨效宏：《陕西省新农村建设中的农民教育问题研究》（硕士学位论文），陕西科技大学，2010。

杨雪冬：《风险社会理论与和谐社会建设》，2010-3-12，http://www.cctb.net/qkzz/qkk/qkarticle/201003/t20100312_20630.htm。

杨云彦、赵峰：《可持续生计分析框架下农户生计资产的调查与分析：以南水北调（中线）工程库区为例》，《农业经济问题》2009 年第 3 期，第 58~65 页。

叶敬忠、朱炎洁、杨洪萍：《社会学视角的农户金融需求与农村金融供给》，《中国农村经济》2004 年第 8 期，第 31~37 页。

叶敬忠、王伊欢：《发展项目教程》，社会科学文献出版社，2006，第 40 页。

于秀波、张琛、潘明麒：《退田还湖后替代生计的经济评估研究——以洞庭湖西畔山洲垸为例》，《长江流域资源与环境》2006 年第 15（5）期，第 632~637 页。

于长永：《保障与风险：农民生活安全的脆弱性分析》，《农村经济》2010 年第 1 期，第 99~102 页。

袁斌：《失地农民可持续生计研究》（博士学位论文），大连理工大学，2008。

余维祥：《论我国农户的兼业化经营》，《农业经济》1999 年第 6 期，第 27~28 页。

余思新，《农民风险的现实表现及其防范对策研究》，《江西农业大学学报》（社会科学版）2008 年第 7（1）期，第 27~32 页。

郑一淳：《农民科技教育学导论》，中国农业出版社，2009，第 47 页。

赵靖伟：《贫困地区：生存抑或环保？》，《环境保护》2010 年第 18 期，第 36~37 页。

赵耀江：《安全评价理论与方法》，煤炭工业出版社，2008，第 1 页。

赵函：《失地农民可持续生计的制度建设研究》（硕士学位论文），东北师范大学，2010。

《大范围生态恶化　高风险自身污染　农业环境承受双重压力》，《中国环境报》，2005-11-22，http：//www.sina.com.cn。

《中国农村贫困群体依然庞大且集中于老少边特困地区》，中国发展门户网，2007-4-27，http：//cn.chinagate.cn/chinese/jp/74227.htm。

中国经济周刊：《中国城镇失业率升至 9.4% 农民工失业问题凸显》，2009-1-5，http：zgjjzk.dooland.com/。

中国经济周刊评论员：《消除绝对贫困勿忘相对贫困》，《中国经济周刊》2011 年第 10 期。

中国社会科学院社会政策研究中心课题组：《失地农民"生计可持续"对策》，《科学咨询（决策管理）》2005 年第 4 期，第 20~21 页。

《中国农民平均受教育年限是 7.8 年就业培训不到 20%》，中国网，2008-4-25，http：//www.china.com.cn/news/txt/2008-04/25/content_15016027.htm。

中华人民共和国国家统计局：《中华人民共和国 2010 年国民经济和社会发展统计公报》，2011-2-28，http：//www.stats.gov.cn/tjgb/ndtjgb/qgndtjgb/t20110228_402705692.htm。

詹姆斯·C. 斯科特：《农民的道义经济学：东南亚的反叛与生存》，程立显等译，译林出版社，第 1 页。

张爱群、陈啸、陈莉：《金融机构在增加农民收入中的作用——对安徽省调研结果的思考》，《经济研究参考》2008 年第 46 期，第 40~42 页。

张春丽、佟连军、刘继斌：《三江自然保护区生态建设与替代生计选择研究》，《农业系统科学与综合研究》2008 年第 24（4）期，第 420~423 页。

张春丽、佟连军、刘继斌：《湿地退耕还湿与替代生计选择的农民响应研究——以三江自然保护区为例》,《自然资源学报》2008年第23(4)期,第568~573页。

张丽、刘玉花、齐顾波、宋一青:《生计脆弱性下贫困农户的农业技术服务需求》,《农村经济》2008年第8期,第103~106页。

张海洋、平新乔:《农村民间借贷中的分类相聚性质研究》,《金融研究》2010年第9期,第69~85页。

张陆彪:《从评估结果看项目对贫困人口生计的影响》,《中国水利》2009年第21期,第17页。

张胜康:《青年经商农户价效作用及双重身份问题》,《青年研究》2001年第4期,第1~5页。

朱启臻:《农业社会学》,社会科学文献出版社,2009,第144页。

朱洪波:《中国耕地资源安全研究》,四川大学出版社,2008。

卓仁贵:《农户生计多样化与土地利用——以三峡库区典型村为例》(硕士学位论文),西南大学,2010。

〔美〕诺曼·厄普霍夫、王立华译:《成功之源——对第三世界国家农村发展经验的总结》,广东人民出版社,2006,第10页。

〔美〕罗伯特·帕特南:《使民主运转起来》,江西人民出版社,2001,第199页。

〔英〕哈里特·迪安、岳经纶译:《社会政策学十讲》,上海人民出版社,2009,第44页。

〔英〕弗兰克·艾利思(Frank Ellis):《胡景北译》,上海人民出版社,2006,第201页。

Anderson, J. R., Dillon, J. L. & Hardaker, J. B. *Agricultural Decision Analysis*, Ames: Lowa State University. 1977. Press: 9.

Ashley. C. and D. Carney. Sustainable livelihoods: Lessons from early experience, London: Department for International Development. 1999.

Blaikip, P., T. Cannon, I. Davis and B. Wisner. At Risk: Natural Hazards, People's Vulnerability, and Disasters, New York: Routledge. 1996.

Burton, I., R. W. Kates and G. F. White. *The Environment as Hazard*, New

York: Oxford University Press, 1978.

Carney D. Inplementing A Sustainable Livelihood Approach. London: Department for Intemational Development. 1998: 52 – 69.

Carmen Diana Deere and Frederick S. Royce. *Rural social movements in Latin America: organizing for sustainable livelihoods*. The Americas: U Press of Florida. 2009: 136.

Clark, W. C., J. Jaeger, R. Corell, R. Kasperson, J. J. McCarthy, D. Cash, S. J. Cohen, P. Desanker, N. M. Dickson, P. Epstein, D. H. Guston, J. M. Hall, C. Jaeger, A. Janetos, N. Leary, M. A. Levy, A. Luers, M. MacCracken, J. Melillo, R, Moss, J. M, Nigg, M. L. Parry, E. A. Parson, J. C. Ribot, H. Joachim Schellnhuber, D. P. Schrag, G. A. Seielstad, E. Shea, C. Vogel, and T. J. Wilbanks. Assessing vulnerability to global environmental risks. Workshop on Vulnerability to Global Environmental Change: Challenges for Research, Assessment and Decision Making. Airlie House, Warrenton, Virginia. 2000.

Davies, S. *Adaptable Livelihoods: Coping with Food Insecurity in the Malian Sahel*. London: MacMillan Press Ltd. 1996.

DFID. Sustainable Livelihoods Guidance Sheets. Department for International Development. 2000.

Downing, T. E. Vulnerability to Hunger in Africa: A climate change perspective. Global Environmental Change. 1991, 1 (5): 365 – 381.

Ellis F. *Rural Livelihoods and Diversity in Development Countries*. New York Oxford University Press. 2000: 35 – 60.

Eilerts, Gary. Status of the Food Security and Vulnerability Profile (FSVP) in the FEWS Project, Phase. USAID Famine Early Warning System. 2000.

Farringtondtal. Sustainable Livelihoods in practice: early applications of concepts in rural areas. Natural Resource Perspectives, London: Overseas Development Institute. 1999.

FEWS. Vulnerability Analysis. USAID Famine Early Warning System: Concepts, Terms and Products. USAID Famine Early Warning System. 2002.

Frankenberger, T. Drinkwater, and M. Maxwell. Operationlising Household Livelihood Security: A Holistic Approach for Addressing Poverty and Vulnerability, CARE. 2000.

Hewitt, K. and I. Burton. *The Hazardousness of A Place: A regional ecology of damaging events*, Toronto: University of Toronto Press. 1971.

Jonathan Gilman. Sustainable Livelihoods. International Social Science Journal. 2000, 17 (4): 77 – 86.

J. H. Boeke, Economics Policy of Dual Societies as Exemplified by Indonesia, New York Institute of Pacific Relations. 1953.

Kasperson, J. X. and R. E. Kasperson. *Global Environment Risk*, New York: United Nations University Press. 2001a.

Kasperson, Jesnne X. and Roger E. Kasperson. International Workshop on Vulnerability and Global Environmental Change. A Workshop Summary. International Workshop on Vulnerablity and Global Environmental Change. Stockholm. 2001b: 17 – 19.

Kasperson, Roger E. and Jeanne X. Kasperson. Climate Change. Vulnerablility and Social Justice. Stockholm: Stockholm Environment Institute. 2001c.

K. E. Boulding, Reflections on Poverty, The Social Welfare Forum, New York, 1961: 50.

Lipton, M. The theory of the optimizing peasant. Journal of Development Studies, Vol. 4. No. 3. 1968: 327 – 351.

Neefjes, K. Environments and Livelihoods: strategies for sustainability, Oxfam. 2000.

Sen, A. K. Editorial: Human Capital and Human Capability, World Development, 1997. 25 (12): 1959 – 1961.

Schultz, T. W. *Transforming Traditional Agriculture*. Yale University Press. 1964: 37 – 38.

Sharp, Kay. Measuring Destitution: Integrating Qualitative and Quantitative

Approaches in the Analysis of Survey Data. IDS Working. 2003: 217.

Singh, N and Lawrence, J. Productive employment and Poverty Eradication: How Can Livelihoods be more Sustainable? Background note prepared for the 35th Session of the Commission for Social Deveoiopment as part of UNDP/BDP/SEPED's Contribution. 1998.

Scoones. Sustainable rural Livelihoods: A Framework for Analysis. Brighton: Institute of Development Studies. 1998: 72.

Scott, C. Z. The Moral Economy of the Peasant. Yale University. 1976: 19.

S. J. Phansalkar. Contours of Rural Livelihood in India in the Coming Half-Cenury. Internation journal of Rural Management. 2005: 145.

Sii H S, Ruxton T and Wang J. A Synthesis Using Fuzzy Set Theory and Dempster-Shafer based Approach to Compromise Decision Making with Multiple Attribute Applied to Risk Control Options Selection. Journal of Process Mechanical Engineering. 2001, (212): 251-261.

Talcott Parsons. *The Structure of Social Action*. New York. Free Press. 1968: 748-749.

UN. World Summit for Social Development. New York: 6-12 March. 1995.

WCED (World Commission on Enviroment and Development). *Our Common Future*, Oxford University Press, UK. 1987.

Zhang J, LX. Zhang, S. Roze and S. Boucher, "Self-employment with Chinese Characteristics the Forgotten Engine of Rural China's Growth", Contemporary Economic Policy, 2006, 24 (3): 446-458.

后　　记

　　三年的博士生学习结束后，我顺利地进入西北政法大学政治与公共管理学院，在憧憬与期待间，在学习和成长中，人生翻开了新的一页。我特别要感谢王楷模教授给我提供的宝贵机会。回首走过的岁月，心中倍感充实，书稿完成之日感慨颇多。在美丽的西北农林科技大学，我完成了学业和心灵的历练，收获了一段受益终生的经历，几经沥血思量，得此拙作。著作撰写过程中，时常感到困惑，思维总是难定。诚挚感谢我的恩师张波教授，是导师的耐心教导、帮助和一次一次的鼓励，使我树立信心、克服困难涉足全新的研究领域。感谢恩师为我搭建学习的平台，使我开阔视野得以在更高的层次上、更宽的领域中向更多的学长求学讨教。博士论文从选题到拟提纲、调研再到写作、定稿，每一步都是在导师的指导下完成的，自始至终都倾注着导师的大量心血。在此，我向导师张波教授表示衷心的感谢！

　　本书是在博士学位论文基础上增补完成，并获得西北政法大学政治与公共管理学院学科建设经费资助，特表感谢！本人作为西北政法大学"民主协商与陕西基层社会管理创新团队"的成员，多次随侯学华教授赴陕南、陕北实地调研，所见所闻对我产生很多启发和灵感，在此表示感谢！

　　本书的顺利完成，离不开各位老师、同学和朋友的关心与帮助。感谢邹德秀教授、王征兵教授、许晖教授、陈遇春教授、王继军教授的悉心指导和提出宝贵意见，感谢司汉武老师的耐心帮助，我将一一铭记在心！感谢一直关心与支持我的同学和朋友们，感谢好友杨永辉、艾达、储诚炜、常志强、徐英军、李志杰、祝得彬对我的帮助和鼓励。

　　感谢在百忙之中为我的书写序的西北农林科技大学的邹德秀教授和南京农

后　　记

业大学的惠富平教授，写序既是对我的鼓励，也是对我的鞭策。

　　感谢给予我幸福与温暖的家人和爱人，感谢父母和公婆在生活上对我的照顾和支持！他们用无私的爱与宽容陪伴我度过生命中许多难忘的日子，他们是我求学之路的坚强后盾。同时，我将此书献给我一生的爱人，谢谢！

　　我深知自己目前的知识和能力未能把相关问题研究得透彻，一家之言难免会出现一些偏差和谬误，希望各位专家、学者和读者朋友不吝指正。本书的出版是我研究的新起点，给了我继续从事"三农"问题研究的信心，我将把我的研究不断推向深入。

赵靖伟
二零一四年九月
于西北政法大学

图书在版编目(CIP)数据

农户生计安全与保障/赵靖伟著.—北京：社会科学文献出版社，2014.9
 ISBN 978-7-5097-6593-7

Ⅰ.①农… Ⅱ.①赵… Ⅲ.①农村经济发展-研究-中国 Ⅳ.①F323

中国版本图书馆 CIP 数据核字（2014）第 223622 号

农户生计安全与保障

著　　者 /	赵靖伟
出 版 人 /	谢寿光
项目统筹 /	祝得彬
责任编辑 /	仇　扬　张素芳
出　　版 /	社会科学文献出版社·全球与地区问题出版中心（010）59367004 地址：北京市北三环中路甲29号院华龙大厦　邮编：100029 网址：www.ssap.com.cn
发　　行 /	市场营销中心（010）59367081　59367090 读者服务中心（010）59367028
印　　装 /	北京京华虎彩印刷有限公司
规　　格 /	开　本：787mm×1092mm　1/16 印　张：14　字　数：229千字
版　　次 /	2014年9月第1版　2014年9月第1次印刷
书　　号 /	ISBN 978-7-5097-6593-7
定　　价 /	59.00元

本书如有破损、缺页、装订错误，请与本社读者服务中心联系更换

▲ 版权所有 翻印必究